朱子家训 颜氏家训

金帆◎编

海峡出版发行集团 THE STRAITS PUBLISHING & DISTRIBUTING GROUP | 福建教育出版社

图书在版编目（CIP）数据

朱子家训　颜氏家训/金帆编. －福州：福建教育
出版社，2018.8
　　（语文新课标必读丛书/何捷主编）
　　ISBN 978-7-5334-8178-0

Ⅰ．①朱…　Ⅱ．①金…　Ⅲ．①古汉语－启蒙读物②家
庭道德－中国－古代　Ⅳ．①H194.1②B823.1

中国版本图书馆 CIP 数据核字（2018）第 133469 号

语文新课标必读丛书
主编　何捷
Zhuzi Jiaxun　Yanshi Jiaxun

朱子家训　颜氏家训
金帆　编

出版发行	**福建教育出版社**
	（福州市梦山路 27 号　邮编：350025　网址：www.fep.com.cn
	编辑部电话：0591－83786690
	发行部电话：0591－83721876　87115073　010－62027445）
出版人	江金辉
印　刷	北京市文林印务有限公司
	（北京市大兴区西红门镇福伟路四条 15 号）
开　本	960 毫米×1280 毫米　1/32
印　张	10.75
字　数	212 千字
版　次	2018 年 8 月第 1 版　2018 年 8 月第 1 次印刷
书　号	ISBN 978-7-5334-8178-0
定　价	19.80 元

如发现本书印装质量问题，请向本社出版科（电话:0591－83726019)调换。

总 序 | *FOREWORD*

人生那么短，有时间就读经典

每个人成年后，都有一个难以回避的遗憾——童年的时光那样珍贵，而我们却常常无端浪费。

在我看来，童年，就是阅读的大好时光。有一句心里话，与大家分享："儿时正是读书时。"你不得不承认，小时候拥有最自由的阅读时间。虽然说那些让人讨厌的作业整天形影不离缠着你，虽然说学习看起来还真的不是那样简单，但和未来要承担繁重工作的你相比，儿时的你，的确有大把大把的时间可以自由支配。儿时，还是最有精力的时候，只有等到你长大，或者像我一样到了中年，你才会知道什么叫做"牵绊"，什么叫做"分散"，什么叫做"心有余而力不足"。而等你感受到的时候，就是遗憾降临的时候。至今清楚地记得，相对于如今的我而言，小的时候我也曾精力充沛，而不能原谅的是，却看着时间大把大把地从我的生命中流逝。

最重要的是，儿时是最能琢磨出读书趣味的时候。因为小，所以你的无知也显得可爱，所以什么都值得你读一读。儿时的好学就是特质，似乎什么都值得你了解，什么对于你来说都是新鲜的。世界上的一切都在召唤你去探索，去改变。无疑，阅读是最佳的方式。阅读，最经济，最简单，最直接，最有效；不知道的，感兴趣的，都可以通过阅读来获取。

这样看来，读书是不二的选择，这点毋庸置疑了。只是要知道：小的时候读了多少？读了什么？怎么读？这些几乎决定了你未来怎么成长，长得好不好，长成什么样。接下来我们就说说"为什么要读经典"。

很多人对我的童年读书经历很感兴趣。他们从我的课堂上，从我出版的教学专著中，做了很多猜测：课上成这样，书出版得这么多，小的时候，他一定读过不少书吧。不然，怎么这样能写，如此能说？大家猜对了，我小的时候，书的确读得多。不过我读的更多的是大家瞧不上的"小人书"，一共好几个抽屉呢。请不要笑话哦，在我童年的那个年代，能够读几个抽屉小人书，一定是"家境优越""家风正派"的。我的爸爸是党报的编辑，他非常重视我和姐姐的阅读，因此，他花了很多钱，为我们购买了这些小人书。这在当时，算得上是一种奢侈品。所以，我的童年过得是有滋有味的。记不清具体是哪一年，依稀是四年级吧，有一天妈妈下班回来，带给我几页金庸先生写的《射雕英雄传》的残页。所谓"残页"，就是工厂印刷失败后留下的废纸啦。妈妈在新华印刷厂工作，她为我捡回这些残页，并没有太多想法，只是丢给我，让我随便看看。没想到这一看，我就像着了魔似的，开始如饥似渴地读起金庸的武侠小说来，一本接着一本，根本停不下来，真正是到了可以不吃饭、不睡觉也要看的地步。后来我确证了，金庸的武侠小说，本本堪称经典。读了如此有意思的书后，那些小人书就排不上队了。瞧，好的作品有曲折动人的情节，有活生生的有血有肉的人物，有精致诱人的细节，有让人沉醉其间的魅力。后来，小学时的每一个中午，我都是捧着厚厚的金庸小说睡着的。再后来，我还把自己的网名起为"语文老顽童"，你一定明白，这是深深地受到了经典武侠小说的影响。

阅读经典，就像用针在你的灵魂里纹绣美图。

中学时，书读得少了。到了师范学校，我全心全意地修炼教师基本功，读得也不够。做了老师，阅读的缺损就来惩罚我了。课设计得很单薄，言论没有内涵，很浅薄，一切都显得轻飘飘的。这个时候，依然是妈妈告诉我：别慌，可以用读书去改变。于是，在妈妈的鼓励下，我又一次开始阅读。真的有惊喜啊，小时候所有的阅读体验都在重新阅读时顺利复活了。阅读，其实就是一种记忆的唤醒，就是一种微火的吹燃。儿童时代所有的阅读，都构成了我们的阅读历史，构成了我们的生命，都成为我们不断成长的动力。儿时阅读，是至关重要的。

我还欣喜地发现：当老师爱上阅读，学生自然爱上阅读。

教师引导儿童阅读，绝非难事，但不要过于强调，大张旗鼓。一个老师爱读书，所带的班级学生自然也爱读书。所以，起初我主张自由阅读，并不做具体的推荐。孩子读得很随意，他们喜欢那些像"饮料"一样，乍一看很刺激的书。虽然读了，但读得不对，进步自然很慢，甚至言行还出现偏差。读什么书，对人的影响是巨大的。后来，我让他们更多关注经典这一类犹如"粮食"一样的书，情况一下得到了好转。什么是像"粮食"一样的经典呢？首先，这些书并不哗众取宠地讨好你，相反，也许你初读时并不感觉"好在哪里"，甚至还有些"读不懂"，或者是读了，有感觉了，但一切都是恬淡的、舒适的、自然的，只是的确有一种说不清楚的诱惑力，让你舍不得放下。之后，你再读，可能就会品出其中的滋味了。这种感觉让人难忘，简直说是无法磨灭。再后来，你也许会不断主动重复阅读，因为你的身体、心灵都在要求你再读一读，你已经和这些经典的书融合在一起了。经典，已经化为你的血液了。这如同粮食对人的给养，让你慢慢成长。在此之后的一生中，无论遇到什么样的情况，经逢各种各样的事，你的脑海中都会冒出一个形象，一个桥段，一个细节，它们都存活在经典中，都在冥冥中给你力量，给你帮助。这就是经典带来的力量。于是，你做出了一个很有意思的决定——把这本书推荐给身边最亲爱的人。

明白了吧，这就是我今天为什么向你推荐这套经典读物的原因了。我也是被经典打动、滋养的。我怎么能独享？当然要和你一起欣赏。

这套近百部的经典，已经不需要再次罗列书名了。对你来说，它们简直就像老朋友，真有一种"低头不见抬头见"的亲切感。但我相信，这一次你阅读它们，阅读这一套丛书，会有很多新的收获。我接下来和大家说说"如何读才好"。

经典，已经摆在我们面前，该怎么去读呢？答案很简单，三个字——慢慢读。

经典是最值得你花时间去品味，去琢磨，甚至多读几遍的。我敢保证，每一次阅读你都会有不同的发现。我希望，你可以不断进步，让阅读的层次不断提升，越读越会读。比如说，有的人读经典，只喜欢其中叙述的故事。的确，故事很精彩，但光是停留在故事，停留在内容，就等于你开采到了一块宝石，但是你却抚摸包裹在外的石衣，还没有看到真正璀璨的光芒。只读故事，损失了经典十分之九的色彩。有的孩子已经知道读经典是需要手到、眼到、口到、心到的，可以做些笔记、摘抄，做一些批注，还可以写一些随想、感受，等等。长期这样阅读经典，等于同时养成一个习惯，让自己的读写能力完成日积月累的增长。一段时间以后，你的语言也发生了变化，你的文章越发的漂亮，你看问题的角度也变得与众不同，这就叫"腹有诗书气自华"。记住，好习惯是需要日积月累的，坚持就是你永远应该保持的姿态。

必须说明，还有一种小孩非常特别。他们读书时善于思考。每次接触经典，他们都会去思考：到底这样的经典是怎么写成的呢？为什么这些故事会流传到今天呢？为什么至今还有那么多人喜欢呢？

带着探索的心，一边想，一边读，你将层层剥笋，如获至宝。每读一次都将增长读与写的功力，变得能读善写。比如说读了《水浒传》，你会发现每个好汉都有他的绰号，而绰号和好汉的特点是相关的，你开始琢磨作者是怎么去构思并写出这么多各具特色的人物呢，哪些细节让我们留下对人物深刻的印象呢。再比如说你发现《西游记》中有一个故事叫"三打白骨精"，《三国演义》中有个故事叫"三顾茅庐"，还有"三气周瑜",《水浒传》中有"三打祝家庄"的故事。为什么都是"三"呢？是巧合吗？难道真是发生了三次吗？读得多了，你会发现这也许就是一种创作的手法吧。再往下读，你又会看到许许多多的作品中居然都有这个神秘的"三"的存在，慢慢地你就会用"三"的结构来写自己的故事。看，你不就又成长了吗？

阅读了这套书，接触过近百部经典之后，你会非常欢喜，因为收获满满，实实在在。这时候，我希望你把这些经典推荐给自己的小伙伴，或者，直接跟同伴讲这些经典故事吧。经典本身就需要被口耳相传，经典本身就可以通过一次又一次的接力传承下去。你甚至会发现，身边处处都是这些经典的影子。例如，有的经典被拍成电影，有的经典化为一个个细小的话题，有的值得进行专项的研究性学习、主题研究，等等。读经典，让整个人都变了。读经典的妙用就在于"陶冶性灵，变化气质"。

童年正在流逝，还等什么？赶紧读经典吧！

2017 年 10 月

目 录 | *CONTENTS*

《朱子家训　颜氏家训》导读方案

一、掌握重点实词和虚词的含义

学习文言文，首先要掌握和积累丰富的文言词汇。文言文中的基本词汇大多与现代汉语意义相同，这些较好理解；但有些词，古今意义发生了变化，学习文言文要特别注意这些词语。另外，一些文言虚词，如"之""乎""者""其"之类，意思比较宽泛，在不同的语言环境里，它们的意思和用法可能不同，这就需要联系上下文，正确理解。

"业以整齐门内，提撕子孙"，这里的"提撕"不是"提起来撕扯"的意思，而是"提醒、教育"的意思。

"犹贤于傅婢寡妻耳"，"于"作为一个重要的虚词，含义很多，在翻译时我们需要联系上下文的意思来看。此处的"于"，可以翻译为"比"。

二、掌握正确翻译句子的方法

古文翻译的要求一般归纳为信、达、雅三项。"信"是指译文要准确地反映作品的含义，避免曲解原文内容；"达"是指译文应该通顺、晓畅，符合现代汉语语法规范；"雅"是指译文不仅要准确、通顺，而且要生动、优美，能再现原作的风格神韵。

古文翻译的方法主要有"直译"和"意译"两种。直译，指紧扣原文，按原文的字词和句子进行对等翻译的今译方法。它要求忠实于原文，确切表达原意，保持原文的本来面貌。意译，指在透彻理解原文内容的基础上，为体现原作神韵、风貌而进行整体翻译的今译方法。我们在翻译《朱子家训 颜氏家训》时，要结合这两种翻译方法，以"直译"为主，"意译"为辅，既做到忠实于原著，又要使言辞畅达、文采斐然。

"上智不教而成，下愚虽教无益，中庸之人，不教不知也。"

译文为：天资聪慧的人不用教育就能成才，资质愚钝的人即使教育再多也不起作用，只有绝大多数普通人需要教育，不教育就不懂得道理。

这段译文紧扣原文，字词落实，句法结构基本上与原文对等，属于直译。但对直译又不能简化理解，由于古今汉语在文字、词汇、语法等方面的差异，今译时对原文作一些适当的调整是必要的，并不破坏直译。

"吾家风教，素为整密。昔在龆龀，便蒙诱诲；每从两兄，晓夕温凊，规行矩步，安辞定色，锵锵翼翼，若朝严君焉。"

译文：我家的门风家教，向来严整周密。在我还小的时候，就受到启蒙教诲；每天跟随两位兄长，早晚孝顺侍奉双亲，冬日准备好暖被，夏日准备好扇子和凉席，做事谨慎，举止端正，言语安详，神色平和，行走时恭敬有礼，小心翼翼，就如同给父母大人请安时一样。

这段译文在翻译时对原文作了一些必要的调整，属于意译和直译相结合。

三、感受《朱子家训 颜氏家训》语言凝练的艺术特色

《朱子家训 颜氏家训》是我国古代哲学和文学著作，是家训的重要代表。《朱子家训》语言通俗易懂，富有哲理；《颜氏家训》语言典正质朴、

简洁隽永。其中一些语句千百年来广为传诵，至今仍活跃在人们的语言中。

> "一粥一饭，当思来处不易；半丝半缕，恒念物力维艰。"这句话通俗易懂，家喻户晓，在今天的学习和生活中常被引用。

其中的一些名句，典雅凝练，内涵丰富，韵味隽永，在人们引用的过程中不断被简化、紧缩，形成了成语、格言、典故。

> "博士买驴，书券三纸，未有驴字"，现在就常用"博士买驴"来形容文字表达啰嗦，不得要领。

> "犹屋下架屋，床上施床耳"，后来就凝固成四字成语"叠床架屋"。

四、挖掘《朱子家训 颜氏家训》中蕴含的深刻道理

《朱子家训 颜氏家训》说理透彻，启迪着人们自觉修身、完善自我，去追求人生的最高精神境界，实现人生价值。《朱子家训 颜氏家训》中蕴含的道理，即使放在现在，仍有极强的指导意义。

> "潜移默化，自然似之。"
> 译文：潜移默化之中，自然跟他们相似。
> 这句话的意思是人的思想或性格不知不觉会受到其他人的感染、影响而发生变化。因此我们要和具有高尚品质和才能的人交往，这样可以在无形中增长自己的才干。这种思想在今天对我们也有极强的教育意义。

本书在《朱子家训》《颜氏家训》原著基础上加以翻译编写，以更适合青少年阅读。

朱子家训

《朱子家训》，又名《朱子治家格言》《朱柏庐治家格言》，是我国古代家庭礼教文化精华，是一部鞭策个人行为的箴言。其核心是将家庭教育作为最重要的启蒙教育，对小孩子的教育必须从家中点点滴滴的小事教起，如安全、卫生、勤俭、有备、饮食、房田、婚姻、美色、祭祖、读书、教育、财酒、戒性、体恤、谦和、无争、交友、自省、向善、纳税、为官、顺应、安分、积德等方方面面，教育子女要尊敬师长，勤俭持家，邻里和睦；懂得为人处世之道，懂得感恩，懂得珍惜；成为一个生活严谨、宽容善良、知书明理、正大光明、理想崇高的人，从而培育子女完善人格，接受传统文化。

原文

黎明即起，洒扫庭除①，要内外整洁；既昏便息，关锁门户，必亲自检点。

一粥一饭，当思来处不易；半丝半缕，恒念物力维艰。

宜未雨而绸缪②，毋临渴而掘井。

自奉必须俭约，宴客切勿流连。

器具质而洁，瓦缶③胜金玉；饮食约而精，园蔬愈珍馐。

勿营华屋，勿谋良田。

三姑六婆，实淫盗之媒；婢美妾娇，非闺房之福。

童仆勿用俊美，妻妾切忌艳妆。

祖宗虽远，祭祀不可不诚；子孙虽愚，经书不可不读。

居身务期质朴，教子要有义方④。

莫贪意外之财，勿饮过量之酒。

与肩挑贸易，毋占便宜；见穷苦亲邻，须加温恤。

刻薄成家，理无久享；伦常乖舛⑤，立见消亡。

兄弟叔侄，须分多润寡；长幼内外，宜法肃辞严。

听妇言，乖骨肉，岂是丈夫？重资财，薄父母，不成人子。

嫁女择佳婿，毋索重聘；娶媳求淑女，勿计厚奁⑥。

见富贵而生谄容者，最可耻；遇贫穷而作骄态者，贱莫甚。

居家戒争讼，讼则终凶；处世戒多言，言多必失。

勿恃势力而凌逼孤寡，毋贪口腹而恣杀生禽。

乖僻自是，悔误必多；颓惰自甘，家业难成。

狎昵⑦恶少，久必受其累；屈志老成，急则可相依。

轻听发言，安知非人之谮诉⑧，当忍耐三思；因事相争，焉知非我之不是，须平心暗想。

施惠无念，受恩莫忘。

凡事当留余地，得意不宜再往。

人有喜庆，不可生妒忌心；人有祸患，不可生喜幸心。

善欲人见，不是真善；恶恐人知，便是大恶。

见色而起淫心，报在妻女；匿怨⑨而用暗箭，祸延子孙。

家门和顺，虽饔飧⑩不济，亦有余欢；国课早完，即囊橐无余，自得至乐。

　　读书志在圣贤，非徒科第；为官心存君国，岂计身家？

　　守分安命，顺时听天。为人若此，庶乎近焉。

译文

　　每天早晨黎明就要起床，先用水来洒湿庭堂内外的地面然后扫地，要使庭堂内外整洁；到了黄昏便要休息，并亲自查看一下要关锁的门户。

　　对于一碗粥或一顿饭，我们应当想着来之不易；对于衣服的半根丝或半条线，我们也要常念着这些物资的产生是很艰难的。

　　凡事要先准备，像没到下雨的时候，要先把房子修补完善，不要"临时抱佛脚"，像到了口渴的时候，才来掘井。

　　自己生活上必须节约，聚会在一起吃饭切勿流连忘返。

　　餐具质朴而干净，虽是用泥土做的，也比金玉制的好；食品节约而精美，虽是园里种的蔬菜，也胜于山珍海味。

　　不要营造华丽的房屋，不要图买良好的田园。

　　社会上不正派的女人，都是奸淫和盗窃的媒介；美丽的婢女和娇艳的姬妾，不是家庭的幸福。

　　家童、奴仆，不可雇用英俊美貌的，妻、妾切不可有艳丽的妆饰。

　　祖宗虽然离我们年代久远了，祭祀却仍要虔诚；子孙即使愚笨，经书却也仍是要读。

　　自己生活节俭，以做人的正道来教育子孙。

　　不要贪不属于你的财，不要喝过量的酒。

和做小生意的挑贩们交易，不要占他们的便宜；看到穷苦的亲戚或邻居，要关心他们，并且要对他们有金钱或其他的援助。

对人刻薄而发家的，绝没有长久享受的道理；行事违背伦常的人，很快就会灭亡。

兄弟叔侄之间要互相帮助，富有的要资助贫穷的；一个家庭要有严正的规矩，长辈对晚辈言辞应庄重。

听信妇人挑拨，而伤了骨肉之情，哪里配做一个大丈夫呢？看重钱财，而薄待父母，不是为人子女的道理。

嫁女儿，要为她选择贤良的夫婿，不要索取贵重的聘礼；娶媳妇，须求贤淑的女子，不要贪图丰厚的嫁妆。

看到富贵的人，便作出巴结讨好的样子，是最可耻的；遇着贫穷的人，便作出骄傲的态度，是最鄙贱不过的。

居家过日子，禁止争斗诉讼，一旦争斗诉讼，无论胜败，结果都不吉祥；处世不可多说话，言多必失。

不可用势力来欺凌压迫孤儿寡妇，不要贪口腹之欲而任意地宰杀牛羊鸡鸭等动物。

性格古怪，自以为是的人，必会因常常做错事而懊悔；颓废懒惰，沉溺不悟，是难成家立业的。

亲近不良的少年，日子久了，必然会受牵累；恭敬自谦，虚心地与那些阅历多而善于处世的人交往，遇到急难的时候，就可以得到他的指导或帮助。

他人来说长道短，不可轻信，要再三思考。因为怎知道他不是来说人坏话的呢？因事相争，要冷静反省自己，因为怎知道不是我自己的过错呢？

对人施了恩惠，不要记在心里；受了他人的恩惠，一定要常记在心。

无论做什么事，当留有余地；得意以后，就要知足，不应该再进一步。

他人有了喜庆的事情，不可有妒忌之心；他人有了祸患，不可有幸灾乐祸之心。

做了好事，而想他人看见，就不是真正的善人；做了坏事，而怕他人知道，就是真的恶人。

看到美貌的女性而起邪心的，将来会报应在自己的妻子儿女身上；怀怨在心而暗中伤害人的，将会替自己的子孙留下祸根。

家里和气平安，虽缺衣少食，也觉得快乐；尽快缴完赋税，即使口袋所剩无余也自得其乐。

读圣贤书，目的在学圣贤的行为，不只为了科举及第；做一个官吏，要有忠君爱国的思想，怎么可以考虑自己和家人的享受？

我们守住本分，努力工作生活，上天自有安排。如果能够这样做人，那就差不多和圣贤做人的道理相合了。

---

①庭除：庭院。这里有庭堂内外之意。

②未雨而绸缪（chóu móu）：天还未下雨，应先修补好屋舍门窗，喻凡事要预先作好准备。

③瓦缶（fǒu）：瓦制或陶制的器具。

④义方：做人的正道。

⑤乖舛（chuǎn）：违背。

⑥厚奁（lián）：丰厚的嫁妆。

⑦狎昵（xiá nì）：过分亲近。

⑧谮（zèn）诉：诬蔑人的坏话。

⑨匿（nì）怨：对人怀恨在心，而表面上不表现出来。

⑩饔飧（yōng sūn）：饔，早饭。飧，晚饭。

颜氏家训

卷一
序致第一

本篇主要交代写作《颜氏家训》的目的。作者说明自己著书立说的主要目的是教育后代要忠诚孝顺，行为要端庄稳重，创立宏伟大业，成就一世英名。在讲述的过程中着重写自己的亲身经历，表示出早期没得到必要的"家教"而造成自己幼时心性不修、成人后常常"夜觉晓非，今悔昨失"的深深遗憾。作者还说明了家庭教育对培养个人心性的重要性。最后作者提出了希望，希望子孙能够信服这本书里面的道理，绝不仅仅是把古书上的告诫听一遍看一遍，而是把它作为自己的言行规范。

原文

夫圣贤之书，教人诚孝①，慎言检迹，立身扬名，亦已备矣。魏晋已来②，所著诸子，理重事复，递相模效③，犹屋下架屋，床上施床耳。吾今所以复为此者，非敢轨物范世也，业④以整齐门内，提撕子孙。夫同言⑤而信，信其所亲；同命而行，行其所服。禁童子之暴谑，则师友⑥之诫，不如傅婢之指挥；止凡人之斗阋，则尧舜之道，不如寡妻之诲谕⑦。吾望此书为汝曹之所信，犹贤于傅婢寡妻耳。

译文

古代圣贤的书籍，教诲人们要忠诚孝顺，说话要谨慎，行为要检点，建功立业使美好的名声播扬，所有这些道理他们也都已讲得很全面详细了。而魏晋以来，阐述这些道理的图书，道理重复而且内容相近，前后互相模仿，这好比屋下又架屋，床上又放床，显得多余无用了。我如今之所以要再写这本书，并非是敢于给大家在为人处世方面作什么规范，而只是用来整顿家风，教育子孙后代。同样的言语，因为是所亲近的人说出的就相信；同样的命令，因为是所佩服的人发出的就执行。禁止小孩的胡闹嬉笑，那师友的训诫，就不如保姆的指挥；阻止俗人的打架争吵，那尧舜的教导，就不如妻子的劝解。我希望这本书能被你们所信服，希望它能够比得过保姆、妻子的话。

---

①诚孝：忠孝。隋朝人为了避隋文帝父亲杨忠的讳，遂将"忠"改为"诚"。

②已来：以来。已，通"以"。

③模效：模仿，效法，仿效。

④业：功业，功用。

⑤同言：相同的话。

⑥师友：可以求教请益的人，老师和朋友。

⑦谕：使人理解。

原文

　　吾家风教①，素为整密。昔在龆龀，便蒙诱诲；每从两兄，晓夕温清②，规行矩步，安辞定色，锵锵翼翼，若朝严君焉。赐以优言，问所好尚，励短引长，莫不恳笃。年始九岁，便丁③荼蓼，家涂④离散，百口索然。慈兄鞠⑤养，苦辛备至；有仁无威，导示不切。虽读《礼》《传》，微爱属文⑥，颇为凡人之所陶染，肆欲轻言，不修边幅。年十八九，少⑦知砥砺，习若自然，卒难洗荡。二十已后，大过稀焉；每常心共口敌，性与情竞，夜觉晓非，今悔昨失，自怜无教，以至于斯。追思平昔之指，铭肌镂骨，非徒⑧古书之诫，经目过耳也。故留此二十篇，以为汝曹后车⑨耳。

译文

　　我家的门风家教，向来严整周密。在我还小的时候，就受到启蒙教诲；每天跟随两位兄长，早晚孝顺侍奉双亲，冬日准备好暖被，夏日准备好扇子和凉席，做事谨慎，举止端正，言语安详，神色平和，行走时恭敬有礼，小心翼翼，就如同给父母大人请安时一样。长辈经常劝勉鼓励我，问我的爱好崇尚，鼓励我克服自己的缺点，引导我发挥自己的特长，态度都既恳切又深厚。当我九岁的时候，父亲去世了，家庭陷入困境，家道衰落，人口萧条。哥哥抚养我，极其辛苦；但是他只有仁爱而缺少威严，对我的督促也不那么严厉。我当时虽也诵读《周礼》《春秋左传》，对写文章也稍有爱好，但在很大程度上受到社会世人的影响，轻狂放纵，

17

言语轻率，而且不修边幅，不注意容貌的整洁庄重。到十八九岁，才略微懂得要磨砺自己的操行，只因习惯已成自然，短时间难以彻底改掉自己的不良习惯。直到二十岁以后，大的过错才较少犯；但还是经常心是口非，理性与情感相矛盾，夜晚发觉清晨的错误，今天悔恨昨天犯下的过失，自己常叹息由于小时候没有得到好的教育，才会到这种地步。回想起平生的意愿志趣，体会真是深刻，这种感觉不比那光阅读古书上的训诫，只是经过一下眼睛耳朵而已。所以写下这二十篇《家训》，以此作为你们的前车之鉴。

①风教：门风与家教。

②温清：冬季温暖，夏季清凉。温，冬季准备好被子，使父母温暖。清，夏季准备好扇子与凉席，给父母带来清爽。

③丁：遭遇。

④家涂：家道。

⑤鞠：养。

⑥属（zhǔ）文：写文章。

⑦少：略微。

⑧徒：只，仅仅。

⑨后车：后继之车，引申为借鉴。

教子第二

本篇主要阐述对士大夫子弟的教育问题。首先，作者认为幼年时期是一个人发展的基础阶段，父母应该及时对幼儿进行教育，"教妇初来，教儿婴孩"，甚至推崇"古圣王"的"胎教之法"，也就是说应当在孩子知道辨认大人的脸色、明白大人的喜怒时，开始加以教诲，叫他去做他就能去做，叫他不做他就不能去做。其次，在教育过程中，必须处理好教育和爱护的关系，父母对孩子是非常疼爱的，而过分的溺爱是有害无益的。父母平时威严而且慈爱，子女就会敬畏谨慎，从而产生孝心。再次，教育孩子必须要有正确的立场，恰当的方法，必要时要进行笞罚。最后，要重视孩子早期的品德教育，因为良好的品德是成人的基础。

原文

上智不教而成，下愚虽教无益，中庸之人①，不教不知也。古者，圣王有胎教之法：怀子三月，出居别宫，目不邪视，耳不妄听，音声滋味，以礼节②之。书之玉版，藏诸金匮③。生子咳嚏，师保固明，孝仁礼义，导习之矣。凡庶纵不能尔，当及婴稚④识人颜色、知人喜怒，便加教诲，使为则为，使止则止。比及数岁，可省笞⑤罚。父母威严而有慈，则子女畏慎而生孝矣。吾见世间，无教而有爱，每不能然；饮食运为，恣⑥其所欲，宜诫翻奖，应诃⑦反笑，至有识知，谓法当尔。骄慢已习，方复制之，捶挞至死而无威，忿怒日隆而增怨，逮于成长，终为败德。孔子云："少成若天性，习惯如自然。"是也。俗谚曰："教妇初来，教儿婴孩。"诚哉斯语⑧！

译文

天资聪慧的人不用教育就能成才，资质愚钝的人即使教育再多也不起作用，只有绝大多数普通人需要教育，不教育就不懂得道理。古时候，圣贤的君王有"胎教"的做法，王后在怀孕三个月的时候，出去住到专门的宫室里，眼睛不能乱看，耳朵不能乱听，听音乐吃美味，都要按照礼义加以节制，还得把这些写到玉版上，藏进金柜里。孩子出生后还没有懂事，担任太师和太保的人，就要讲解孝、仁、礼、义，来引导他进行学习。普通老百姓家纵然不能做到这样，也应在孩子刚刚能够识人脸色、懂得喜怒时，就加以教导训诲，叫他做就得做，叫他不做就不能做。这样等到他长大几岁，就可省免鞭打惩罚。只要父母既威严又慈爱，那么子女自然敬畏谨慎而有孝行了。我见到世上有些父母，对孩子不讲教育而只是一味溺爱，往往不能严加管教；他们对孩子要吃什么，要干什么，任意放纵，不加管制，该训诫时反而夸奖，该训斥责骂时反而欢笑，到孩子懂事时，就认为这些道理本来就是这样。到骄傲怠慢已经成为习惯时，才想到去加以制止，那时就算鞭打得再狠毒也树立不起父母的威严，愤怒得再厉害也只会增加孩子的怨恨，直到孩子长大成人，最终成为品德败坏的人。孔子说："从小养成的就像天性，习惯了的也就成为自然。"这是很有道理的。俗谚说："教导媳妇要在初来时，教育儿女要在婴孩时。"这话说得确实有道理！

---

① 中庸之人：中等智力的人，普通人。

② 节：约束，限制。

③ 匮：同"柜"，柜子。

④ 稚：儿童。

⑤ 笞（chī）：用竹杖、荆条打。

⑥ 恣：放纵。

⑦ 诃：同"呵"。怒斥、喝斥。

⑧ 诚哉斯语：主谓倒置，译为"这话说得确实有道理"。

原文

凡人不能教子女者，亦非欲陷其罪恶；但①重②于诃怒伤其颜色③，不忍楚④挞惨其肌肤耳。当以疾病为谕，安得不用汤药针艾⑤救之哉？又宜思勤督训者，可愿苛虐于骨肉乎？诚不得已也！

译文

普通人不能教育好子女，也并非想要使子女陷入罪恶的境地，只是不愿意看他们因受责骂训斥而神色沮丧，不忍心使他们因挨打而肌肤痛苦。这应该用生病来作比喻，一个人生了病，难道有不用汤药、针灸来救治就能好的吗？还应该想一想那些经常认真督促训诫子女的父母，他们难道愿意对亲骨肉刻薄凌虐吗？实在是不得已啊！

原文

王大司马①母魏夫人，性甚严正。王在湓城时，为三千人将，年逾四十，少不如意，犹捶挞之，故能成其勋业。梁元帝②时，有一学士，聪敏有才，为父所宠，失于教义：一言之是③，遍于行路④，终年誉之；一行⑤之非，掩⑥藏文饰，冀其自改。年登婚宦⑦，暴慢日滋⑧，竟以言语不择，为周逖抽肠衅⑨鼓云。

译文

大司马王僧辩的母亲魏老夫人，品性非常严谨方正。王僧辩在湓城时，是三千士卒的统领，年纪已过四十，但稍微有不合意的言行，老夫人还是会用棍棒教训他。因此，王僧辩才能成就功业。梁元帝的时候，有一位学士，聪明有才气，从小被父亲宠爱，疏于管教：他若有一句话说得正确，他父亲就到处宣扬，巴不得过往行人都晓得，一年到头都挂在嘴上；他若有一件事做错了，他父亲便为他百般遮掩粉饰，希望他能够自己改正。这位学士成年以后，粗暴傲慢的习气一天赛过一天，最终因为说话不检点，被周逖杀掉后，肠子被抽出，血被拿去涂抹战鼓。

---

① 王大司马：指王僧辩，字君才，南朝梁人。
② 梁元帝：指萧绎，字世诚，南朝梁武帝第七子。
③ 是：正确。
④ 行路：路人，指陌生人。
⑤ 行：行动。
⑥ 掩：掩盖，遮蔽。
⑦ 婚宦：结婚和做官，这里指成年。
⑧ 滋：滋长。
⑨ 衅：以牲畜的血涂抹器物进行祭祀。

原文

　　父子之严①，不可以狎②；骨肉之爱，不可以简③。简则慈孝不接④，狎则怠慢⑤生焉。由命士以上，父子异宫，此不狎之道也；抑搔痒痛，悬衾箧枕，此不简之教也⑥。或问曰："陈亢⑦喜闻君子之远其子，何谓也？"对曰："有是也。盖君子之不亲教其子也。《诗》有讽刺之辞，《礼》有嫌疑之诫，《书》有悖乱之事，《春秋》有邪僻之讥，《易》有备物之象：皆非父子之可通言⑧，故不亲授⑨耳。"

译文

以父亲的威严，就不该对孩子过分亲昵；以至亲的相爱，就不该不拘礼节。不拘礼节，慈爱孝顺都做不好；过分亲昵，放肆不敬之心就会产生。从有地位的读书人向上数，父子都不同室居住，这就是使父子之间不过分亲昵的方法；至于长辈身体不适时，晚辈为他们按摩抓搔；长辈每天起床后，晚辈为他们整理卧具，这些都是讲究礼节的教育。有人问："孔子的弟子陈亢听到孔子疏远自己的儿子，感到高兴，这是什么缘故呢？"回答是："这是有道理的。因为君子不亲自教导自己的孩子。《诗经》里有讽刺君主的言辞，《礼记》中有自避嫌疑的告诫，《尚书》里有违礼作乱的事，《春秋》里有对淫乱行为的指责，《易经》里有备物致用的卦象：这些都不是父亲可以直接向子女讲述的，所以君子不亲自教导自己的孩子。"

①严：威严。

②狎（xiá）：亲近而不庄重。

③简：简慢。

④慈孝不接：慈和孝不能接触，就是慈和孝都做不好。

⑤怠慢：懈怠轻忽。

⑥抑搔痒痛，悬衾箧枕，此不简之教也：为父母按摩止痛止痒，铺床叠被，这是不简慢礼节的教育。

⑦陈亢：孔子的学生。

⑧通言：互相谈论。

⑨授：传授。

原文

齐武成帝子琅邪王，太子母弟也，生而聪慧，帝及后并笃爱之，衣服饮食，与东宫相准①。帝每面称之曰："此黠儿也，当有所成。"及太子即位，王居别宫，礼数②优僭，不与诸王等。太后犹谓不足，常以为言。年十许岁，骄恣无节，器服玩好，必拟乘舆③；尝④朝南殿，见典御⑤进新冰，钩盾⑥献早李，还索不得，遂大怒，诟⑦曰："至尊已有，我何意无？"不知分齐⑧，率皆如此。识者多有叔段、州吁之讥。后嫌宰相，遂矫诏斩之，又惧有救，乃勒麾下军士，防守殿门。既无反心，受劳而罢，后竟坐⑨此幽薨⑩。

译文

齐武成帝的三儿子琅邪王高俨，是太子的同母弟，他天生聪慧，武成帝和皇后都非常喜欢他，吃的穿的，与太子一样。武成帝经常当面称赞他说："这可是个机灵孩子啊，今后会成器的。"等到太子即位，琅邪王被迁到别的宫室去住，给予他的礼遇过于优厚，超过其他的诸侯王。即使这样，太后还说优待不够，常挂在嘴上。琅邪王十多岁的时候，骄横放肆得没有节制，穿的用的，一律要与当皇帝的哥哥相比。一次，他到南殿朝拜，正碰上典御官、钩盾令向皇上进献刚从地窖里取出的冰块及早熟的李子，就派人去索取，没有得到，就大发脾气，骂道："皇上都有的东西，我凭什么就没份？"他不懂得谨守为臣的本分，他的行为大抵都是如此。有识之士大多指责说这是古代共叔段、州吁的再现。后来，琅邪王讨厌宰相和士开，就假传圣旨将他杀了，又担心有人来救，竟命令手下军士把守皇宫殿门。其实他也没有反心，受安抚后就撤了兵，但后来终究因此事被朝廷秘密处死。

----

①准：比照。

②礼数：指礼仪的级别。

③乘舆：皇帝的车子，后用以代指皇帝。

④尝：曾经。

⑤典御：古代主管帝王饮食的官员。

⑥钩盾：古代官署名，主管皇家园林等事项。

⑦詾：同"讻"，骂。

⑧分齐：本分定限的意思。

⑨坐：触犯。

⑩薨（hōng）：周代诸侯死称薨。

原文

人之爱子，罕亦能均①；自古及今，此弊多矣。贤俊者自可赏爱，顽鲁者亦当矜怜②。有偏宠者，虽欲以厚之，更所以祸之。共叔之死，母实为之；赵王③之戮，父实使之。刘表④之倾宗覆族，袁绍⑤之地裂兵亡，可为灵龟⑥明鉴也。

译文

人们疼爱自己的孩子，很少能做到一视同仁的。从古到今，这造成的弊病一直都很多。其实聪明俊秀的孩子固然招人喜爱，顽劣无知的也应该加以怜悯。那种有偏爱的家长，虽然想以自己的爱厚待他，却反而会给他招致祸殃。共叔段的死，实际是他的母亲造成的；赵王如意被杀，实际是他父亲造成的。其他像刘表的宗族倾覆，袁绍的兵败失地，这些事例都像灵龟显示的卦象和明镜照出的影子一样可供借鉴啊。

---

①均：同样。这里有一视同仁的意思。

②矜怜：怜悯，同情。

③赵王：即赵隐王如意，汉高祖与戚姬所生之子。

④刘表：字景升，东汉末山阳高平（位于今山东邹城西南）人。东汉远支皇族。

⑤袁绍：字本初，东汉末汝南汝阳（位于今河南商水西北）人。在与各地势力的混战中，据有冀、青、幽、并四州，成为当时地广兵多的割据势力。建安五年（200年）在官渡为曹操所败，不久病死。

⑥灵龟：龟名，旧时用以占卜。

原文

齐朝有一士大夫，尝谓吾曰："我有一儿，年已十七，颇晓书疏①，教其鲜卑语及弹琵琶，稍欲通解，以此伏②事公卿，无不宠爱，亦要事也。"吾时俯③而不答。异哉，此人之教子也！若由此业，自致④卿相，亦不愿汝曹为之。

译文

北齐有个士大夫，曾对我说："我有个儿子，已有十七岁，非常通晓公文的书写，我教他讲鲜卑语、弹奏琵琶，他差不多都学会了，他凭这些来服侍三公九卿，一定会被宠爱的，这也是紧要的事情。"我当时低着头，没有回答。奇怪啊，这个人用这样的方式来教育儿子！如果用这种办法取媚于人，即使能做到卿相，我也不愿让你们去干的。

---

①书疏：奏疏、信札之类。
②伏：通"服"。
③俯：低头。
④致：到。

兄弟第三

本篇主要谈论家庭成员间的相处问题。夫妇、父子、兄弟关系是人伦中最重要的三种关系。九族的亲属，都来自"三亲"，绝不可以轻慢这种亲情。兄弟之情是除父母、子女之外最为深厚的一种感情，只有相亲相爱、感情至深、不会受别人影响而改变的兄弟，才可避免让关系疏远淡薄者来决定关系亲密者之间的关系。而在男权为主的社会里，兄弟之间的相亲相爱对于整个家族的团结、和睦、稳定是十分重要的。作者提出了防范兄弟关系变坏的办法：不仅要处理好妯娌关系，而且兄弟之间也要兼顾情礼，"事兄"同于"事父"，"爱弟"及于"爱子"。

原文

夫有人民而后有夫妇，有夫妇而后有父子，有父子而后有兄弟：一家之亲，此三而已矣。自兹以往，至于九族^①，皆本于三亲焉，故于人伦为重者也，不可不笃^②。兄弟者，分形连气^③之人也。方其幼也，父母左提右挈^④，前襟后裾^⑤，食则同案，衣则传服^⑥，学则连业^⑦，游则共方^⑧，虽^⑨有悖乱之人，不能不相爱也。及其壮^⑩也，

29

各妻其妻，各子其子，虽有笃厚之人，不能不少衰也。娣姒⑪之比兄弟，则疏薄矣；今使疏薄之人，而节量⑫亲厚之恩，犹方底而圆盖，必不合矣。惟友⑬悌深至，不为旁人⑭之所移者，免夫！

译文

有了人类然后才有夫妻，有了夫妻然后才有父子，有了父子然后才有兄弟：一个家庭里的亲人，也就是这三种关系。由这三种关系发展出去，可以产生九族，九族都是来自这三种亲属关系，所以这三种关系在人伦中极为重要，不能不认真对待。兄弟，是一母所生，外表不同而气息相通的人。他们小的时候，父母左手拉一个，右手牵一个，这个扯着父母的前襟，那个抓住父母的后摆；吃饭是用一个案盘；穿衣是哥哥传给弟弟；学习是弟弟用哥哥的课本；游玩是在同一个地方。即使有悖礼胡来的人，兄弟间却不会不互相爱护。等到进入壮年时期，各有各的妻子，各有各的孩子，即使是诚实厚道的人，兄弟间在感情上也不可能不减弱。至于妯娌，比起兄弟来，关系就更疏远而欠亲密了。如今让这种疏远欠亲密的妯娌，来掌握亲厚的兄弟感情，就好比给方形的底座配个圆盖，一定是合不拢的。这种情况只有相亲相爱、感情至深、不会受别人影响而改变的兄弟，才能避免出现啊！

---

①九族：指本身上及父、祖、曾祖、高祖，下及子、孙、曾孙、玄孙的亲属。另一种说法是父族四、母族三、妻族二，合为"九族"。
②笃：诚笃，忠实。此处指认真对待的意思。

③连气：又称"同气"。指兄弟同为父母所生，气息相同相连。

④挈：提携。

⑤前襟后裾：指兄弟有的拉父母的衣前襟，有的牵父母的衣后摆。襟，上衣的前幅。裾，上衣的后幅。

⑥传服：指大的孩子穿过的衣服再传给小的孩子穿。

⑦连业：指哥哥用过的经籍，弟弟又接着用。业，旧时书写经典的大版，引申为书本。

⑧共方：同去一个地方。

⑨虽：即使。

⑩壮：壮年。古人三十岁以上为壮年。

⑪娣姒（dì sì）：兄弟之妻互称，兄妻为姒，弟妻为娣，后称"妯娌"。

⑫节量：节制度量之意。

⑬友：兄弟间相亲爱。

⑭旁人：其他的人，局外的人。此处指妻子。

原文

二亲既殁①，兄弟相顾，当如形之与影，声之与响②；爱先人之遗体③，惜己身之分气，非兄弟何念哉？兄弟之际，异于他人，望深④则易怨，地⑤亲⑥则易弭⑦。譬犹居室，一穴则塞之，一隙则涂之，则无颓毁之虑；如雀鼠之不恤⑧，风雨之不防，壁陷楹⑨沦，无可救矣。仆妾之为雀鼠，妻子之为风雨，甚哉！

译文

双亲已经去世，留下兄弟相互照顾，应当既像身体和它的影子，又像声响和它的回声那样亲密；爱护先人留下的骨肉，顾惜自身的血气，除了兄弟，谁还能这样互相爱怜呢？兄弟之间，与他人可不一样，要求高就容易产生埋怨，而关系亲密就容易消除隔阂。譬如住的房屋，出现了一个漏洞就堵塞，出现了一条细缝就填补，那就不会有倒塌的危险；假如有了麻雀、老鼠也不忧虑，刮风下雨也不防御，那么就会墙壁倒塌，楹柱摧折，没法补救了。奴仆、婢妾比起那雀鼠，妻子比起那风雨，他们的威力还更厉害些吧！

---

① 殁：死亡。
② 响：回声。
③ 先人之遗体：指兄弟，因为兄弟都是从父母身上分离出来的。先人，指死去的父母。遗体，所敬重的人的尸体。
④ 望深：要求过高。
⑤ 地：居住。此处有"相处"之意。
⑥ 亲：亲近。
⑦ 弭：消除，停止。此处指解除隔阂，停止纠纷。
⑧ 恤：忧虑。
⑨ 楹：厅堂前部的柱子。

原文

兄弟不睦，则子侄不爱；子侄不爱，则群从①疏薄；群从疏薄，则僮仆为仇敌矣。如此，则行路皆踏②其面而蹈③其心，谁救之哉？人或交天下之士皆有欢爱，而失敬于兄者，何其能多而不能少也！人或将数万之师得其死力，而失恩于弟者，何其能疏而不能亲也！

译文

　　兄弟之间要是不和睦，子侄之间就不相爱；子侄之间要是不相爱，族里的子侄辈就疏远不亲密；族里的子侄辈疏远不亲密，那僮仆之间就成仇敌了。如果这样，即使走在路上的陌生人都可以任意践踏、侮辱他们，那还有谁来救他们呢？世人中有能结交天下之士并做到欢爱，却对兄长不尊敬的人存在，为什么他能和那么多人相处融洽却不能善待自己仅有的几个兄长呢？世人中又有能统率几万大军并使手下为其拼死效力，却对自己的弟弟缺乏关爱，为什么对关系疏远的人能广施恩惠，对关系亲密的人却薄情寡恩呢？

---

①群从：指堂兄弟及其子侄。
②踖（jí）：践踏。
③蹈：踏，踩。

原文

　　娣姒者，多争之地也。使骨肉居之①，亦不若各归四海，感霜露而相思②，伫日月之相望③也。况以行路之人，处多争之地，能无间④者，鲜⑤矣。所以然者，以其当公务⑥而执私情⑦，处重责而怀薄义也；若能恕⑧己而行，换子而抚，则此患不生矣。

译文

　　姒娣之间，纠纷最多。即使是亲姐妹成为姒娣，也不如让她们各嫁一方，好感受霜露的降临而互相思念，仰观日月的运行而遥相盼望。何况妯娌本来就像走在路上的陌生人，却处在多纠纷之地，能做到不生嫌隙的实在太少了。之所以会这样，是因为办的是大家庭的公事，却都要顾自己的私利，担子虽重心里却挂着个人的恩怨。如果妯娌之间能够用宽恕仁爱的心处理事情，能把对方的孩子当成自己的孩子那样爱抚，那妯娌不和的事情就不会发生了。

---

①骨肉居之：此指亲姊妹成为妯娌。

②感霜露而相思：感叹霜露的出现还能触发彼此的思念之情。

③伫日月之相望：日月各为东西，总会等到相望之时。

④间（jiàn）：隔阂，疏远。

⑤鲜（xiǎn）：少。

⑥当公务：这里指为兄弟同居的大家庭办事。

⑦执私情：指妯娌各为自己的小家室打算。

⑧恕：宽恕，原谅。

原文

人之事兄，不可同于事父，何怨爱弟不及爱子①乎？是反照而不明也。沛国②刘琎，尝与兄瓛③连栋隔壁，瓛呼之数声不应，良久方答；瓛怪问之，乃曰："向来④未着衣帽故也。"以此事兄，可以免⑤矣。

译文

有人在侍奉兄长时，不肯像侍奉父亲一样，那为什么埋怨兄长爱弟弟不如爱自己的儿子呢？这就是因为人们缺乏对自己的观照而不明白呀。沛国刘琎的住处和哥哥刘瓛的住处连在一起，两家的住房只隔一堵墙。一次，刘瓛呼叫刘琎，连叫几声都没有回应。过了一会儿才听到刘琎回答。刘瓛感到奇怪，就问原因，刘琎说："因为刚才还没有穿戴好衣帽。"用这样的态度敬事兄长，就不必担心哥哥对弟弟不如对待自己的孩子了。

原文

江陵王玄绍，弟孝英、子敏，兄弟三人，特相友爱，所得甘旨新异，非共聚食，必不先尝。孜孜①色貌，相见如不足者。及西台陷没，玄绍以形体魁梧，为兵所围；二弟争共抱持，各求代死，终不得解。遂并命②尔。

译文

江陵的王玄绍与他的弟弟孝英、子敏，一共兄弟三人，特别友爱，谁要得到美味新奇的食品，除非是三人在一起共享，否则决不会有人先去品尝。三人虽然互相勤勉相待，见面时仍觉自己替别人做得不够。到了江陵陷落的时候，王玄绍因为体形魁梧，被敌兵包围；两个弟弟争着抱住他，请求替哥哥去死，但终于未能消解厄运，三人一同被杀害。

———— ---

①孜孜：勤勉的样子。
②并命：相从而死。

后娶第四

本篇中，作者提出对续弦一事要慎之又慎。因为通常是前夫之子受宠则父母遭怨恨，后母虐待前妻之子则兄弟成仇敌，后娶的妻子常常同前妻的孩子因感情、财产等问题产生矛盾冲突，冲突的结果轻的便是骨肉分离，严重的则是家庭的再次破碎。而且作者分析了产生这种现象的原因：继母虐待前妻之子而爱自己的孩子是天性；爱前妻的子女的贤继母也很难做。因此，再婚千万要慎重。

原文

吉甫，贤父也；伯奇，孝子也；以贤父御①孝子，合得终于天性②；而后妻间之，伯奇遂放。曾参妇死，谓其子曰："吾不及吉甫，汝不及伯奇。"王骏丧妻，亦谓人曰："我不及曾参，子不如华、元。"并终身不娶，此等足以为诫。其后，假继③惨虐孤遗，离间骨肉，伤心断肠者，何可胜数。慎之哉！慎之哉！

译文

吉甫，是贤明的父亲。伯奇，是孝顺的儿子。以贤父来管教孝子，应该是能够一直保有父与子之间相互关心爱护的天性，但是由于吉甫的后妻从中挑拨离间，儿子伯奇就被放逐。曾参的妻子死去，他对儿子说："我比不上吉甫贤明，你也比不上伯奇孝顺。"王骏的妻子死去，他也对人说："我比不上曾参，我的儿子也比不上曾华、曾元。"曾参与王骏两位后来都终身没有再娶，这些事例都足以引为鉴诫。后世那些做后母的虐待孤儿，离间前妻之子和其生父的骨肉之情，让人伤心断肠的事多得数不清。对于再娶这件事要小心啊！一定要小心啊！

----

①御：治理，此处指管教。

②天性：指人先天具有的品质或特性。

③假继：继母。

原文

江左①不讳庶孽，丧室之后，多以妾媵②终③家事；疥癣蚊虻④，或未能免，限以大分⑤，故稀斗阋之耻。河北鄙于侧出⑥，不预人流⑦，是以必须重娶，至于三四，母年有少于子者。后母之弟，与前妇之兄，衣服饮食，爰及婚宦，至于士庶⑧贵贱之隔，俗以为常。身没之后，辞讼盈公门，谤辱彰道路，子⑨诬母⑩为妾，弟黜兄为佣，播扬先人之辞迹⑪，暴露祖考⑫之长短，以求直己者，往往而有。悲夫！自古奸臣佞妾，以一言陷人者众矣！况夫妇之义，晓夕移之，婢仆求容，助相说引⑬，积年累月，安有孝子乎？此不可不畏。

译文

　　江东一带的人不避忌婢妾生的孩子，正妻死了以后，多由妾来主持家事。细小的纠纷，有时不能免除；但限于名分，兄弟之间打架争吵等有辱家门的事情就很少见。黄河以北的地方鄙视妾所生的子女，不让他们进入有身份人的行列，所以妻亡之后必须重娶，甚至重娶三四次，这样，后母年龄有时比前妻儿子的年龄还小。后母生的孩子（弟弟）和前妻生的孩子（兄长），会在衣服饮食的待遇以及婚姻、做官上都有差异，甚至会有士庶贵贱之间隔，而世俗对此现象习以为常。到父亲死亡之后，家里的人为诉讼挤破衙门，把诽谤污辱的言语嚷到大路上，前妻之子污蔑后母为妾，后母之子贬斥前妻之子为仆役。他们到处宣扬亡父的言辞字迹，暴露先人的是非好坏，以此来证明自己的正直，这种事在那些再娶的家庭中经常可以见到。真可悲啊！自古以来的奸臣佞妾，用一句话来害人的多得很呢！何况后母凭夫妇的情义，早晚想办法来改变男人的心意，而婢仆为了讨主子的欢心，帮着劝说引诱，日子一久，怎么还有孝子呢？这不能不让人感到害怕。

①江左：长江下游以东地区。

②妾媵（yìng）：正妻以外的婢妾的通称。

③终：这里是继续管下去的意思。

④疥癣蚊虻：这里指家庭内部的一些细小的矛盾纠纷。

⑤大分：名分。

⑥侧出：妾所生的子女。

⑦人流：有身份者的行列。

⑧士庶：士族和庶族。

⑨子：此指前妻之子。

⑩母：此指后母。

⑪辞迹：言语，行迹。此句指传扬先辈隐私。

⑫祖考：指已去世的祖先。

⑬引：诱引。

原文

凡庸之性，后夫多宠前夫之孤，后妻必虐前妻之子；非唯妇人怀嫉妒之情，丈夫有沈惑①之僻②，亦事势使之然也。前夫之孤，不敢与我子争家，提携鞠养，积习生爱，故宠之；前妻之子，每居己生之上，宦学③婚嫁，莫不为防焉，故虐之。异姓④宠则父母被怨，继亲⑤虐则兄弟为仇，家有此者，皆门户之祸也。

译文

一般平常人的习性，后夫大多宠爱前夫的孩子，后妻必然虐待前妻的孩子。这不是说只有妇人才会心怀妒忌之情，男人才有一味溺爱的毛病，这也是环境和事物发展的形势促使他们这样做。前夫的孩子，不敢和自己的孩子争夺家业，将前夫的孩子提携抚养，天长日久自然生爱，因而后夫会宠爱前夫的孩子；前妻的孩子，年龄地位常常居于自己所生孩子之上，无论做官进学，还是婚姻嫁娶，没有不须防范的，因而后母会虐待他们。前夫之子受宠则父母遭怨恨，后母虐待前妻之子则兄弟成仇敌，家庭里发生这类事情，都是家里的祸患啊。

---

①沈惑：溺于所爱而不明。
②僻：通"癖"，不良嗜好。
③宦学：做官和进学。宦，指学习仕宦之事。学，指学习"六经"之事。
④异姓：前夫之子。
⑤继亲：后母。

原文

思鲁①等从舅②殷外臣，博达之士也。有子基、谌，皆已成立，而再娶王氏。基每拜见后母，感慕③呜咽，不能自持，家人莫忍仰视。王亦凄怆，不知所容，旬月求退，便以礼遣，此亦悔事也。

译文

思鲁他们的舅父殷外臣，是位博学通达的读书人。他有两个孩子，叫殷基、殷谌，都已长大成人，殷外臣在妻子死后又娶了王氏为妻。殷基每当拜见后母时，因念及生母而失声痛哭，难以控制自己的感情，家里人都不忍抬头看他。王氏也非常悲伤，不知如何是好，才过门十几天就要求退婚，殷外臣只好依照礼节将她送回娘家，这也是值得懊悔的事啊。

原文

《后汉书》曰："安帝时，汝南薛包孟尝，好学笃行，丧母，以至孝闻。及父娶后妻而憎包，分出之。包日夜号泣，不能去，至被殴杖。不得已，庐于舍外，旦入而洒扫①。父怒，又逐之，乃庐于里门②，昏晨不废。积岁余，父母惭而还之。后行六年服，丧过乎哀③。既而弟子求分财异居，包不能止，乃中分其财：奴婢引④其老者，曰：'与我共事久，若不能使也。'田庐取其荒顿⑤者，曰：'吾少时所理⑥，意所恋也。'器物取其朽败者，曰：'我素所服⑦食，身口所安也。'弟子数破其产，还复赈给。建光⑧中，公车⑨特征，至拜侍中。包性恬虚，称疾不起，以死自乞。有诏赐告⑩归也。"

译文

《后汉书》上说："安帝的时候，汝南有位叫薛包的，字孟尝，他喜爱学习，行为诚实，母亲已去世，他因为格外孝顺而闻名。等到他父亲娶了后妻，就憎恨薛包，让他分家别住。薛包日夜放声痛哭，不肯离开，以致被父亲用棍棒殴打。薛包不得已，在家门外搭了间小屋暂住，清晨就进家清扫房屋。父亲很生气，又赶他出门。薛包就只好在里巷外搭了间茅屋暂住，但从不忘记早晚向父母问安。过了一年多，父母感到羞愧，让他回家了。父母死后，薛包守丧六年，超过了丧礼的要求。不久，弟弟要求分家另过，薛包不能劝止，就把家产平均分配：奴婢要老的，说：'这些人与我共事时间长，你使唤不了。'田地房屋要那荒废了的，说：'我年轻时经营过的，有所依恋。'器物要朽败了的，说：'我平时用惯了。'弟弟几次败家，薛包屡次接济。建光年间，官府特地征聘薛包，任命他为侍中。但薛包生性恬淡，声称卧病不起，只求一死而已。朝廷只得下诏让他回家养病。"

---

①洒扫：洒水扫除污垢。

②里门：乡里之门。

③丧过乎哀：守丧超过哀礼的限制。封建社会，父母死，儿女要服丧三年，薛包服丧六年，所以说"丧过乎哀"。

④引：取。

⑤荒顿：荒废。

⑥理：整治。

⑦服：用。

⑧建光：汉安帝年号。

⑨公车：汉代官署名。臣民上书和征召，都由公车接待。

⑩赐告：汉制，官吏病满三月当免，天子特赐其保留官职，回家养病，称赐告。

治家第五

本篇主要探讨了治家的一些基本理论和方法。治理家庭要从上推行到下，由长辈施行到后辈，"父不慈则子不孝，兄不友则弟不恭，夫不义则妇不顺矣"，所以要言传身教，以身作则。作者继承了"男尊女卑"的思想，主张妇女主持家中饮食之事，也就是说妻子在家庭中应处于从属地位，只能主持家务，辅佐丈夫，弥补丈夫的不足，不能参与国家大事，不能干预家庭重要事务。作者还认为家庭应该讲究节俭，与其奢侈，不如简朴。在这里作者提出了对节俭的独特观点：节俭并不是吝啬，持家应该"施而不奢，俭而不吝"，既要躬俭节约，又要不吝啬小气。作者认为管理家庭也要像管理国家一样，要有章有法，宽严适度。

原文

夫风化①者，自上而行于下者也，自先而施于后者也。是以父不慈则子不孝，兄不友则弟不恭，夫不义则妇不顺矣。父慈而子逆，兄友而弟傲，夫义而妇陵②，则天之凶民，乃刑戮之所摄③，非训导之所移也。

译文

教育感化这种事，是从上向下推行的，前人影响后人。所以如果父亲不慈爱，儿子就不孝顺；兄长不友爱，弟弟就不恭敬；丈夫不仁义，妻子就不温顺。假如父亲虽慈爱而子女却叛逆，哥哥虽友爱而弟弟却傲慢，丈夫虽仁义而妻子却盛气凌人，那这些人就是天生的凶恶之人，要用刑罚杀戮来使他们畏惧，而不是用训诲诱导能改变的。

①风化：教育感化。
②陵：侵侮。
③摄：通"慑"，使人畏惧。

原文

答怒废于家，则竖子①之过立见；刑罚不中，则民无所措②手足。治家之宽猛，亦犹国焉。

译文

如果在家庭内部取消鞭笞一类的体罚，那孩子们的过错就会马上出现；如果国家的刑罚用得不恰当，那老百姓就会不知如何是好。治家的宽仁和严格，也要像治国一样恰当合度。

①竖子：未成年人。
②措：安放。

原文

孔子曰:"奢则不孙①,俭则固②;与其不孙也,宁固。"又云:"如有周公③之才之美,使骄且吝,其余不足观也已。"然则可俭而不可吝已。俭者,省约为礼之谓也;吝者,穷急不恤之谓也。今有施则奢,俭则吝;如能施而不奢,俭而不吝,可矣。

译文

孔子说:"奢侈了就不恭顺,节俭了就鄙陋。与其不恭顺,宁可鄙陋。"又说:"如果一个人有周公那样的才华和美德,但只要他既骄傲又吝啬,那他的其他方面也就不值得称道了。"这样说来,那是可以节俭而不可以吝啬了。节俭,是合乎礼的节省;吝啬,是对困难危急的人也不救助。当今舍得施舍的人却也奢侈无度,讲节俭的人却又吝啬小气。如果能够做到施舍他人而自己不奢侈,勤俭节约而不吝啬,那就很好了。

---

①孙:通"逊",恭顺。
②固:鄙陋。
③周公:名姬旦,周文王之子。

原文

生民之本,要当稼穑①而食,桑麻以衣。蔬果之畜,园场之所产;鸡豚之善②,塒③圈之所生。爰及栋宇器械,樵苏④脂烛,莫非种殖之物也。至能守其业

46

者，闭门而为生之具以足，但家无盐井耳。今北土风俗，率能躬俭节用，以赡衣食；江南奢侈，多不逮焉。

译文

老百姓生活最根本的事情，是要播种庄稼以解决吃饭的问题，种植桑麻以解决穿衣的问题。所贮藏的蔬菜果品，是果园菜圃所出产的；所食用的鸡猪，是鸡窝猪圈所畜养的。还有那房屋器具，柴草蜡烛，没有不是耕种养殖的产物。那种善于经营家业的人，不用出门而生活必需品都够用，只是家里没有盐井而已。如今北方的风俗，大部分家庭都能做到省俭节用，以保障衣食所需；而江南一带地方的风俗奢侈，在节俭持家方面多数家庭比不上北方。

---

①稼穑（sè）：指农业生产。稼，播种谷物。穑，收获谷物。

②善：通"膳"，饮食。

③埘（shí）：鸡窝。

④樵苏：用作燃料的柴草。

原文

梁孝元世，有中书舍人^①，治家失度，而过严刻。妻妾遂共货刺客，伺醉而杀之。

译文

梁朝孝元帝的时候，有一位中书舍人，治家有失法度，对待家人过于严厉苛刻。妻妾就共同买通刺客，乘他喝醉时杀了他。

原文

世间名士，但务宽仁；至于饮食馈馈，僮仆减损，施惠然诺①，妻子节量，狎侮宾客，侵耗乡党②：此亦为家之巨蠹③矣。

译文

世上的一些名士，只知讲究宽厚仁慈，以致款待客人馈赠的食品，被僮仆减损，承诺接济亲友的东西，由妻子把持控制，甚至发生轻视侮辱宾客、侵吞克扣乡里百姓的事：这也是家中的一大祸害。

原文

齐吏部侍郎房文烈，未尝嗔怒，经霖雨绝粮，遣婢籴米，因尔逃窜，三四许日，方复擒之。房徐曰："举家无食，汝何处来？"竟无捶挞。尝寄人宅①，奴婢彻②屋为薪略尽，闻之颦蹙③，卒无一言。

译文

齐朝的吏部侍郎房文烈，从不生气发怒，一次因连续几天降雨家中断粮，房文烈派一名婢女买米，婢女乘机逃跑了，过了三四天，才把她抓获。房文烈只是语气平缓地对她说："一家人都没吃的了，你跑哪里去啦？"竟然没有责打她。房文烈曾经把房子借给别人居住，那家的奴婢们拆房子当柴烧，差不多要拆光了，他听到后只是皱了皱眉头，始终没说一句话。

---

① 寄人宅：以宅寄人，把房子借给别人居住。

② 彻：通"撤"，意为拆毁。

③ 颦蹙（pín cù）：皱眉蹙额，不快乐的样子。

原文

裴子野有疏亲故属饥寒不能自济者，皆收养之。家素清贫，时逢水旱，二石米为薄粥，仅得遍焉，躬自同之，常无厌色。邺下有一领军①，贪积已甚，家僮八百，誓满一千；朝夕每人肴膳，以十五钱为率，遇有客旅，更无以兼。后坐事伏法，籍其家产，麻鞋一屋，弊衣数库，其余财宝，不可胜言。南阳有人，为生奥博②，性殊俭吝，冬至后女婿谒之，乃设一铜瓯③酒，数脔④獐肉；婿恨其单率，一举尽之。主人愕然，俯仰⑤命益，如此者再。退而责其女曰："某郎⑥好酒，故汝常贫。"及其死后，诸子争财，兄遂杀弟。

译文

南朝的裴子野，每当有远亲故旧陷于饥寒不能自救时，他都收养下来。他的家里一向清贫，有时遇上水旱灾害，用二石米煮成稀粥，才勉强让大家都能吃上，裴子野也和大家一起吃粥，从没有厌烦的表情。邺下有个将军，贪欲积聚得实在够狠，家里的仆人已有了八百人，还发誓要凑满一千。早晚每人的饭菜，以十五文钱为标准，即使遇到客人来，也不增加一些。后来这位将军因犯罪被处死，没收他的家产时，发现他家的麻鞋就有一屋子，旧衣服堆满了几个仓库，其余的财宝，更多得说不完。南阳有个人，生平积蓄十分丰厚，但性情极为吝啬，冬至后女婿来看他，他只准备了一铜瓯的酒，还有几块獐子肉来招待。女婿嫌他过于简慢小气，一下子就吃尽喝光了。这个人很吃惊，只好勉强应付添上一点，这样添过两次。退席后他责怪女儿说："你丈夫太爱喝酒，才弄得你老是贫穷。"等到他死后，几个儿子为争夺遗产，哥哥竟然把弟弟杀了。

①领军：官名。

②奥博：指深藏广蓄，积累丰厚。

③瓯：盛酒器。

④胾：切成块的肉。

⑤俯仰：周旋，应付。

⑥郎：六朝人呼婿为郎。

原文

妇主中馈①，惟事酒食衣服之礼耳。国不可使预政，家不可使干蛊②。如有聪明才智，识达古今，正当辅佐君子③，助其不足。必无牝鸡④晨鸣，以致祸也。

译文

妇女主持家中饮食之事，只不过是操办有关酒食衣服等礼仪方面的事就行了。就国家而言，不能让妇女过问政事；就家庭而言，不能让妇女主持家政。如果真有聪明才智，见识通达古今，也只应辅佐丈夫，弥补他的不足。一定不要像母鸡代替公鸡报晓一样凌驾于男子之上，以招致祸殃。

---

①妇主中馈：指妇女在家中主持饮食等事。
②干蛊（gǔ）：主事。
③君子：古时妻子对丈夫的敬称。
④牝（pìn）鸡：母鸡。

原文

江东妇女，略无交游，其婚姻之家①，或十数年间未相识者，惟以信命赠遗，致殷勤焉。邺下风俗，专以妇持门户②，争讼曲直，造请逢迎，车乘填街衢，绮罗盈府寺，代子求官，为夫诉屈。此乃恒、代之遗风乎？南间贫素，皆事外饰，车乘衣服，必贵整齐；家人妻子，不免饥寒。河北人事③，多由内政④，绮罗金翠，不可废阙，羸马悴奴，仅充而已；倡合⑤之礼，或尔汝⑥之。

译文

江东的妇女，很少对外交往，在结成婚姻的亲家中，有十几年还不曾见面的，只派人传达音信或送礼品，来表示各自的情谊。邺城的风俗，专门让妇女当家，她们和外人争辩是非，应酬交际，乘的车马填塞道路，穿着锦衣华服挤满官家的府邸，有的替儿子乞求官职，有的给丈夫诉说冤屈。这就是恒州、代州的鲜卑遗风吗？南方地区，即使是贫寒人家，丈夫都注意修饰外表，车马、衣服，一定讲究整齐；而家中的妻子儿女，却难免挨饿受冻。黄河以北的地区，交际应酬，也多由妻子出面，因此锦衣华服和金银珠翠都是必不可少的，而家中羸弱的马匹和憔悴的奴仆，勉强凑数而已；夫妇之间一唱一和的礼节，被"尔""汝"这样轻贱的称呼代替了。

---

①婚姻之家：亲家。

②持门户：当家的意思。

③人事：交际应酬。

④内政：家庭内部事务，这里借指主持家务的妻子。

⑤倡合：夫唱妇随。

⑥尔汝：指夫妻间互相轻贱的称呼。

原文

河北妇人，织纴组紃①之事，黼黻②锦绣罗绮之工，大优于江东也。

译文

黄河以北的妇女，不论是从事编织纺织的工作，还是制作绣有花纹绸布的手工技巧，都大大胜过江东的妇女。

---

①织纴组紃：指妇女从事的纺织事务。
②黼黻（fǔ fú）：古代礼服上所绣的花纹。

原文

太公曰："养女太多，一费也。"陈蕃曰："盗不过五女之门。"女之为累，亦以深矣。然天生蒸①民，先人传体，其如之何？世人多不举女，贼行骨肉，岂当如此，而望福于天乎？吾有疏亲，家饶妓媵，诞育将及，便遣阉竖②守之。体有不安，窥窗倚户，若生女者，辄持将去③；母随号泣，使人不忍闻也。

译文

姜太公说："养女儿太多，是一种耗费。"后汉大臣陈蕃说过："盗贼都不愿偷窃有五个女儿的家庭。"女儿带来的拖累，实在够深重了。但天下芸芸众生，都是先辈传下的骨肉，能把她怎么样呢？世人多有生了女儿不养育，残害亲生骨肉的，难道这样做还盼望上天降福给他吗？我有个远亲，家里有许多姬妾，有谁将要生育，他就派人守候着。临产时，僮仆从门窗往里窥视，如果生了女孩，马上抢走弄死，产妇随即号啕大哭，真叫人不忍心听。

①蒸：众多。

②阍（hūn）竖：守门人。

③持将去：指抢走杀害。持，抢。

原文

妇人之性，率宠子婿而虐儿妇。宠婿，则兄弟①之怨生焉；虐妇，则姊妹②之谗行焉。然则女之行③留④，皆得罪于其家者，母实为之。至有谚云："落索⑤阿姑⑥餐。"此其相报也。家之常弊，可不诫哉！

译文

妇女的习性，大多宠爱女婿而虐待儿媳妇。宠爱女婿，那女儿的兄弟就会产生怨恨；虐待儿媳妇，那儿子的姐妹就易进谗言。这样看来，女儿不论出嫁，还是在兄弟娶媳妇后待嫁在家，都会得罪家人，这都是当母亲的造成的。以至有谚语说："婆婆吃饭好冷清。"这是对她的报应呀。这是家庭里经常出现的弊端，能不警诫吗！

①兄弟：指女儿的兄弟。

②姊妹：指儿子的姊妹。

③行：指女儿出嫁。

④留：指儿子娶媳妇。

⑤落索：冷落萧索。

⑥阿姑：婆婆。

原文

婚姻素对①，靖侯②成规。近世嫁娶，遂有卖女纳财，买妇输绢，比量父祖，计较锱铢③，责多还少，市井④无异。或猥婿在门，或傲妇擅室，贪荣求利，反招羞耻，可不慎欤！

译文

婚姻要找清白的配偶，这是当年祖宗靖侯立下的老规矩。近代来，竟然有人利用婚姻，接受财礼出卖女儿的，运送绢帛买进儿媳妇的。这些人在为子女选择配偶时，比量算计对方父辈、祖辈的权势地位，斤斤计较对方财礼的多少，个个都想多索取，少付出，这和小商贩没有区别。结果，有的家里弄来个下流女婿，有的屋里主管权操纵在恶儿媳妇手中，因为贪荣求利，反而招来耻辱，这样的事能不慎重吗！

①素对：清白的配偶。素，寒素。

②靖侯：即颜之推的九世祖颜含。颜含，字宏都，谥号为靖侯。

③锱铢：均为古代很小的计量单位。比喻微小的事物。

④市井：这里指商贩。

原文

借人典籍，皆须爱护，先有缺坏，就为补治，此亦士大夫百行①之一也。济阳江禄，读书未竟，虽有急速，必待卷束②整齐，然后得起，故无损败，人不厌其求假焉。或有狼籍几案，分散部③帙④，多为童幼婢妾之所点⑤污，风雨虫鼠之所毁伤，实为累德。吾每读圣人之书，未尝不肃敬对之；其故纸有《五经》词义，及贤达姓名，不敢秽用⑥也。

译文

借别人的书籍，都必须爱护，借来时如有缺失损坏卷页的，要给人家修补完好，这也是士大夫百行之一。济阳人江禄，每当读书未结束时，即使有紧急事情，也要先把书本卷束整齐，然后才起身，因此书籍不会损坏，人家对他来借书也不感到厌烦。有的人把书籍在桌案上乱丢，以致书卷分散，大多被小孩婢妾弄脏，有时又被风雨虫鼠毁伤，这样做真是有损道德。我每次读圣人写的书，从没有不严肃恭敬地面对它的。废旧纸上如果有《五经》的文义和圣贤的姓名，我也不敢用在污秽之处。

---

①百行：封建社会士大夫所订立身行己之道，共有百事，称之为百行。

②卷束：卷起束理。南北朝时，印刷术还未出现，人们将书籍抄写在绢帛上，然后卷成一卷收藏，称之为书卷。

③部：古代书籍按内容分为若干门类称部，后引申称一种书为一部书。

④帙：古人用以装书卷的书套。

⑤点：通"玷"。

⑥秽用：指把书卷用在不干净的地方。

原文

吾家巫觋①祷请②，绝于言议；符书③章醮④，亦无祈焉，并汝曹所见也。勿为妖妄之费。

译文

我们家里从来不讲巫婆或道僧祈祷神鬼之事，也没有用符书设道场去祈求的举动，这都是你们所见到的。切莫把钱花费在这些妖佞虚妄的事情上。

---

①巫觋（xí）：男女巫的合称。巫，指女巫。觋，指男巫。

②祷请：向鬼神祈祷请求。

③符书：旧时道士用来驱鬼召神或治病延年的神秘文书。

④醮（jiào）：道士设坛祈祷。

卷二

风操第六

魏晋南北朝时的主流思想是玄学，玄学使知识分子逐渐与统治阶级剥离，使整个社会形成一种"尚清谈、务虚名"的风气。作者在本篇里，对于士大夫风操方面的问题，从传统经学出发，结合当时的实际，充分表达了对避讳、取名、称呼、送迎、离别、丧礼、先人遗物、忌日、生日，甚至变故、兵乱、结交等方面的看法。作者认为讲究门风节操是必要的，但是为了个人的荣誉和名声而废弃公务、不接庶物也是不可取的。所以作者反对一味崇古，主张"礼缘人情"而设。礼的形式会随时代不同而有所变化，但礼的精神始终如一，那就是：风度节操，发自内心；礼缘人情，恩由义断。

原文

吾观《礼经》，圣人之教：箕帚①匕箸②，咳唾③唯诺④，执烛⑤沃盥⑥，皆有节文⑦，亦为至矣。但既残缺，非复全书；其有所不载，及世事变改者，学达君子，自为节度⑧，相承行之，故世号士大夫风操。而家门⑨颇有不同，所见互称长短；然其阡陌⑩，亦自可知。昔在江南，目能视而见之，耳能听而闻之；蓬生麻中，不劳翰墨。汝曹生于戎马之间，视听之所不晓，故聊记录，以传示子孙。

译文

我看《礼经》，那上面都是圣人的教诲：在长辈面前怎样用簸箕、笤帚打扫，吃饭时怎样用羹匙、筷子，怎样使说话应答得体，怎样持烛照明、以礼待客，还有怎样端盆送水侍奉长辈盥洗等，《礼经》里都有专门的规定和礼节，且讲得很详细。但是此书已经残缺不全，而且有一些礼仪规范，书上没有记载，有些则随着世事的变化也有了变化。于是博学通达的君子就自己斟酌制定了一些规范，代代相传，世人就把这些称为士大夫的风范和节操。然而各个家庭情况都不一样，其看法也各有长短，不过基本脉络还是可以知道的。过去我在江南的时候，对这些礼仪，亲眼所见，亲耳所闻，早已深受其熏染，就像蓬草生长在麻地里，不用扶持也能长直。你们生于兵荒马乱的年代，对这些礼仪规范自然是看不见也听不到的。所以我姑且将它们记录下来，用以传示子孙后代。

①箕帚：畚箕和扫帚，指家内洒扫之事。
②匕箸：羹匙和筷子，指饮食之事。
③咳唾：比喻人的言论。
④唯诺：应答。
⑤执烛：手持蜡烛。

⑥沃盥：倒水洗手。在这里指为长辈洗手应遵循的礼仪。

⑦节文：制定礼仪。在这里为规定、礼节的意思。

⑧节度：规则，法则。

⑨家门：家庭。

⑩阡陌：比喻途径、门路。

原文

《礼》曰："见似目瞿，闻名心瞿。"有所感触，恻怆心眼；若在从容平常之地，幸须申其情耳。必不可避，亦当忍之。犹如伯叔兄弟，酷类先人，可得终身肠断，与之绝耶？又："临文不讳，庙中不讳，君所无私讳①。"益知闻名，须有消息②，不必期于颠沛③而走也。梁世谢举④，甚有声誉，闻讳必哭，为世所讥。又有臧逢世，臧严⑤之子也，笃学修行，不坠门风；孝元⑥经牧江州，遣往建昌⑦督事，郡县民庶，竞修笺书⑧，朝夕辐辏⑨，几案盈积，书有称"严寒"者，必对之流涕，不省⑩取记，多废公事，物情怨骇，竟以不办⑪而还。此并过事也。

译文

《礼记》上说："看见和过世父母相似的容貌，就要神情恭谨；听到过世父母的名字，都会惊惧不安。"这是触景生情，从而心中不由得难过伤心。如果是在闲时平常的地方碰到这种情况，或许能够把感情渲泄出来。若实在难以回避的，也应当忍一忍。就像自己的叔伯兄弟，其相貌酷似已故的父亲，难道就因为一见面就

60

伤心悲痛，而一辈子与他们断绝往来吗？《礼记》又说："写文章时，不应因避家讳而改换字，以失去事物的原貌；在宗庙里祭礼时，对被祭的晚辈不用避讳；在君王面前也不应避自己先人的名讳。"这就使我们更加明白：听到先父母的名字时，需要仔细斟酌一番自己的态度，不要一听名讳就痛苦难耐，奔走回避，这实在大可不必。梁朝的谢举，颇具声望，但他一听到别人称呼自己父母的名字必定要哭，因此被世人讥笑。还有一个臧逢世，是臧严的儿子，他学习专心，行为规矩，从不败坏自家门风。梁元帝时他担任江州刺史，被派到建昌督理政务。当地的民众纷纷给他写信，信函集中到官署，案桌上公牍信札堆积如山。可是臧逢世看信时，只要一看到"严寒"二字，就会伤感流泪，无心查看和回复，因此常常耽误公务。人们对此颇多抱怨，他也因为办事不力，只好返回江州。这都是过分避讳的缘故啊。

①临文不讳，庙中不讳，君所无私讳：指在写文章时，不应因避家讳而改换字，以失去事物的原貌；在宗庙里祭礼时，对被祭者的晚辈不用避讳；在君王面前也不应避自己先人的名讳。

②消息：斟酌。

③颠沛：颠覆，仆倒。此处形容听到先人名讳后立即趋避的狼狈样。

④谢举：南朝梁人。

⑤臧严：南朝梁著名文人。

⑥孝元：即梁元帝萧绎。

⑦建昌：梁时江州属地。

⑧笺书：指书信。

⑨辐辏（còu）：集中，聚集。

⑩省：察看。此指观看、阅览。

⑪不办：无能，不称职。

原文

近在扬都，有一士人讳审，而与沈氏交结周厚①，沈与其书，名而不姓，此非人情也。

译文

最近在扬州，有一位读书人忌讳"审"字，他与一位姓沈的人交情深厚。这位姓沈的人给他写信，只署名而不署姓，这就不合情理了。

---

①周厚：亲密深厚。

原文

凡避讳者，皆须得其同训①以代换之：桓公名白，博②有五皓之称；厉王名长，琴有修短之目。不闻谓布帛为布皓，呼肾肠为肾修也。梁武小名阿练，子孙皆呼练为绢；乃谓销炼物为销绢物，恐乖③其义。或有讳云者，呼纷纭为纷烟；有讳桐者，呼梧桐树为白铁树，便似戏笑耳。

译文

凡要避讳的字，都必须用它的同义词来替代：齐桓公名叫小白，所以博戏中的"五白"就有了"五皓"的称呼；淮南厉王名长，于是"琴有长短"就被说成"琴有修短"。但是，还没有听说过把"布帛"说成"布皓"，把"肾肠"说成"肾修"的。梁武帝的小名叫阿练，他的子孙都把"练"说成"绢"；可是，如果把"销炼"物品说成"销绢"物品，恐怕就有悖于这个词的含义了。至于那忌讳"云"字的人把"纷纭"说成"纷烟"；忌讳"桐"字的人把"梧桐树"说成"白铁树"，就更像是在开玩笑了。

①同训：指同义词。
②博：指博戏，是古代的一种游戏。这里指的是为了避讳齐桓公的名讳，将五白改为了五皓。
③乖：背离，违背。

原文

周公名子曰禽，孔子名儿曰鲤，止在其身，自可无禁。至若卫侯、魏公子①、楚太子，皆名虮虱；长卿②名犬子，王修③名狗子，上有连及④，理未为通。古之所行，今之所笑也。北土多有名儿为驴驹、豚子者，使其自称及兄弟所名，亦何忍哉？前汉有尹翁归，后汉有郑翁归，梁家亦有孔翁归，又有顾翁宠；晋代有许思妣⑤、孟少孤，如此名字，幸当避之。

译文

周公的孩子名叫"伯禽"，孔子的儿子名叫"鲤"，这些名字只与被命名的人本身相关，自然无须禁止。可是像卫侯、韩公子、楚太子等人的名字都叫"虮虱"；司马相如又名"犬子"，王修名"狗子"，这就关系到他们父辈，情理上就说不通了。古人所做的一些事，现在我们看来会觉得可笑。北方人多给儿子起名为驴驹、猪崽之类的，假如让他们这样称呼自己，或者让他们兄弟这样称呼，又怎么受得了呢？前汉有人叫尹翁归，后汉有人叫郑翁归，梁朝也有人叫孔翁归，还有人叫顾翁宠；晋代有人叫许思妣、孟少孤，像这一类名字，还是避开为好。

---

①魏公子：应为韩公子。
②长卿：西汉著名文学家司马相如，原字长卿，后因羡慕蔺相如的为人，改名为相如。
③王修：东晋外戚。王修小字苟子，六朝时人往往以苟、狗通用。
④连及：牵连涉及。
⑤妣（bǐ）：指死去的母亲。

原文

今人避讳，更急于古。凡名子者，当为孙地①。吾亲识②中有讳襄、讳友、讳同、讳清、讳和、讳禹，交疏③造次，一座百犯，闻者辛苦，无憀赖④焉。

译文

现在人的避讳，比古人更严格。给孩子取名的父母，都应当为孙辈着想。我的亲友中有讳"襄"字的、讳"友"字的、讳"同"

字的、讳"清"字的、讳"和"字的、讳"禹"字的，交往疏远的人不了解情况一时仓猝，讲话时很容易触犯众人的忌讳，听到的人感到难受，往往无所适从。

---

①为孙地：为孙辈留有余地。

②亲识：即亲友。

③交疏：即交往不深，交情疏浅。此处指交情疏浅的人。

④无怅赖：无所依从。

原文

昔司马长卿慕蔺相如，故名相如，顾元叹慕蔡邕，故名雍，而后汉有朱伥字孙卿，许暹字颜回，梁世有庾晏婴、祖孙登，连古人姓为名字，亦鄙事①也。

译文

从前，司马长卿因为仰慕蔺相如，就把名字改为相如；顾元叹仰慕蔡邕，因此就改名为雍。而后汉的朱伥字孙卿，许暹字颜回；梁朝有庾晏婴、祖孙登，这些人竟然把古人的姓和名都用来做自己的名字，这也是一件庸俗浅薄的事。

---

①鄙事：指鄙俗琐碎之事。

原文

昔刘文饶①不忍骂奴为畜产②，今世愚人遂以相戏，或有指名为豚犊者；有识傍观，犹欲掩耳，况当之者乎？

译文

从前，刘文饶不忍心骂奴仆为畜生，而现在愚蠢的人们却竞相用这种话来开玩笑，有的人还称呼别人猪崽、牛犊。有见识的旁观者尚且听不下去想把耳朵捂住，何况那被称呼的人呢？

---

①刘文饶：即东汉人刘宽，字文饶。
②畜产：骂人语，畜生。

原文

近在议曹①，共平章②百官秩禄，有一显贵，当世名臣，意嫌所议过厚。齐朝有一两士族文学③之人，谓此贵曰："今日天下大同④，须为百代典式，岂得尚作关中旧意？明公定是陶朱公⑤大儿耳！"彼此欢笑，不以为嫌。

译文

最近我在议曹与众人一起商讨关于百官的俸禄问题，有一位显贵，是当今名臣，他认为大家商议的标准过于优厚了。有一两位原来齐朝留下来的士族文学侍从对这位显贵说："现在天下统一了，我们应该为后世树立一个典范，怎么能仍然沿袭以前的关中旧规呢？明公如此吝啬，一定是陶朱公的大儿子吧！”他们说罢，彼此哄笑，并不在乎这种戏谑。

---

①议曹：官署名，掌言职。

②平章：商量处理。

③文学：官制名。

④大同：指国家统一。

⑤陶朱公：即春秋时越国大夫范蠡。

原文

昔侯霸之子孙，称其祖父曰家公；陈思王①称其父为家父，母为家母；潘尼②称其祖曰家祖：古人之所行，今人之所笑也。今南北风俗，言其祖及二亲，无云家者；田里猥人③，方有此言耳。凡与人言，言己世父④，以次第称之，不云家者，以尊于父，不敢家也。凡言姑姊妹女子子⑤：已嫁，则以夫氏称之；在室，则以次第称之。言礼成他族⑥，不得云家也。子孙不得称家者，轻略之也。蔡邕书集，呼其姑姊为家姑家姊；班固书集，亦云家孙：今并不行也。

译文

从前，侯霸的子孙称其祖父为家公；陈思王称其父亲为家父，母亲为家母；潘尼称他的祖父为家祖：古人的这种做法，现在看来觉得可笑。如今南北各地的风俗，提到祖父及双亲，没有人称为"家"的；只有那些农村里的鄙俗之人才这样称呼。凡与别人说话，提及自己的伯父，只是按照父辈排行顺序称呼，而不加上"家"字，因为伯父比父亲年长，不敢称"家"。凡是提及自己的姑表姊妹，已经出嫁的，就以她丈夫的姓氏称呼；没有出嫁的，则以长幼排行顺序称呼。这是说女子一经行了婚嫁之礼，就成了夫家的人，不能再称为"家"了。对于子孙，也不能称"家"，以示对他们轻视。蔡邕在文集中称呼他的姑、姊为家姑、家姊；班固在文集中也有家孙的称呼：这些称呼如今都不流行了。

---

①陈思王：曹操之子曹植。

②潘尼：晋代文学家。

③猥人：鄙俗之人。

④世父：伯父。

⑤女子子：女子。

⑥礼成他族：指女子出嫁到婆家。

原文

凡与人言，称彼祖父母、世父母、父母及长姑，皆加尊字，自叔父母已下，则加贤字，尊卑之差也。王羲之书，称彼之母与自称己母同，不云尊字，今所非也。

译文

凡是和别人交谈，称呼对方的祖父母、伯父母、父母以及长姑，都要在称呼前加个"尊"字；从叔父母以下，则在称呼前加个"贤"字，这是为了表示尊卑的差别。王羲之在书信中，称呼别人的母亲和称呼自己的母亲一样，前面不加"尊"字，现在的人认为这是不可取的。

原文

南人冬至岁首，不诣丧家；若不修书，则过节束带^①以申慰。北人至岁^②之日，重行吊礼；礼无明文，则吾不取。南人宾至不迎，相见捧手而不揖，送客下席^③而已；北人迎送并至门，相见则揖，皆古之道也，吾善其迎揖。

译文

南方人在冬至和岁首这两个节日，都不去有丧事的人家吊唁；如果不写信致哀，就等过了冬至、岁首，再穿戴整齐前去吊唁，以表示慰问。北方人在冬至、岁首这两个节日里，特别重视吊唁活动；这种做法在礼仪上没有明文规定，因而我觉得不可取。南方人在宾客到来时不去门外迎接，宾主相见时只是拱手而不弯腰，送客时也仅仅是起身离座而已。北方人送迎客人都要走到门口，相见后还作揖为礼，他们的这些做法都是从古代沿袭下来的，我赞许他们这种待客之礼。

---

① 束带：整理衣服，表示端庄、恭敬。
② 至岁：即冬至、岁首二节的缩略语。
③ 下席：离开席位，表示恭敬。

原文

昔者，王侯自称孤、寡、不穀，自兹以降，虽孔子圣师，与门人言皆称名也。后虽有臣、仆之称，行者盖亦寡焉。江南轻重①，各有谓号，具诸《书仪》；北人多称名者，乃古之遗风，吾善其称名焉。

译文

从前，王公诸侯都自称为孤、寡、不穀。自此以后，即使是孔子这样的圣贤大师，与他的徒弟们谈话时也自称名字。后来虽然有人自称为臣、仆，但这样做的人也不多。江南地区的人不论地位高低，都有专门的称号，这都记载在《书仪》这本书中；北方人则大多用名字相称，这也是古代流传下来的风俗习惯，我赞许他们自称名字的做法。

①轻重：指尊卑贵贱。

原文

言及先人，理当感慕，古者之所易，今人之所难。江南人事不获已①，须言阀阅②，必以文翰③，罕有面论者。北人无何④便尔话说，及相访问。如此之事，不可加于人也。人加诸己，则当避之。名位未高，如为勋贵所逼，隐忍方便，速报取了；勿使烦重，感辱祖父。若没，言须及者，则敛容肃坐，称大门中④，世父、叔父则称从兄弟门中，兄弟则称亡者子某门中，各以其尊卑轻重为容色之节，皆变于常。若与君言，虽变于色，犹云亡祖亡伯亡叔也。吾见名士，亦有呼其亡兄弟为兄子弟子门中者，亦未为安贴也。北土风俗，都不行此。太山⑤羊侃，梁初入南；吾近至邺，其兄子肃访侃委曲，吾答之云："卿从门中在梁，如此如此。"肃⑥曰："是我亲第七亡叔，非从也。"祖孝徵在坐，先知江南风俗，乃谓之云："贤从弟门中，何故不解？"

译文

当提到亡父的名字时，按理应产生哀念之情，这对古人来说是很容易的事，而现在的人却觉得很难。江南人除非万不得已，否则，在必须谈论家世的时候，一定是用书信的形式，很少面谈。北方人则没有什么事想找人聊天，就会到家相访。那么，像当面谈及家世这种事情各有各的习惯，不能强加于人。如果别人把这样的事强加于你，你就应当尽力设法予以回避。地位不高的人，如果被功高位尊的人逼着去讲，也还是默默忍着为好，要随机应变，简单说说算了；切勿讲得太多太详细而辱没了祖辈。如果自己的祖父、父亲已经去世，在必须提及他们的时候，就要表情严肃，坐得端正，口称"大门中"；提及去世的伯父、叔父，就称"从兄弟门中"；提到已过世的兄弟，则称兄弟的儿子"某某门中"，并且要根据他们身份的高低、地位的贵贱，来确定自己在表情流露上应该掌握的分寸，与平时的神情都要有所不同。如果与君王谈起自己已故的长辈，虽然也要表情上有所变化，但还是称他们为亡祖、亡伯、亡叔。我看见一些名士，也有将已故的兄、弟称作兄之子"某某门中"或弟之子"某某门中"，这也是不妥帖的。北方地区的风俗，都不这样称呼。泰山的羊侃，在梁朝初年到了南方。我最近到邺城，羊侃哥哥的儿子羊肃特地向我询问羊侃的具体情况，我回答他说："您的从门中在梁朝的情况，如何如何。"羊肃说："他是我的亲第七亡叔，不是堂叔。"当时祖孝徵也在座，他早就知道江南的风俗，就对羊肃说："就是指贤从弟门中，您怎么不理解呢？"

---

①不获已：不得已，没有办法。
②文翰：公文，信札。
③无何：无故，没有由来。
④大门中：对别人称自己已故的祖父和父亲。
⑤太山：即泰山。
⑥肃：羊侃的侄子。

原文

古人皆呼伯父叔父，而今世多单呼伯叔。从父兄弟姊妹已孤，而对其前，呼其母为伯叔母，此不可避者也。兄弟之子已孤，与他人言，对孤者前，呼为兄子弟子，颇为不忍；北土人多呼为侄。案：《尔雅》《丧服经》《左传》，侄虽名通男女，并是对姑之称。晋世已来，始呼叔侄；今呼为侄，于理为胜也。

古人都称呼伯父、叔父，现在的人大多单称伯、叔。如果伯父、叔父的子女丧父后，那么在他们面前说话的时候，称他们的母亲为伯母、叔母，这是无法回避的。如果兄弟的儿子死了父亲，你在当着他们的面与别人说话时，直称他们为兄之子或弟之子，也是很不忍心的；北方人大多称呼他们为"侄"。据考证：在《尔雅》《丧服经》《左传》等书中，"侄"的称呼虽说男女都可以通用，但都是相对于姑姑而言的。晋代以来，才开始有叔侄的称呼；现在称为"侄"，从情理上说是更恰当的。

原文

别易会难，古人所重；江南饯送，下泣言离。有王子侯①，梁武帝弟，出为东郡，与武帝别，帝曰："我年已老，与汝分张②，甚以恻怆。"数行泪下。侯遂密云③，赧然④而出。坐此被责，飘飘舟渚，一百许日，卒不得去。北间风俗，不屑此事，歧路言离，欢笑分首⑤。然人性自有少涕泪者，肠虽欲绝，目犹烂然⑥；如此之人，不可强责。

译文

分别容易相见难，古人是很看重离情的。江南人为亲友送别时，谈到分离就掉眼泪。梁朝有位王子侯，是梁武帝的弟弟，他在前往东边的州郡任职前，去向梁武帝告别。梁武帝说："我已年迈，与你一别，无比感伤。"说完，不禁泪流满脸。王子侯也勉强做出悲伤的样子，却挤不出眼泪，只得面有愧色地离去。他因为这件事而受到指责，船在停泊处徘徊了一百多天，最终还是不能离开。北方的风俗，就不屑于离别的凄切，在岔道口说起别离，欢笑着分手。当然，有的人天生就很少流泪，即使悲痛得肠断欲绝，双眼依然炯炯有神；像这样的人，就不能过分指责他。

---

①王子侯：皇室所封列侯。

②分张：分别。

③密云：无泪。指强作悲凄之态而无泪。

④赧（nǎn）然：惭愧脸红的样子。

⑤分首：即分手。

⑥烂然：目光炯炯的样子。

原文

凡亲属名称，皆须粉墨①，不可滥也。无风教者，其父已孤，呼外祖父母与祖父母同，使人为其不喜闻也。虽质于面，皆当加外以别之；父母之世叔父②，皆当加其次第以别之；父母之世叔母，皆当加其姓以别之；父母之群从世叔父母及从祖父母，皆当加其爵位若姓以别之。河北士人，皆呼外祖父母为家公家母；江南田里间亦言之。以家代外，非吾所识。

译文

凡是亲属的名称，都必须分辨清楚，不可随意乱用。没有教养的人，在祖父母去世以后，称呼外祖父、外祖母与称呼祖父、祖母相同，让人听了不顺耳。就算是当着外祖父、外祖母的面，也应当在称呼上加个"外"字以示区别；称呼父母亲的伯父、叔父，都应加上他们的长幼顺序来予以区别；称呼父母亲的伯母、叔母，都应当加上她们的姓氏来予以区别；称呼父母亲的堂伯父、堂伯母、堂叔父、堂叔母以及堂祖父、堂祖母，都应该加上他们的爵位或者姓氏来予以区别。黄河以北的士人，都称呼外祖父、外祖母为家公、家母；江南的乡下偶尔也有这种叫法。用"家"字代替了"外"字，这其中的原因我就不清楚了。

---

①粉墨：本指白和黑，此处指分辨清楚。
②世叔父：世父与叔父。世父，指伯父。

原文

　　凡宗亲世数，有从父，有从祖，有族祖。江南风俗，自兹已往，高秩者，通呼为尊，同昭穆者，虽百世犹称兄弟；若对他人称之，皆云族人。河北士人，虽三二十世，犹呼为从伯从叔。梁武帝尝问一中土人曰："卿北人，何故不知有族？"答云："骨肉易疏，不忍言族耳。"当时虽为敏对，于礼未通。

译文

　　同宗亲属的世系辈分，有从父，有从祖，有族祖。江南的风俗，由此而往，对官职高的，通称为尊，同一个祖宗而辈分相同的人，即使相隔百代也还是称作兄弟；如果是对外人称呼自己宗族的人，则均称作族人。黄河以北的士人，虽然隔了二三十代，仍然称作从伯、从叔。梁武帝曾经问一个中原人："你是北方人，为什么不知道有"族"这个称呼？"中原人回答说："同宗骨肉之间的关系容易疏远，所以我不忍心用'族'这个称呼。"这在当时虽然算得上是一种聪敏的回答，但从礼制上却是讲不通的。

原文

吾尝问周弘让曰："父母中外①姊妹，何以称之？"周曰："亦呼为丈人②。"自古未见丈人之称施于妇人也。吾亲表所行，若父属者，为某姓姑；母属者，为某姓姨。中外丈人之妇，猥俗呼为丈母③，士大夫谓之王母、谢母④云。而《陆机⑤集》有《与长沙顾母书》，乃其从叔母也，今所不行。

译文

我曾经问周弘让："儿女们对于父母的表姐妹应如何称呼？"周弘让回答说："也称为丈人。"自古以来没有见过把丈人的称呼用于妇人的。我的表亲们所奉行的称呼是，如果是父亲的中表姐妹，就称她为某姓姑；如果是母亲的中表姐妹，就称她为某姓姨。中表长辈的妻子，俚俗称她们为丈母，而士大夫则称她们为王母、谢母等等。《陆机集》中有《与长沙顾母书》，其中的顾母就是陆机的从叔母，这种称呼现在已不通行了。

---

①中外：中表亲。

②丈人：对亲戚长辈的通称。

③丈母：这里指父辈的妻子。

④王母、谢母：王、谢乃虚指，即泛指王姓母、谢姓母之意。王、谢为六朝大姓，影响颇大。

⑤陆机：字士衡，吴郡吴县华亭人，西晋文学家，与其弟陆云合称"二陆"。曾任平原内史，世称"陆平原"。后死于"八王之乱"。其"少有奇才，文章冠世"（《晋书·陆机传》），与弟陆云俱为中国西晋时期著名文学家，被誉为"太康之英"。

原文

齐朝士子，皆呼祖仆射①为祖公，全不嫌有所涉也，乃有对面以相戏者。

译文

齐朝的士大夫们，都称仆射祖珽为"祖公"，一点都不忌讳这样称呼会有所牵涉，甚至还有当着祖珽的面用这样的称呼开玩笑的。

①祖仆射：即北齐大臣祖珽。仆射，职官名，起于秦朝。

原文

古者，名以正体，字以表德①，名终则讳之，字乃可以为孙氏②。孔子弟子记事者，皆称仲尼；吕后微时，尝字高祖为季；至汉爰种，字其叔父曰丝；王丹③与侯霸子语，字霸为君房；江南至今不讳字也。河北士人全不辨之，名亦呼为字，字固呼为字。尚书王元景④兄弟，皆号名人，其父名云，字罗汉，一皆讳之，其余不足怪也。

译文

古时候，名用来表明本身，字则用来表示品德，人去世后，后人对他的名是应避讳的，但他的字却可以当作子孙的氏。孔子的弟子在记叙孔子的言行时，都称呼孔子为"仲尼"；当吕后还是一个平民百姓时，她曾用汉高祖的字"季"来称呼他；到汉代的爰种，也称他叔父的字"丝"；王丹与侯霸的儿子交谈时，也称侯霸的字"君房"；江南至今仍不避讳称字。黄河以北的士大夫对名和字完全不加区别，名叫作字，字也叫作字。尚书王元景兄弟俩，都被称为名人，他们的父亲名云，字罗汉，他们两人对父亲的名和字一概加以避讳，其他的人不能分辨其中的差别，也就不足为怪了。

---

①表德：表示德行。
②氏：上古时期，人们不仅有姓，还有氏。姓是一种族号，氏是姓的分支。战国以前，男子只称氏，不称姓；战国以后，人们往往以氏为姓，姓氏渐渐合一。汉代时，通称为姓。
③王丹：东汉官吏，字仲回，历任太子少傅、太子太傅。
④王元景：即北齐官吏王昕，字元景。

原文

《礼·间传》云："斩缞之哭，若往而不反；齐缞之哭，若往而反；大功之哭，三曲而偯；小功缌麻，哀容可也，此哀之发于声音也。"《孝经》云："哭不偯。"皆论哭有轻重质文之声也。礼以哭有言者为号，然则哭亦有辞也。江南丧哭，时有哀诉之言耳；山东重丧，则唯呼苍天，期功以下，则唯呼痛深，便是号而不哭。

译文

《礼记·间传》上说："穿斩缞这种丧服居丧时，一声痛哭便至气竭，好像再也哭不出第二声一样；穿齐缞这种丧服居丧时，要哭得死去活来；穿大功这种丧服居丧时，要哭得一声三折，拖着长长的尾音；穿小功、缌麻这两种丧服居丧时，脸上只要表现出悲哀的表情就行了。这些就是哀痛之情在声音上的表现。"《孝经》说："孝子丧亲，哭声不拖尾音。"这些都是在论说哭在声音上的轻、重、直接、含蓄的区别的。丧礼中把边哭边哀诉称作号，这样的话，哀哭也可以带有言辞了。江南人在居丧哀哭时，经常夹杂有哀诉的言语；崤山以东的人在服重丧时，只知呼天抢地，而在服一年以下的轻丧时，则只是叫呼悲痛深重，这便是哀号而不哭泣。

原文

江南凡遭重丧，若相知者，同在城邑，三日不吊则绝之；除丧①，虽相遇则避之，怨其不己悯也。有故及道遥者，致书可也；无书亦如之。北俗则不尔。江南凡吊者，主人之外，不识者不执手②；识轻服③而不识主人，则不于会所而吊，他日修名④诣其家。

译文

在江南地区凡遇到重丧的人家，如果是与他家交好的人，又住在同一个城邑，三日之内不来吊唁，丧家就会与他绝交；即使在除掉丧服之后，丧家与他在路上遇见，也会避开不跟他打招呼，因为怨恨他不怜恤自己。如果另有原因或路途遥远而不能前来吊唁，写封信表示安慰也可以；假如不写信，丧家也会与他绝交。北方的风俗则不同。江南地区凡来吊唁的人，除了丧主之外，与不认识的人不握手；如果只认识披戴轻服的人而不认识丧主，就不必到治丧现场吊唁，改日书写好名刺再到丧家表示慰问。

①除丧：除去丧服。

②不识者不执手：与不认识的人不握手。

③轻服：五种丧服中较轻的几种，如大功、小功、缌麻之类。

④修名：书写名刺。名刺，又称"名帖"，拜访时通姓名用的名片，是古代官员交际不可缺少的工具。

原文

阴阳说①云："辰为水墓，又为土墓，故不得哭。"王充《论衡》云："辰日不哭，哭则重丧。"今无教者，辰日有丧，不问轻重，举家清谧，不敢发声，以辞吊客。道书又曰："晦②歌朔③哭，皆当有罪，天夺其算④。"丧家朔望⑤，哀感弥深，宁当惜寿，又不哭也？亦不谕。

译文

阴阳家说："辰日是水墓，又是土墓，因此辰日不能哭丧。"王充在《论衡》中说："辰日不能哭泣，要是哭泣便会是重丧。"现在有些缺乏教养的人，辰日遇到丧事，不论轻丧还是重丧，全家都静悄悄的，不敢发出哭声，并且谢绝前来吊丧的宾客。道家的书上说："晦日唱歌，朔日哭泣，都是有罪的，上天会减损他的寿命。"丧家在朔日和望日，哀痛的感情特别深切，难道只为了珍惜自己的寿命，就不哭泣了吗？这真叫人莫名其妙。

---

①说：《群书类编故事》卷二"说"作"家"。

②晦：阴历每月的最后一日。

③朔：阴历每月初一。

④算：寿命。

⑤望：阴历每月十五日。

原文

偏傍之书①，死有归杀②。子孙逃窜，莫肯在家；画瓦③书符，作诸厌胜④；丧出之日，门前然火，户外列灰，祓⑤送家鬼，章断注连。凡如此比，不近有情，乃儒雅之罪人，弹议所当加也。

译文

一些旁门左道的书说，人死之后，灵魂会回家一次。这一天，子孙们都逃避在外，没有人肯留在家里；又说用画瓦和书符的办法可以镇邪，用诅咒可以制妖；还说出殡那天，门前要烧火，屋外要铺灰，还要举行仪式来送走家鬼，写奏章向上天祈求断绝死者的灾祸延及家人。类似这样的做法，都不近情理，是儒学雅道的罪人，应当对此进行批评。

①偏傍之书：旁门左道的书。

②归杀：亦作归煞、回煞。旧时迷信谓人死后若干日灵魂回家一次叫"归杀"。

③画瓦：旧时在瓦片上画图像以镇邪。

④厌胜：古代的一种巫术，谓能以诅咒制服人或物。

⑤祓（fú）：古代习俗，为除灾去邪而举行的仪式。

原文

己孤，而履岁①及长至②之节，无父，拜母、祖父母、世叔父母、姑、兄、姊，则皆泣；无母，拜父、外祖父母、舅、姨、兄、姊，亦如之。此人情也。

译文

父亲或母亲去世以后，在元旦和冬至这两个节日里，如果是父亲去世了，就要拜见母亲、祖父母、伯叔父母、姑母、堂兄、堂姐，拜时都要哭泣；如果是母亲去世了，就要去拜见父亲、外祖父母、舅父、姨母、表兄、表姐，也一样要哭泣。这都是人之常情啊！

原文

江左朝臣，子孙初释服①，朝见二宫②，皆当泣涕；二宫为之改容。颇有肤色充泽，无哀感者，梁武薄其为人，多被抑退。裴政出服，问讯③武帝，贬瘦枯槁，涕泗滂沱，武帝目送之曰："裴之礼不死也。"

译文

南朝的大臣亡故以后，他们的子孙服丧期满，除去丧服，进宫朝见天子和太子，都应该哭泣流泪；天子和太子也会为之动容。但是，也有一些人在朝拜时却容光焕发，全然没有悲痛之色，梁武帝鄙薄他们的为人，往往将他们贬退降谪。裴政除去丧服后，按照僧尼的礼节朝见梁武帝，他面容消瘦憔悴，涕泪横流，梁武帝目送他离去，说道："裴政的父亲裴之礼虽死犹生啊！"

原文

二亲既没，所居斋寝①，子与妇弗忍入焉。北朝顿丘李构，母刘氏夫人亡后，所住之堂，终身锁闭，弗忍开入也。夫人，宋广州刺史纂之孙女，故构犹染江南风教。其父奖②，为扬州刺史，镇寿春，遇害。构尝与王松年③、祖孝徵数人同集谈讌。孝徵善画，遇有纸笔，图写为人。顷之，因割鹿尾，戏截画人以示构，而无他意。构怆然动色，便起就马而去。举坐惊骇，莫测其情。祖君寻悟，方深反侧④，当时罕有能感此者。吴郡陆襄，父闲被刑，襄终身布衣蔬饭，虽姜菜有切割，皆不忍食；居家惟以掐摘供厨。江宁姚子笃，母以烧死，终身不忍啖炙。豫章熊康，父以醉而为奴所杀，终身不复尝酒。然礼缘人情，恩由义断，亲以噎死，亦当不可绝食也。

译文

父母亡故以后，他们生前斋戒时所住的屋子，儿子和媳妇都不忍心再进去。北朝时顿丘有个人叫李构，他的母亲刘氏夫人亡故以后，她生前所居的屋子就此紧锁不开了，李构一辈子都不忍心再打开门进去。刘氏夫人是宋广州刺史刘纂的孙女，所以李构在礼制上仍受南方风俗的影响。李构的父亲李奖，曾是扬州的刺史，在镇守寿春时被人杀害。有一次李构和王松年、祖孝徵等人在一起喝酒谈天。祖孝徵擅长绘画，见到纸笔，就画了一幅人物画。宴会开始不久，有人割下一条鹿尾准备做菜，祖孝徵就开玩笑地把人像斩断拿给李构看，当时他这样做是无心的。但李构看后，悲痛得变了脸色，并立刻起身骑马而去。当时在座的人都大为惊讶，不明原委。祖孝徵经过反复思考，才明白是怎么回事，他深深不安，当时已很少有人能明白这一点。吴郡有个人名叫陆襄，其父陆闲被处刑戮，陆襄终身只穿布做的衣服，吃蔬菜做的素食，即便是生姜之类，只要是用刀切过的，他都不忍去吃；他家里只用掐摘的菜下锅。江宁人姚子笃，他的母亲是被大火烧死的，他就一生不再吃烤肉。豫章人熊康，他的父亲是酒醉后被奴仆杀死的，熊康一辈子都不再饮酒。然而，礼制是按照人情而制定的，感念父母之德也要用事理来判断，亲人如果是因为吃饭而噎死，也不能因此而绝食吧。

---

①斋寝：斋戒时居住的旁屋。
②奖：李奖，字遵穆。
③王松年：北齐官吏。
④反侧：形容惶恐不安。

原文

《礼经》：父之遗书，母之杯圈，感其手口之泽①，不忍读用。政②为常所讲习，雠校③缮写，及偏加服用，有迹可思者耳。若寻常坟典④，为生什物，安可悉废之乎？既不读用，无容散逸，惟当缄保⑤，以留后世耳。

译文

《礼经》上说：父亲遗留下来的书籍，母亲生前用过的杯子，子女因为上面存留着父母的手汗与口气，就不忍心再阅读和使用。只因这些书籍是他们生前经常读的，亲手校对缮写过的，或是特别常用的，上面留着他们的痕迹，所以会触发子女的思念之情。如果只是一般的书籍，以及各种生活日用品，怎么可以全都废弃不用呢？父母的遗物既然不阅读和使用，又不允许随意散失，那就只能封存起来，传给后代了。

---

① 手口之泽：指手汗和口气。

② 政：通"正"，只。

③ 雠校（chóu jiào）：校对文字。

④ 坟典：三坟、五典的并称，此指书籍。

⑤ 缄保：犹封存。

原文

思鲁等第四舅母，亲吴郡张建女也，有第五妹，三岁丧母。灵床①上屏风，平生旧物，屋漏沾湿，出曝晒之，女子一见，伏床流涕。家人怪其不起，乃往抱持；荐席②淹渍，精神伤悒，不能饮食。将以问医，医诊脉云："肠③断矣！"因尔便吐血，数日而亡。中外怜之，莫不悲叹。

译文

思鲁兄弟几个的四舅母，是吴郡张建的女儿，她的五妹刚满三岁时就失去了母亲。灵座上摆着的屏风，是她母亲生前使用的旧物，有一次，房屋漏雨，弄湿了屏风，被人拿出去曝晒，那女孩一见屏风，就伏到坐卧的器具上痛哭不已。家人见她一直不起来，觉得奇怪，就过去抱她起来，只见垫席已被泪水浸湿。她伤心欲绝，茶饭不思。家人带她去看医生，医生诊脉后说道："她已伤心至断肠了！"女孩子后来吐血，没几天就死了。中表亲属都很怜惜她，没有不悲伤感叹的。

①灵床：即灵座，供奉亡者灵位的几案。
②荐席：垫席。
③肠：指人体消化器官之一。

原文

《礼》云："忌日①不乐。"正以感慕罔极，恻怆无聊，故不接外宾，不理众务耳。必能悲惨自居，何限于深藏也？世人或端坐奥室②，不妨言笑，盛营甘美，厚供斋食③；迫有急卒，密戚至交，尽无相见之理：盖不知礼意乎！

译文

《礼记》上说："忌日不宴饮作乐。"正是因为对亡故的父母有说不尽的感伤和思慕，悲痛哀伤，所以忌日不接待宾客，也不处理日常事务。但是，如果人们真的能够自觉地做到悲痛和哀伤，那又何必一定要把自己关在内室不出门呢？如今有人在忌日那天虽然端坐在深室，但仍不妨碍他谈笑，他依旧置办起丰盛的美味佳肴，对亡者也供奉着丰厚的素食；可是，当遇到紧急要办的事情，或者附近有亲友来访，他们却认为没有理由出去接见：这都是因为他们并不懂得礼仪的本质啊。

---

①忌日：旧指父母去世的日子，因禁忌饭酒作乐，故称。
②奥室：内室，深宅。
③斋食：素食。

原文

魏世①王修母以社日亡。来岁社日，修感念哀甚，邻里闻之，为之罢社。今二亲丧亡，偶值伏腊②分至之节，及月小③晦后，忌之外，所经此日，犹应感慕，异于余辰，不预饮宴、闻声乐及行游也。

译文

魏朝王修的母亲是在社日这天去世的。第二年社日那天，王修因为思念母亲，非常悲伤，他的邻居们听说后，因此取消了社日的活动。现在，父母去世的日子，如果偶尔碰到了伏祭、腊祭、春分、秋分、夏至、冬至这些节日，或者碰到小月晦后的那一天，人们除了应遵守一般忌讳的规矩外，在这些日子里，还应因感念父母，而与其他日子有所区别，不能去参加宴会、听音乐和外出游玩。

---

①魏世：指三国时期的曹魏。

②伏腊：指古代两种祭祀的名称，伏祭和腊祭。伏祭在夏季的伏日，腊祭在农历的十二月。

③月小：指农历只有二十九天的月份。

原文

刘缙、缓、绥，兄弟并为名器①，其父名昭，一生不为照字，惟依《尔雅》火旁作召耳。然凡文与正讳相犯，当自可避；其有同音异字，不可悉然。"劉"字之下，即有昭音。吕尚②之儿，如不为上；赵壹③之子，傥不作一：便是下笔即妨，是书皆触也。

译文

刘缙、刘缓、刘绥三兄弟都是名人，他们的父亲名昭，所以他们一辈子不写照字，只是依照《尔雅》用火字旁加召来替代。当然，在写文章时，凡遇到与正名相同的字，自然应该避讳；但要是碰到的是与正名同音的异体字，那就不要全都避讳了。"劉"字的下半部分，就有"昭"的发音。吕尚的儿子如果不能写"上"字，赵壹的儿子如果不能写"一"字：那便会一下笔就有妨碍，一写字都触犯忌讳了。

①名器：知名之器，著名人士。古人称人才为器，故以喻栋梁之才。

②吕尚：即姜太公。

③赵壹：东汉辞赋家。

原文

尝有甲设宴席，请乙为宾；而旦于公庭①见乙之子，问之曰："尊侯②早晚顾宅？"乙子称其父已往。时以为笑。如此比例③，触类慎之，不可陷于轻脱。

译文

曾有某人甲摆设宴席，拟请某人乙做客。当他早上在朝堂见到乙的儿子时，就问道："令尊何时能光顾寒舍？"乙的儿子说他父亲已经去过了。这一时被传为笑话。遇上这类事情，一定要慎重对待，千万不可过于轻佻、草率。

①公庭：朝廷，公室。
②尊侯：对他人父亲的尊称。
③比例：可以比照的事例。

原文

江南风俗，儿生一期①，为制新衣，盥浴装饰，男则用弓矢纸笔，女则刀尺针缕，并加饮食之物，及珍宝服玩，置之儿前，观其发意所取，以验贪廉愚智，名之为试儿②。亲表聚集，致宴享焉。自兹已后，二亲若在，每至此日，尝有酒食之事耳。无教之徒，虽已孤露③，其日皆为供顿④，酣畅声乐，不知有所感伤。梁孝元年少之时，每八月六日载诞之辰⑤，常设斋讲⑥；自阮修容薨殁之后，此事亦绝。

译文

　　江南地区有种风俗，当子女出生满一年时要为他们缝制新衣，梳洗打扮，若是男孩，就给他拿出弓箭、纸笔，若是女孩，就给她取出剪刀、尺子、针钱，另外还有吃的喝的，以及珍宝玩具，把它们都摆放在孩子的面前，由他们自去任意取拿，以此测试他们将来是贪是廉，是愚是智，这种做法名叫"试儿"。这一天，亲戚们都聚集一堂，欢宴一番。之后，如果父母在世，每逢这天要设宴欢庆。但没有教养的人，即使自己的父母已经不在了，每当生日都要大吃一顿，而且尽情地在乐舞中欢乐一番，全不懂得应该为那辛勤了一生的父母而悲痛。梁元帝少年时，每逢八月六日生日这天，总是要摆下素食，讲习经文。自从文宣太后去世后，他就不再这样做了。

原文

　　人有忧疾，则呼天地父母，自古而然。今世讳避，触途①急切。而江东士庶，痛则称祢②。祢是父之庙号，父在无容称庙，父殁何容辄呼？《苍颉篇》有"俙"字，

《训诂》云："痛而讦③也，音羽罪反④。"今北人痛则呼之。《声类》音于耒反，今南人痛或呼之。此二音随其乡俗，并可行也。

译文

人有忧患疾病时，就呼喊天地父母，自古以来都是这样。现在的人讲究避讳，处处比古人更加严格。江南地区无论是士大夫还是老百姓，悲伤时都呼喊"祢"。祢是指已故父亲的庙号，父亲在世时不存在立庙的可能，所以不该去喊；父亲去世后，虽然要立庙，但怎么能动不动就乱喊呢？《苍颉篇》中有个"佝"字，《训诂》上说："这是因痛苦而发出的声音，羽罪切。"现在北方人在悲痛时就这样呼喊。《声类》上又说它为于耒切，现在南方人在悲痛时这样呼喊。这两种发音随乡俗不同而不同，但都是可行的。

---

①触途：各方面，处处。

②祢（nǐ）：已死之父在宗庙中立主之称。

③讦（hū）：同"呼"，大声呼喊。

④反：指反切，是我国古代注音方法，即用两个字注一个字的读音。这两个字的前一个字取声母，后一个字取韵母和声调。如："毛，莫袍反。"

原文

梁世被系劾①者，子孙弟侄，皆诣阙②三日，露③跣④陈谢；子孙有官，自陈解职。子则草屦粗衣，蓬头垢面，周章⑤道路，要候⑥执事，叩头流血，申诉冤情。若配徒隶，诸子并立草庵⑦于所署门，不敢宁宅，动经旬日，官司⑧驱遣，然后始退。江南诸宪司弹人事，事虽不重，而以教义见辱者，或被轻系而身死狱户者，皆为怨仇，子孙三世不交通矣。到洽为御史中丞，初欲弹刘孝绰，其兄溉先与刘善，苦谏不得，乃诣刘涕泣告别而去。

译文

梁朝被拘禁论罪的官吏，他的子孙弟侄，都要持续三天前往朝廷谢罪，而且不能戴帽，不能穿鞋；如果子孙中有做官的，还得主动请求免除官职。他的儿子则穿上草鞋和粗布衣裳，蓬头垢面，惶恐不安地在路上迎候主管官员，叩头至流血，为父亲申诉冤情。假如犯人被发配去服苦役，他的儿子们就要在官署门前搭个小草棚栖身，而不敢安居家中，一住往往就是十几天，直到官府来驱逐才离开。江南地区的诸位宪司拥有弹劾纠察官吏的权力，有的官宦的案情虽不严重，他只是因为教义而受弹劾之辱，或者是微微受到牵连而被拘囚，身死狱中，这些人家便与宪司结下了冤仇，双方子孙三代不相往来。到洽当御史中丞的时候，便要弹劾刘孝绰。他的哥哥到溉在此之前与刘孝绰关系友善，苦苦规劝到洽不要弹劾刘孝绰，却未能奏效，只得前往刘孝绰那里，与他挥泪而别了。

---

①系劾：囚禁论罪。
②诣阙：赴朝堂。

③露：露髻。

④跣：跣足，光着脚不穿鞋。

⑤周章：惊恐不安。

⑥要候：中途等候、迎候。

⑦草庵：小草舍。

⑧官司：官府。多指政府的主管部门。

原文

兵凶战危，非安全之道。古者，天子丧服以临师，将军凿凶门①而出。父祖伯叔，若在军阵，贬损自居，不宜奏乐宴会及婚冠②吉庆事也。若居围城之中，憔悴容色，除去饰玩，常为临深履薄③之状焉。父母疾笃，医虽贱虽少，则涕泣而拜之，以求哀也。梁孝元在江州，尝有不豫④；世子方等亲拜中兵参军李猷焉。

译文

兵器是危险的事物，战争是危险的事情，这些都不是安全之道。古代打仗之前，国君总要身穿丧服去视察军队，将军则更是劈开北门这扇凶门而后率队出发。如果自己的父亲、伯父、叔父等在阵中参战，那么自己就要压抑自己的欲望，不再讲究日常起居，更不应演奏音乐和参加宴会、婚礼、冠礼等娱乐喜庆活动。他如果身陷被围的城中，则更是面容憔悴，除去身上佩戴的饰物，经常表现出如临深渊如履薄冰的样子。父母患病，而且病情危急时，尽管医生的身份比自己低下，或者比自己年轻，都应该哭着跪拜向他求救，以求得他的怜悯。梁元帝在江州时，曾生过一场大病，他的长子方等就亲自去拜求过中兵参军李猷。

---

①凶门：古代将军出征时，凿一扇向北的门，由此出发，如办丧事一样，以示必死的决心。

②冠：冠礼。古代男子二十岁成年时举行结发加冠仪式的礼节。

③临深履薄：《诗经·小雅·小旻》："如临深渊，如履薄冰。"比喻谨慎戒惧。

④不豫：天子有病的讳称。

原文

四海之人，结为兄弟，亦何容易。必有志均义敌，令终如始①者，方可议之。一尔②之后，命子拜伏，呼为丈人，申父友之敬；身事彼亲，亦宜加礼。比见北人，甚轻此节，行路相逢，便定昆季③，望年观貌，不择是非，至有结父为兄，托子为弟者。

译文

四海之内的异姓之人结拜为兄弟，这并不容易。必须是志同道合而又始终如一的人，才能谈及此事。一旦结为兄弟，就应让自己的儿子向他们下拜，称他们为"丈人"，以表示对父亲朋友的尊重；对于他们的亲戚，也应以礼相待。但是，我所见到的北方人对结拜的事很随便，有的只不过在路上相遇就拜为兄弟，在排定大小时，他们只从表面上看年龄的长幼而定，不辨对错，以至于出现了将父辈的人当成兄长，把子侄辈的人当成弟弟的。

①令终如始：善始善终，始终如一。

②一尔：一旦如此，一经这样。

③昆季：兄弟。长为昆，幼为季。

原文

昔者，周公一沐三握发，一饭三吐餐^①，以接白屋之士^②，一日所见者七十余人。晋文公以沐辞竖^③头须，致有图反^④之诮。门不停宾，古所贵也。失教之家，阍寺^⑤无礼，或以主君寝食嗔怒，拒客未通，江南深以为耻。黄门侍郎裴之礼，号善为士大夫，有如此辈，对宾杖之。其门生僮仆，接于他人，折旋^⑥俯仰^⑦，辞色应对，莫不肃敬，与主无别也。

译文

从前，周公宁愿在洗头时多次挽发停下，吃饭时多次吐出口中的食物去接待来访的贫寒贤士，曾在一天内接见了七十多人。而晋文公以正在洗头为借口，拒绝接见僮仆头须，头须因此而讥笑他思维颠倒。不使宾客滞留在门口，是古人所注重的礼节。那些没有教养的人家，看门人也没有礼貌，他们以主人正在睡觉、吃饭或发脾气为借口，将来访的客人拒之门外，不为客人通报，江南人以这种做法为耻。黄门侍郎裴之礼，被称作是能为人楷模的士大夫，他如果发现家中仆人怠慢客人，就会当着客人的面惩罚这个仆人。他家的门子、童仆在接待宾客时，进退礼仪，言行举止，无不严肃恭敬，这与主人没有一点区别。

①周公一沐三握发，一饭三吐餐：出自《史记·鲁周公世家》。周公诫伯禽曰："然我一沐三捉发，一饭三吐哺，起以待士，犹恐失天下之贤人。"形容求贤之心迫切。

②白屋之士：指平民。

③竖：童仆。

④图反：想法反常。

⑤阍（hūn）寺：这里指一般守门人。

⑥折旋：曲行。古代行礼时的动作。

⑦俯仰：举动，举止。

慕贤第七

慕贤，即仰慕贤才之意。圣贤难得，得贤则昌，失贤则亡。一个人在年少的时候，精神性情都没有定型，往往会受到所交往的人的熏陶、濡染，无意中学习效仿周围人的言行举止。所以，应该多接触有德行的君子，在潜移默化之中，自己的性情会得到很好的陶冶，自己也会变得有德行。对于那些有德有才的人，一定要对他们尊敬，以礼相待，不能轻慢侮弄，并且努力向他们学习。作者还指出了其中存在的问题，敬慕贤人往往会舍近求远，重远轻近，贵耳贱目；反对"用其言，弃其身"，只要他的一句话或一个行为是有益于别人的，大家都应公开加以称赞，即使这个人地位低下，身份卑贱。

原文

古人云："千载一圣，犹旦暮也；五百年一贤，犹比髆①也。"言圣贤之难得，疏阔如此。傥遭不世②明达君子，安可不攀附景仰之乎？吾生于乱世，长于戎马，流离播越，闻见已多；所值名贤，未尝不心醉魂迷③向慕之也。人在年少，神情未定，所与款狎，熏渍陶染④，言笑举动，无心于学，潜移暗化，自然似之；何况操履⑤艺能，较明易习者也？是以与善人居，如入芝兰⑥之室，久而自芳也；与恶人居，如入鲍鱼之肆，久而自臭也。墨子⑦悲于染丝，是之谓矣。君子必慎交游焉。孔子曰："无友不如己者。"颜、闵⑧之徒，何可世得！但优于我，便足贵⑨之。

译文

古人说："一千年出一位圣人，已经近得像从早到晚那么快了；五百年出一位贤人，已经密得像肩碰肩一样了。"这是说圣人贤人稀少难得，相隔邈远已经到这种地步了。假如遇上世间少有的明达君子，怎能不去攀附景仰呢？我出生在乱世，在兵荒马乱中长大，颠沛流离，所见所闻已经很多；遇上名流贤士，总是心醉魂迷地向往仰慕人家。人在年轻的时候，精神性情都还没有定型，和那些情投意合的朋友朝夕相处，受到他们的熏渍陶染，人家的一言一笑，一举一动，虽然没有存心去学，但是潜移默化之中，自然跟他们相似；何况操守德行和本领技能都是比较容易学到的东西呢？因此，与善人相处，就像进入满是香草兰花的屋子中一样，时间一长自己也变得芬芳起来；与恶人相处，就像进入满是鲍鱼的店铺一样，时间一长自己也变得腥臭起来。墨子因看见人们染丝而感叹，说的也就是这个意思。君子与人交往一定要慎重。孔子说："不要和道德上不如自己的人交朋友。"像颜回、闵损那样的贤人，我们什么时候才能遇到！只要比我强的人，也就足以让我敬重了。

①比髆（bó）：肩膀挨着肩膀，挨得近。比，紧靠。髆，肩膀。

②不世：世上所少有。

③心醉魂迷：形容仰慕之深。

④熏渍陶染：熏炙、渐渍、陶冶、濡染。

⑤操履：操守德行。

⑥芝兰：本应作"芷兰"，"芝"是借用字，"芷"和"兰"都是有香味的草本植物。

⑦墨子：春秋战国之际思想家、政治家，墨家的创始人。

⑧颜、闵：指颜回和闵损。他们都是孔子学生中的杰出人物。

⑨贵：崇尚，敬重。

原文

世人多蔽①，贵耳贱目，重遥轻近。少长②周旋③，如有贤哲，每相狎侮，不加礼敬。他乡异县，微藉④风声⑤，延颈企踵⑥，甚于饥渴。校其长短，核其精粗，或彼不能如此矣。所以鲁人谓孔子为东家丘⑦。昔虞国⑧宫之奇⑨，少长于君，君狎之，不纳其谏，以至亡国，不可不留心也。

译文

世间的人大多有一种偏见，对传闻的东西很感兴趣，对亲眼所见的东西则很轻视；对远处的事物很感兴趣，对近处的事物却不放在心上。从小一起长大的人，如有谁是贤能之士，人们也往往对他轻慢侮弄，而不是以礼相待。而处在远方异土的人，凭着那么点名声，就能令大家伸长脖子、踮起脚跟去朝思暮盼，那种心情好像比饥渴还难以忍受。其实比较两人的长短，审察两人的优劣，很可能远处的人还不如身边的人。因此，鲁国的人称孔子为"东家丘"。从前，虞国的宫之奇年龄稍长于国君，国君和他比较亲近，反而不采纳他的意见，以至于亡了国，这个教训不能不牢记在心。

原文

用其言，弃其身，古人所耻。凡有一言一行，取于人者，皆显称①之，不可窃人之美，以为己力；虽轻虽贱者，必归功焉。窃人之财，刑辟之所处；窃人之美，鬼神之所责。

译文

采用了某人的意见却又嫌弃这个人，这种行为在古人看来是可耻的。凡采纳一个建议、办理一件事情，得到别人的帮助的，就应该颂扬人家，而不该窃取他人成果，当成自己的功劳。即使是地位低下的人，也必须要肯定他的功劳。窃取别人的钱财，会遭到刑罚的处置；窃取别人的成果，会遭到鬼神的谴责。

---

① 称：颂扬。

原文

梁孝元前在荆州，有丁觇^①者，洪亭民耳，颇善属文，殊工草隶。孝元书记^②，一皆使之。军府轻贱，多未之重，耻令子弟以为楷法^③。时云："丁君十纸，不敌王褒数字。"吾雅^④爱其手迹，常所宝持。孝元尝遣典签惠编送文章示萧祭酒，祭酒问云："君王比^⑤赐书翰^⑥，及写诗笔，殊为佳手，姓名为谁，那得都无声问^⑦？"编以实答。子云叹曰："此人后生无比，遂不为世所称，亦是奇事。"于是闻者稍复刮目。稍仕至尚书仪曹郎^⑧，末为晋安王侍读，随王东下。及西台陷殁^⑨，简牍湮散，丁亦寻卒于扬州。前所轻者，后思一纸，不可得矣。

译文

梁孝元帝以前在荆州时，他属下有一位叫丁觇的人，是洪亭人氏，非常爱好写文章，特别擅长草书和隶书。孝元帝的文书抄写，全都交给他去干。军府中那些地位低下的人，大多数小瞧他，耻于让自己的子弟去临习他的书法。当时比较流行的话是："丁君写上十张纸，也抵不上王褒几个字。"我十分喜爱丁觇的书法作品，经常把它们珍藏起来。孝元帝曾经派典签惠编送文章给祭酒萧子云看，萧子云就问惠编："君王最近写有书信给我，还有他的诗歌文章，书法特别漂亮，那书写者实在是一个罕见的高手，他姓甚名谁，怎么会一点名声都没有呢？"惠编据实回答了。萧子云感叹道："没有哪个后生能与他相比，竟然没有得到世人的称道，也算是奇事一桩。"从此，别人听说了萧子云的评价之后才渐渐改变了对丁觇的看法。丁觇后来渐渐升任到尚书仪曹郎的位置，最后任晋安王侍读，随晋安王东下。等到江陵陷落的时候，那些文书信札一起散失了，丁觇没多久也在扬州逝世。过去轻视他的人，后来再想得到他的一纸墨迹也是不可能了。

---

①丁觇（chān）：南朝梁洪亭人。善著文，工草隶，与智永齐名，世称丁真永草。官至尚书仪曹郎。

②书记：指文书抄写。

③楷法：学习书法的楷模。

④雅：甚，非常。

⑤比：近来。

⑥书翰：书信。

⑦声问：声誉，名声。

⑧尚书仪曹郎：官名。梁朝尚书省设郎二十三人，仪曹郎是其中之一，职务掌管吉凶礼制。

⑨西台陷殁：因梁元帝在江陵称帝，江陵在西，故称西台。元帝承圣三年（554年），魏攻陷江陵，杀元帝，即这里所说的"西台陷殁"。

原文

侯景初入建业，台门①虽闭，公私草扰，各不自全。太子左卫率羊侃坐东掖门，部分②经略③，一宿皆办，遂得百余日抗拒凶逆。于时，城内四万许人，王公朝士，不下一百，便是恃侃一人安之，其相去如此。古人云："巢父、许由④，让于天下；市道小人，争一钱之利。"亦已悬矣。

译文

侯景刚进入建康时，台门虽已闭守，而官员和普通百姓都惶恐不安，人人自危。这时，太子左卫率羊侃坐镇东掖门，部署策划抵抗事宜，一夜之间就全安排好了，于是才能抗拒凶逆到一百多天。当时，台城里有四万多人，其中王公大臣不下一百，就是靠羊侃一个人安定大局，他们的才能高下相差竟然到了如此地步。古人说："巢父、许由把天下这样的大利都让给别人了；而市井小人为了一个小钱也要争夺不休。"这样两者的差距就更大了。

----

①台门：台城的城门。朝廷禁近之地称台。

②部分：部署安排。

③经略：策划处理。

④巢父、许由：俱为唐尧时人，尧以天下让此二人，皆不受。

原文

齐文宣帝①即位数年，便沉湎纵恣②，略无纲纪③；尚能委政尚书令④杨遵彦，内外清谧⑤，朝野晏如⑥，各得其所，物无异议，终天保⑦之朝。遵彦后为孝昭⑧所戮，刑政⑨于是衰矣。斛律明月⑩，齐朝折冲⑪之臣，无罪被诛，将士解体⑫，周人始有吞齐之志，关中⑬至今誉之。此人用兵，岂止万夫之望⑭而已哉！国之存亡，系其生死。

译文

　　齐朝文宣帝即位几年以后，便沉湎酒色，放纵恣肆，一点不顾及法纪。但他尚能将政事交给尚书令杨遵彦处理，所以朝廷内外，清静安宁，各种事务都能够得到妥善安排，大家都没有什么意见，这种局面一直保持到天保之朝结束。杨遵彦后来被孝昭帝杀害，国家的刑律政令从那以后就衰败了。斛律明月是齐朝安邦却敌的重臣，无罪被杀，齐之军队将士因此而人心涣散，这时，周国才产生了吞并齐国的欲望，关中一带人民一直到现在仍对斛律明月称赞不已。这个人用兵，岂止是千万人希望之所归而已啊！他的生死，牵系着国家的存亡。

---

①文宣帝：即北齐的建立者高洋，字子进，即位后改定律令，修建长城。后以功业自矜，嗜酒昏狂，以淫乱残暴著称于世。

②纵恣：放纵恣肆，想怎么干就怎么干。

③纲纪：法纪。

④尚书令：尚书省长官，直接对君主负责，总揽一切政令的首脑。

⑤谧（mì）：安宁。

⑥晏如：平静，安然。

⑦天保：北齐文宣帝年号。

⑧孝昭：北齐孝昭帝高演，字延安。文宣帝的舅舅。

⑨刑政：刑律政令。

⑩斛律明月：即斛律光，字明月，北齐朔州（今山西朔州）人。高车族。长期从事对北周的战争。官至左丞相。后为齐后主疑忌，被杀。

⑪折冲：使敌战车后撤，即击退敌军。

⑫解体：肢体解散。比喻人心叛离。

⑬关中：地理上的习惯用语，有时专指今陕西关中盆地，有时也包括陕北、陇西。当时归属北周。

⑭万夫之望：意谓万人之所瞻望，即众望所归。

原文

张延隽之为晋州行台①左丞，匡维主将②，镇抚疆场，储积器用，爱活黎民，隐③若敌国矣。群小不得行志，同力迁之。既代之后，公私扰乱，周师一举，此镇先平。齐亡之迹，启于是矣。

译文

张延隽任晋州行台左丞时，辅助主将，镇守安抚疆界，储藏聚集物资，爱护救助百姓，使晋州城坚稳威重可与一国相匹敌。那些卑鄙小人不能按照自己的意愿行事，就联合起来排挤他。张延隽的职位被小人取代了之后，晋州一片混乱，周国军队一起兵，晋州城就先被平定。齐国败亡的迹象，就从这里开始了。

---

①行台：在大行政区代表朝廷的机构。

②匡维主将：辅助支持主将。匡，帮助。维，维护。

③隐：威重的样子。

卷三

勉学第八

本篇是《颜氏家训》中的著名篇章。颜之推对当时士族子弟不务学业、凭门第而猎取高位的现状进行了抨击。作者首先认为即使是圣明帝王仍需要学习，说明了凡俗之人学习的重要。其次，作者认为士、农、工、商、兵等行业都大有学问，不可轻视，无论哪个行业，学好了都可以安身立命。最后，作者还提出了一些学习理念，如学习态度要"固须早教"且"不可自弃"，人要博学，学习切忌自高自大、高谈阔论；要学以致用，学习要抓好早期教育，博览和专注并重等。

原文

自古明王圣帝，犹须勤学，况凡庶乎！此事遍于经史，吾亦不能郑重①，聊举近世切要，以启寤②汝耳。士大夫子弟，数岁已上，莫不被教，多者或至《礼》《传》，少者不失《诗》《论》。及至冠婚，体性稍定；因此天机，倍须训诱。有志尚者，遂能磨砺，以就素业③；无履立④者，自兹堕⑤慢，便为凡人。人生在世，会当有业：农民则计量耕稼，商贾则讨论货贿⑥，工巧则致精器用，伎艺⑦则沉思法术，武夫则惯习弓马，文士则讲议经书。多见士大夫耻涉农商，差务工伎，射则不能穿札，笔则才记姓名，饱食醉酒，忽忽⑧无事，以此销日，以此终年。或因家世余绪，得一阶⑨半级，便自为足，全忘修学；及有吉凶大事，议论得失，蒙然⑩张口，如坐云雾；公私宴集，谈古赋诗，塞默低头，欠伸而已。有识旁观，代其入地。何惜数年勤学，长受一生愧辱哉！

译文

自古以来，那些贤明的帝王都必须勤奋学习，何况我们这些平常的老百姓呢！这种事例，在经书典籍中随处可见，但我也不能重复一一列举，姑且举出近代重要的事例来启发你们。士大夫的子弟，长到几岁以后，没有不接受教育的，学得多的，已学完《礼经》《春秋三传》；即使读书读得少的，也学完了《诗经》和《论语》。等到冠礼和成婚的年纪，体质和性情已稍稍定型，便要趁此机会，利用他们的灵性，加倍对他们进行教诲。倘若有志向的人，就得再经受磨砺，以成就大业；那些没有操守品行的人，则从此散慢懈怠起来，成了平庸之辈。人生在世，应当从事一定的工作：当农民的就要计量自己的耕作，当商人的就要谈论自己的货物价钱，当工匠的就要致力于制作精巧的器物，当技艺之士就必须潜心钻研技艺，当武夫的则要熟习刀箭骑马，而文人则要讲论儒家经书。我经常看到一些士大夫耻于涉及务农和经商；让他们去从事于技艺，又欠缺技巧，让他们射箭又不能射穿最外层的铠甲；让他们动笔抄写，他们又只会读写自己的姓名。他们整天吃喝玩乐，无所事事，就这样度过一日又一日，一年又一年，过完了一辈子。有的人凭借祖上的荫庇，得到一官半职，就自以为是，不思进取，忘了修习学业；一旦遇上吉凶之类的大事，议论得失，便迷迷糊糊，好像坠入云雾之中。在各种公私宴会的场合，别人在谈古论今，讨论古诗词赋，他却像堵住了嘴，只能低头打哈欠、伸懒腰而已。有见识的人在一旁看到了，都替他感到羞耻，恨不得代他钻到地下的洞里去。这些人为什么不舍得用几年的时间去勤奋学习，却要因此承受一生的耻辱呢！

---

①郑重：频繁，反复多次。

②启寤：明白。"寤"通"悟"。

③素业：清修有为之业，即儒业。

④履立：操守品行。

⑤堕：通"惰"，散慢。

⑥货贿：货物，财物。

⑦伎艺：技艺。

⑧忽忽：迷糊，恍惚。

⑨阶：官阶。

⑩蒙然：迷糊不清醒、无知的样子。

原文

梁朝全盛之时，贵游①子弟，多无学术，至于谚云："上车不落则著作，体中何如则秘书②。"无不熏衣剃面，傅粉施朱，驾长檐车③，跟高齿屐，坐棋子方褥④，凭斑丝隐囊⑤，列器玩于左右，从容出入，望若神仙。明经⑥求第，则顾⑦人答策；三九⑧公宴，则假手赋诗。当尔之时，亦快士⑨也。及离乱之后，朝市迁革，铨衡⑩选举，非复曩者之亲；当路⑪秉权，不见昔时之党。求诸身而无所得，施之世而无所用。被褐而丧珠，失皮而露质，兀⑫若枯木，泊若穷流，鹿独⑬戎马之间，转死沟壑之际。当尔之时，诚驽材⑭也。有学艺者，触地而安。自荒乱已来，诸见俘虏，虽百世小人，知读《论语》《孝经》者，尚为人师；虽千载冠冕⑮，不晓书记者，莫不耕田养马。以此观之，安可不自勉耶？若能常保数百卷书，千载终不为小人也。

译文

梁朝在全盛的时候，那些王公贵族的子弟大多不学无术，以至当时有谚语说："上车不掉下来的，就可以成为著作郎了；提笔能写身体如何的，就可以当秘书郎了。"他们没有一个不是用香草熏衣，修鬓剃面，涂脂抹粉的；他们进出都是乘坐一种长檐车，穿的是高跟齿屐，坐的是用绮罗做成的方格图案的方形坐褥，靠的是杂色背靠垫。他们的身边摆着玩赏的器物，进进出出，从容自如，远远看上去，好像神仙。到了明经答问考取功名的时候，他们就雇人去考；参加三公九卿的宴会，他们又叫他人帮写诗词。在那个时候，他们也挺像名士的样子。等到动乱发生以后，改换了朝代，掌管考核的人，已经不是从前的亲信；掌大权执政的，也不是旧时的朋友。到了这时，这些贵族子弟想自力更生，却一无所长；想出头扬名，却没有什么本领。他们只能披着粗布麻衣，卖掉家中的珠宝，没有华丽的外表，露出了本来的真面目，就好像没有树叶的枯木，又像一条没水的河流。他们在乱军之中颠沛流离，辗转丧命于沟壑之间。在这时，他们成了绝对的蠢材。而那些有本领的，就能随遇而安。自从兵荒马乱以来，我看过不少俘虏，即使他们世代都是平民百姓，但是由于懂得《论语》和《孝经》，还能成为别人的老师；那些虽然是世代相传的世家子弟，但由于不懂得读书写字，最终没有一个不沦为耕田养马的平民的。由此看来，怎么可以不勉励自己奋发图强刻苦读书呢？假若能经常保有几百卷书，那么再过一千年也不会成为平民百姓的。

①贵游：王公贵族。

②上车不落则著作，体中何如则秘书：上车不掉下来，就可以当著作郎；提笔能写身体如何等问候语，就可以做秘书郎。形容不学无术。

③长檐车：一种用车幔盖过整个车身的马车。

④棋子方褥：方格图案的绮罗制成的方形坐褥。

⑤隐囊：类似于今日的靠枕。

⑥明经：以经义取士，谓之明经。

⑦顾：通"雇"。

⑧三九：三公九卿。

⑨快士：优秀人物。

⑩铨衡：量人授官。

⑪当路：执政，掌权。

⑫朹：此指没有枝叶的树木。

⑬鹿独：流离失所、颠沛的意思。

⑭驽材：蠢材。

⑮冠冕：指仕宦之家。

原文

夫明"六经①"之指，涉百家之书，纵不能增益德行，敦厉风俗，犹为一艺，得以自资②。父兄不可常依，乡国不可常保，一旦流离，无人庇荫，当自求诸身耳。谚曰："积财千万，不如薄伎③在身。"伎之易习而可贵者，无过读书也。世人不问愚智，皆欲识人之多，见事之广，而不肯读书，是犹求饱而懒营馔，欲暖而惰裁衣也。夫读书之人，自羲、农④已来，宇宙之下，凡识几人，凡见几事，生民之成败好恶，固不足论，天地所不能藏，鬼神所不能隐也。

译文

领悟"六经"的要旨，涉猎百家的著作，即使不能增长个人的道德操行，劝勉社会风俗，但总算是一门技艺，可以用来自谋生计。父亲兄长是不能长期依赖的，家乡邦国也是不能常保无事的。一旦被迫颠沛流离，没有人能庇护你的时候，你只有依靠你自身了。俗语说："积财千万，不如薄技在身。"各种技艺当中最容易学会而又值得推崇的，无过于读书。世上的人不论是愚蠢的还是聪明的，都希望认识的人多，见识的事广，但却不肯用功读书，这样就像是想要吃一顿饱餐却懒于动手去做饭，想要衣服暖身却懒于去裁衣一样。那些读书的人，从伏羲、神农以来，天下所见的多少人，所识的多少事，他们都是懂得的；一般平民百姓的成败好恶，那固然不用说，就连天地万物之间蕴含的道理，鬼神的事都是逃不过他们的眼睛的。

---

① 六经：指《诗》《书》《礼》《乐》《易》《春秋》六部儒家经典。

② 自资：自谋生计。

③ 伎：通"技"，技艺，才能。

④ 羲、农：即伏羲、神农，古代传说中的帝王。

原文

有客难主人曰："吾见强弩长戟，诛罪安民，以取公侯者有矣；文①义习吏，匡时富国，以取卿相者有矣；学备古今，才兼文武，身无禄位，妻子饥寒者，不可胜数，安足贵学乎？"主人对曰："夫命之穷达，犹金玉木石也；修以学艺，犹磨莹雕刻也。金玉之磨莹，自美其矿②璞③；木石之段块，自丑其雕刻；安可言木石之雕刻，乃胜金玉之矿璞哉？不得以有学之贫贱，比于无学之富贵也。且负甲为兵，咋笔④为吏，身死名灭者如牛毛，角立杰出者如芝草；握素披黄⑤，吟道咏德，苦辛无益者如日蚀，逸乐名利者如秋荼⑥，岂得同年而语⑦矣。且又闻之：生而知之者上，学而知之者次。所以学者，欲其多知明达耳。必有天才，拔群出类，为将则暗与孙武、吴起同术，执政则悬得管仲、子产之教，虽未读书，吾亦谓之学矣。今子即不能然，不师古之踪迹，犹蒙被而卧耳。"

译文

有位客人为难我说："我看到有人手持强弩长戟，去讨伐叛逆，安抚百姓，以此博取公侯之爵位；有人阐释法度，研习吏道，匡扶时世，富邦强国，以此博取卿相职位；但有些人学通古今，文武全才，却没有什么职位俸禄，妻子儿女饥寒交迫，这样的人不可胜数，如此看来，学习又怎么值得重视呢？"我回答说："一个人的命运是困厄还是显达，就好像是金玉与木石。钻研学问，掌握技艺，就好像琢磨金玉和雕刻木石。金玉经过琢磨，就比未经冶炼的金属更加美丽；一段木头、一块石头，比经过雕刻的木石就显得丑陋。然而，怎能说雕刻的木石就胜得过未经琢磨的金玉呢？所以，我们不能把有学问的人的贫贱与没学问的人的富贵相比。况且披上铠甲去当兵的人，操笔做小吏的人，身死名灭的人多如牛毛，可脱颖而出的人少如芝草；苦学攻读的人，颂扬传播道德的人，辛苦而又没有好处的人就像日食那样少见；而闲适安乐、追名逐利的人却如秋天的荼花那样繁多，这二者怎能相提并论呢？况且我又听说，一生下来就先知先觉的人是个天才，通过学习才明白的人就差了一等。人之所以要不断学习，就是要多懂得一些道理，明白通达而已。如果说一定有天才的话，那也是出类拔萃的人。当将领的就像孙武、吴起那样，天生具备了过人的谋略；当宰相的天生就具备管仲、子产那样的素质，即使他们没有读过书，我也说他们是有学问之人。现在您没有他们那种本事，如果再不学习古人的做法，那就好像蒙着被子睡觉，什么都不知道了。"

---

①文：文饰，此作阐释解。

②矿：未经冶炼的金属。

③璞：未经雕琢的玉石。

④咋笔：操笔。

⑤握素披黄：意指专心攻读诗书。素，绢素，古代的书籍多用绢素书写。黄，黄卷，古代的书籍为了防蛀虫而用黄檗染之，故称黄卷。

⑥秋荼：比喻繁多。荼，茅草的白花，到秋天繁茂盛多。

⑦同年而语：相提并论。

原文

人见邻里亲戚有佳快①者，使子弟慕而学之，不知使学古人，何其蔽也哉？世人但见跨马被甲，长槊强弓，便云我能为将；不知明乎天道，辨乎地利，比量逆顺，鉴达兴亡之妙也。但知承上接下，积财聚谷，便云我能为相；不知敬鬼事神，移风易俗，调节阴阳，荐举贤圣之至②也。但知私财不入，公事夙办，便云我能治民；不知诚己刑物，执辔如组③，反风灭火，化鸱为凤④之术也。但知抱令守律，早刑晚舍⑤，便云我能平狱；不知同辕观罪，分剑追财，假言而奸露，不问而情得之察也。爰及农商工贾，厮役奴隶，钓鱼屠肉，饭牛牧羊，皆有先达，可为师表，博学求之，无不利于事也。

译文

人们看到乡里邻居中有优秀的人，便叫自己的子弟钦慕他们，向他们学习，却不知道让自己的子弟向古人学习，这是多么糊涂啊。世上的人只知道当将军的能跨骏马披铠甲，能举长矛拉强弓，于是便认为自己也能做将军；却不知道了解天时，洞悉地理，估量形势的优劣，洞察国家兴亡等种种道理。一般人只知道做宰相的承接皇上的旨意，下达任务，指挥官员，为国积财储粮，便认为自己也能做宰相；却不知道敬奉鬼神，移风易俗，调节阴阳五行，保荐举送贤能等种种周密的工作。只知道当地方官的不能收敛私财，公事及早办理，就以为自己也能治民；却不知道诚心待人，为人楷模，治理百姓如驾马车，止风灭火，化恶为善的种种方法。只知道管司法的要谨守法律，判刑宜早，赦免宜迟，就以为自己也能平冤狱讼；却不知同辕观罪、分剑追财，用假言诱使奸诈者暴露，不需反复审问就能查清案情这种深刻的洞察力。推而广之，那些农夫、商贾、工匠、奴仆、厮役、渔夫、屠户、喂牛的、放羊的，他们中间都有杰出之士，都可以作为学习的榜样，广泛地向他们学习，对事业不是没有好处的。

---

①佳快：极好、优秀。

②至：周密。

③执辔如组：比喻治教有方。辔（pèi），马缰绳。组，丝织成的宽带。

④化鸱为凤：比喻感化恶人，使其转变。鸱（chī），猫头鹰，古人视之为恶鸟。

⑤早刑晚舍：用刑宁早，纵舍宁迟。

夫所以读书学问，本欲开心明目，利于行耳。未知养亲者，欲其观古人之先意承颜[①]，怡声下气[②]，不惮劬劳[③]，以致甘腝[④]，惕然惭惧，起而行之也；未知事君者，欲其观古人之守职无侵，见危授命，不忘诚谏，以利社稷，恻然自念，思欲效之也；素骄奢者，欲其观古人之恭俭节用，卑以自牧，礼为教本，敬者身基，瞿然[⑤]自失，敛容抑志也；素鄙吝者，欲其观古人之贵义轻财，少私寡欲，忌盈恶满，赒[⑥]穷恤匮，赧然悔耻，积而能散也；素暴悍者，欲其观古人之小心黜己，齿弊舌存，含垢藏疾，尊贤容众，苶然[⑦]沮丧，若不胜衣[⑧]也；素怯懦者，欲其观古人之达生[⑨]委命，强毅正直，立言必信，求福不回，勃然奋厉，不可恐慑也：历兹以往，百行皆然。纵不能淳，去泰去甚。学之所知，施无不达。世人读书者，但能言之，不能行之，忠孝无闻，仁义不足；加以断一条讼，不必得其理；宰千户县，不必理其民；问其造屋，不必知楣横而棁竖也；问其为田，不必知稷早而黍迟也；吟啸谈谑，讽咏辞赋，事既优闲，材增迂诞[⑩]，军国经纶[⑪]，略无施用，故为武人俗吏所共嗤诋，良由是乎！

译文

人之所以要读书和学习，本来是为了明白事理，增长见识，有利于自己的举止。那些不知如何奉养双亲的人，要让他们看看古人是如何体察父母的心意，按父母的愿望办事，轻声细气，和颜悦色地和父母交谈，不辞劳苦地侍奉，让父母吃甘美的食物，这样一来，那些不懂孝道的人就感到惭愧，每日都要自觉地那样做；那些不懂如何侍奉君主的人，要让他们看到古人如何坚守职责，不侵凌犯上，在危急时刻，不惜献出生命，不忘自己忠心进谏的职责，以维护国家和平民百姓的利益，要使他们反思并仿效学习；那些向来奢侈骄横的人，要让他们看到古人的恭谨简朴，节约克制，谦卑自守，以礼让为教之根本，以恭敬为立身之根，使他们惊觉自己的行为有失，从而收敛并抑制骄奢的心态；那些一向吝啬自私的人，要让他们看到古人的重情义轻钱财，没有私心和贪念，忌盈恶满，周济穷困，使他们悔改，从而能广积钱财和周济他人；那些向来暴戾骄傲的人，要让他们看到古人的小心谨慎，说话有度，宽仁大方，敬重下士并广纳贤人，这样使他们受到打击，从而气焰低落，学会谦恭礼让；那些胆小懦弱的人，要让他们看到古人的任天由命，刚毅正直，言行有信，祈求福分而不违背祖训，从而让他们发愤图强，不再胆怯：以此类推，所有的品行都可以采取上述的方式培养。即使不能使风气完全纯正，也能去掉那些极端不良的行为。学到的学问，在哪里都可以使用。然而现在也有一些读书人，只能空头说说，不能亲身来做，既不忠孝，又欠缺仁义；再加上审断一个诉讼，不一定明白其中的道理；管理一个千户小县，不一定能亲自过问百姓；问他们怎样造一栋屋子，不一定知道楣是横着放而棁是竖着放；问他们怎样种田，他们不一定知道稷先种而黍后种。他们只懂得吟啸咏唱，谈欢作乐，写诗作赋，所做的事都是悠闲自在的，除了增添荒诞的事情外，对治理国家大事是没有用的，因而这些人被一些将军武士、小官吏所嗤笑，也是事出有因啊。

原文

夫学者所以求益耳。见人读数十卷书，便自高大，凌忽①长者，轻慢同列②。人疾之如仇敌，恶之如鸱枭③。如此以学自损，不如无学也。

译文

人学习是为了有所收获、增长见识而已。但我看到有些人读了十几卷书，便自高自大起来，轻慢长辈，蔑视同等地位的人。人们憎恶这种人就像憎恨仇敌一样，厌恶他们就像厌恶猫头鹰那样的恶鸟一样。像这样用学习来损害自身，不如不学习。

①凌忽：凌辱，轻慢。

②同列：指地位相同者。

③鸱枭（chī xiāo）：猫头鹰之类的鸟，古人将猫头鹰看作是不祥之鸟。

原文

古之学者为己，以补不足也；今之学者为人，但能说之也。古之学者为人，行道以利世也；今之学者为己，修身以求进也。夫学者犹种树也，春玩其华，秋登其实；讲论文章，春华①也，修身利行，秋实也。

译文

古代的读书人学习是为了充实自己，弥补自己的不足之处；现在的读书人学习是为了向别人炫耀，只要求能说会道。古代的读书人学习是广利大众，为了推行自己的主张，以造福社会；现在的读书人是为了自身需要，提高自身知识水平以谋求官职。其实学习应该像种树一样，春天可以欣赏到它的花朵，秋天可以收获它的果实；讨论文章，就好比赏玩春花，修身养性有利于自己的言行，这就像是摘取秋果。

①春华："华"同"花"，以春华比喻学，以秋实比喻用。

原文

人生小幼，精神专利，长成已后，思虑散逸，固须早教，勿失机也。吾七岁时，诵《灵光殿赋》，至于今日，十年一理，犹不遗忘；二十之外，所诵经书，一月废置，便至荒芜矣。然人有坎壈①，失于盛年，犹当晚学，不可自弃。孔子云："五十以学《易》，可以无大过矣。"魏武、袁遗，老而弥笃，此皆少学而至老不倦也。曾子②七十乃学，名闻天下；荀卿五十，始来游学，犹为硕儒；公孙弘四十余，方读《春秋》，以此遂登丞相；朱云亦四十，始学《易》《论语》；皇甫谧二十，始受《孝经》《论语》：皆终成大儒，此并早迷而晚寤也。世人婚冠未学，便称迟暮，因循面墙③，亦为愚耳。幼而学者，如日出之光，老而学者，如秉烛夜行，犹贤乎瞑目而无见者也。

译文

人在年龄较小时，精神专注敏锐，长大以后，思想容易分散，学东西就不够专一，因而要重视早期的教育，不要坐失良机。我七岁时会背诵《灵光殿赋》，到了今天，每隔十年温习一次，仍然没有遗忘；到了二十岁以后，我所背诵的经书，要是一个月没有温习，便到荒废的地步了。然而人总有不得志的时候，即使在青少年时失去学习的好时机，也应该在晚年时抓紧时间学习，不能自暴自弃。孔子说："五十岁的时候学习《易经》，可以不犯较大的过错了。"魏武帝曹操、袁遗，他们两个到晚年时更加认真学习，这些都是少年好学到老了仍然孜孜不倦的例子。曾子七十岁才开始学习，最后名闻天下；荀子五十岁方始外出游学，最终成为一个大学问家；公孙弘四十多岁才开始读《春秋》，并因此登上了丞相之位；朱云也是四十岁时才开始学习《易经》和《论语》；皇甫谧二十岁才开始学习《孝经》和《论语》：这些人后来都成为大学者，他们都是少时没有用功而后来醒悟并立志成才的人。有些人到了结婚、加冠的年龄仍没开始学习，便认为是太晚了，于是一直拖延下去，成为不学无术、毫无见识的人，那实在是太愚昧了。从小时候就学习的人，就好像是日出时的光芒万丈；而老年才开始学习的人，就如同拿着蜡烛在夜里走路，这总比那种闭着眼睛什么都看不见的人好多了。

---

①坎壈（lǎn）：困顿，不得志。

②曾子：曾参，孔子弟子。

③面墙：比喻不学无术，一无所见。

原文

学之兴废，随世轻重。汉时贤俊，皆以一经弘圣人之道，上明天时，下该人事，用此致卿相者多矣。末俗①已来不复尔，空守章句，但诵师言，施之世务②，殆无一可。故士大夫子弟，皆以博涉为贵，不肯专儒。梁朝皇孙以下，总丱③之年，必先入学，观其志尚，出身④已后，便从文史，略无卒业者。冠冕为此者，则有何胤、刘瓛、明山宾、周舍、朱异、周弘正、贺琛、贺革、萧子政、刘绍等，兼通文史，不徒讲说也。洛阳亦闻崔浩、张伟、刘芳，邺下又见邢子才：此四儒者，虽好经术，亦以才博擅名。如此诸贤，故为上品，以外率多田野间人，音辞鄙陋，风操蚩拙⑤，相与专固⑥，无所堪能，问一言辄酬数百，责其指归⑦，或无要会⑧。邺下谚云："博士买驴，书券三纸，未有驴字。"使汝以此为师，令人气塞。孔子曰："学也，禄在其中矣。"今勤无益之事，恐非业也。夫圣人之书，所以设教，但明练经文，粗通注义，常使言行有得，亦足为人；何必"仲尼居"即须两纸疏义，燕寝讲堂，亦复何在？以此得胜，宁有益乎？光阴可惜，譬诸逝水。当博览机要，以济功业；必能兼美，吾无间焉。

译文

学习风气的兴盛与荒废，是随着社会风气的变化而变化的。汉代的贤才俊士，都是靠一部经书来弘扬圣人的道理，上可洞察天文，下可明了世事情理，凭此当上了卿相的人可多得很。汉末的习俗改变以后，就不再是这样子了，读书的都空守章句，只会背诵老师所说的话，并用这些来谋生处世，那其实是没有用的。因此后来的士大夫的子弟都崇尚广泛地涉猎各种典籍，不肯再专攻一本经书了。梁朝自皇孙以下，就规定在少年时就让他们读书，观察他们的志向和爱好，到了步入仕途的年龄以后，就（让他们）去参预文官的事务，几乎没有人能把学习坚持到最后。既能当官又能坚持学业的，有何胤、刘瓛、明山宾、周舍、朱异、周弘正、贺琛、贺革、萧子政、刘绍等人，他们能够兼通文史，并不仅仅是会讲解经书而已。我也曾听说洛阳有崔浩、张伟、刘芳，邺城又有邢子才：这四人虽然都喜爱经术，然而也以博学多才闻名。像上述各位贤士，应该视之为学者中的上品，除了他们以外，大部分是山野村夫，他们语言简单，举止粗劣，没有操守，与人相处，固执武断，没有一件事能胜任的，你问他一句，他会回答上几百句，倘若问他其中的主旨是什么，他大概自己都不得要领。邺城有句谚语："博士去买驴，契约写了三张纸，还没有写到一个驴字。"如果让这种人做你们的老师，你们会被他们气死的。孔子说："学习吧，俸禄就在其中了。"如今这些人却在毫无益处的事情上下功夫，这恐怕不是正当的行为吧。贤圣的书籍，是用来教育人的，只要能够熟读经书，粗通注文的意思，那就经常能使自己的言行从中得到帮助，也就足以立身为人了，何必对"仲尼居"三个字，也要用两张纸的疏义来解释呢？闲居也好，讲习之所也罢，现在还存在吗？在这种问题上去争输赢，有什么好处呢？光阴似箭，它会像流水那样一去不复返。我们应当广泛阅读书中的那些精要之处，以成就自己的事业；假如你们能做到博览和专精并重，那我也挑不出毛病来了。

---

①末俗：末世的习俗。

②世务：谋生处世之事。

③丱（guàn）：儿童束发成两角的样子。总丱，指童年时代。

④出身：出仕。

⑤蚩拙：愚昧，笨拙。

⑥专固：专断，顽固。

⑦指归：主旨和意向。指，同"旨"，即主旨。

⑧要会：要旨。

原文

俗间儒士，不涉群书，经纬①之外，义疏②而已。吾初入邺，与博陵崔文彦交游，尝说《王粲集》中难郑玄《尚书》事。崔转为诸儒道之，始将发口，悬见排蹙③，云："文集只有诗赋铭诔④，岂当论经书事乎？且先儒之中，未闻有王粲也。"崔笑而退，竟不以《粲集》示之。魏收之在议曹，与诸博士议宗庙事，引据《汉书》，博士笑曰："未闻《汉书》得证经术。"收便忿怒，都不复言，取《韦玄成传》，掷之而起。博士一夜共披寻之，达明，乃来谢曰："不谓玄成如此学也。"

译文

世间的读书人，不能博览群书，除了研读一些经书和纬书之外，也无非就是注释儒家经典的注疏而已。我刚到邺城的时候，与博陵的崔文彦有交往，曾与他谈起《王粲集》中关于王粲诘问郑玄注解《尚书》的事。崔文彦转而又与几位儒士谈起这件事，刚一开口，就被他们训斥："文集中只有诗、赋、铭、诔之类文件，难道还会论及有关经书的问题吗？况且在先辈的儒士中，也没有听说王粲这个人。"崔文彦笑了笑，便走了，终究没有把《王粲集》拿给他们看。魏收在议曹为官的时候，曾经和几位博士议论宗庙的事情，并引据《汉书》，众博士笑他说："从没有听说《汉书》可以用来论证儒家经术的。"魏收非常气愤，一句话也不说，拿出《汉书·韦玄成传》，把书掷给他们，转身走了。博士们聚到一块，用了一夜的时间来研读这本书，天亮时，他们来道歉说："没有想到韦玄成还有这等学问啊。"

---

①经纬：经书和纬书。

②义疏：注解经书的书。

③排麜（cù）：斥责。

④诔（lěi）：文体名，用以悼念死者的文章。

原文

夫老、庄之书，盖全真①养性，不肯以物累己也。故藏名柱史，终蹈流沙；匿迹漆园，卒辞楚相，此任纵之徒耳。何晏、王弼，祖述玄宗，递相夸尚，景②附草靡，皆以农、黄之化，在乎己身，周、孔之业，弃之度外。而平叔以党曹爽见诛，触死权之网也；辅嗣以多笑人被疾，陷好胜之阱也；山巨源以蓄积取讥，背多藏厚亡之文也；夏侯玄以才望被戮，无支离臃肿之鉴也；荀奉倩丧妻，神伤而卒，非鼓缶③之情也；王夷甫悼子，悲不自胜，异东门之达也；嵇叔夜排俗取祸，岂和光同尘之流也；郭子玄以倾动专势，宁后身外己之风也；阮嗣宗沉酒荒迷，乖畏途相诫之譬也；谢幼舆赃贿黜削，违弃其余鱼之旨也：彼诸人者，并其领袖，玄宗所归。其余枉梏④尘滓之中，颠仆名利之下者，岂可备言乎！直取其清谈雅论，剖玄析微，宾主往复，娱心悦耳，非济世成俗之要也。洎于梁世，兹风复阐，《庄》《老》《周易》，总谓《三玄》。武皇、简文，躬自讲论。周弘正奉赞大猷⑤，化行都邑，学徒千余，实为盛美。元帝在江、荆间，复所爱习，召置学生，亲为教授，废寝忘食，以夜继朝，至乃倦剧愁愤，辄以讲自释。吾时颇预末筵，亲承音旨，性既顽鲁，亦所不好云。

译文

　　老子、庄子的著作，强调的是保全本性、修养品性，不肯被身外之物拖累自身。因此，老子埋名隐姓在周朝担任柱下史，最后隐遁于沙漠之中；庄子隐身为漆园小吏，最后也拒绝出任楚相，他们都是无拘无束、自由自在的人而已。后来有何晏、王弼仿效前人，解说道家的精义，继其后者一个接一个地宣扬老、庄之学，当时的人如影随形，如草随风，都以神农、黄帝的教化来装饰自己，把周公、孔子的事业置之度外。然而何晏因为党附曹爽而被杀，这是死在贪欲的罗网下。王弼因为以自己的所长讥笑别人而招来嫉恨，落入了争强好胜的陷阱。山涛因为贪吝积敛而遭到世人议论，违背了聚敛越多丧失越多的古训。夏侯玄因为自己的才学名望而被杀害，因为他没有从庄子所说的支离和臃肿大树等无用之才得以自保的故事中吸取教训。荀粲丧妻之后，因为悲哀而死，这是缺乏庄子在丧妻之后鼓盆而歌的通达。王衍痛失幼子而悲不自胜，没有东门吴面对丧子所有的潇洒豁达。嵇康因为排斥流俗而招来杀身之祸，哪是与世无争之人呢？郭象因声名显赫最终走上了权势之路，也没有达到甘于别人之后的忘我境界。阮籍贪酒、荒诞迷乱，背离了险途应小心谨慎的古训。谢鲲因家童贪赃而被罢免，违背了不该贪得无厌、节欲知足的宗旨。以上这些人，都是道家中人心所向的领袖人物。至于其余那些在尘世中束手缚脚、身套名利枷锁的人，就更不用说了。他们只不过选取了老、庄书中的清谈雅论，剖析其中玄奥精妙的地方，宾主相互问答，只求娱心悦耳，但这并不是一定有利于形成良好社会风俗的事。梁朝之时，这种崇尚道教的风气又兴盛起来，《庄子》《老子》《周易》被总称为"三玄"。梁武帝和简文帝都亲自讲解评论。周弘正奉旨讲述以玄学治国的大道理，风气影响了整个京城，门徒达到了数千人，盛况空前。梁元帝在江陵、荆州的时候，也很喜欢并熟悉此道，召集了学生，亲自为他们讲解，甚至达到了废寝忘食、夜以继日的地步，甚至在他极度疲倦或忧愁烦闷的时候，也是用玄学来自我解愁。那时，我偶尔也在末位就座，亲耳聆听元帝的教诲，只是我天资愚笨，对此又缺乏兴趣，所以没有特别的收益。

---

① 全真：保全本性。
② 景：同"影"。
③ 缶：瓦盆。
④ 桎梏：手铐脚镣，后比喻一切束缚人的东西。
⑤ 大猷（yóu）：治国的大道。

原文

齐孝昭帝侍娄太后①疾，容色憔悴，服膳减损。徐之才为灸两穴，帝握拳代痛，爪入掌心，血流满手。后既瘥愈，帝寻疾崩，遗诏恨不见太后山陵之事②。其天性至孝如彼，不识忌讳如此，良由无学所为。若见古人之讥欲母早死而悲哭之，则不发此言也。孝为百行之首，犹须学以修饰之，况余事乎！

译文

北齐孝昭帝在母亲娄太后病重期间，一直在她身边侍奉，因而脸色憔悴，茶饭不思。徐之才为太后针灸两个穴位，孝昭帝在一边紧握拳头以代痛，以致指甲嵌入掌心，血流得满手都是。娄太后的病终于瘥愈，而孝昭帝不久却因病而逝，他在遗诏中说，最遗憾的是不能为娄太后办理后事，以尽最后的孝心。他的天性是这样的孝顺，但都不懂忌讳到如此的地步，这全都是因为不学习造成的。他如果能从书中看到古人讽刺那些盼望母亲早死以便痛哭尽孝的人的记载，就不会在遗诏中说出那样的话来了。行孝是所有德行中最重要的事情，尚且需要通过学习去培养完善，何况其他的事呢？

①娄太后：孝昭帝高演的母亲。
②山陵之事：这里指娄太后的丧事。山陵，旧指帝王或者是皇后的坟墓。

原文

梁元帝尝为吾说："昔在会稽，年始十二，便已好学。时又患疥，手不得拳，膝不得屈。闲斋张葛帏①避蝇独坐，银瓯贮山阴甜酒，时复进之，以自宽痛。率意自读史书，一日二十卷，既未师受，或不识一字，或不解一语，要自重之，不知厌倦。"帝子之尊，童稚之逸，尚能如此，况其庶士，冀以自达者哉？

译文

梁元帝曾经对我说："以前我在会稽的时候，年仅有十二岁，就已经很喜欢学习了。当时我患有疥疮，手不能握拳，膝不能够弯曲。我在闲斋中挂上葛布帏帐，用以遮挡苍蝇，身边的小银盆里装着山阴产的甜酒，时而喝上几口，以此缓解疼痛。我独自随意地读一些史书，一天读了二十卷，当时没有老师传授，就会有一个字也不认识，或一句话也不理解的情况出现，这就需要严格要求自己，不感到厌倦。"梁元帝以帝王之子的尊贵，在闲逸的孩童时期，尚能对学习如此用功，何况那些希望通过学习来求腾达的普通读书人呢？

----

①葛帏：葛布制成的帏帐。

原文

古人勤学，有握锥①投斧，照雪聚萤，锄则带经，牧则编简，亦为勤笃。梁世彭城刘绮，交州刺史勃之孙，早孤家贫，灯烛难办，常买荻尺寸折之，然②明夜读。孝元初出会稽，精选寮寀③，绮以才华，为国常侍兼记室，殊蒙礼遇，终于金紫光禄。义阳朱詹，世居江陵，后出扬都，好学，家贫无资，累日不爨④，乃时吞纸以实腹。寒无毡被，抱犬而卧。犬亦饥虚，起行盗食，呼之不至，哀声动邻，犹不废业，卒成学士，官至镇南录事参军，为孝元所礼。此乃不可为之事，亦是勤学之一人。东莞臧逢世，年二十余，欲读班固《汉书》，苦假借不久，乃就姊夫刘缓乞丐客刺⑤书翰纸末，手写一本，军府服其志尚，卒以《汉书》闻。

译文

古人非常勤奋好学，有用锥子刺大腿以防止自己入睡的苏秦；有把斧子扔到高树下决心到长安求学的文党；有在夜间靠雪地的反光来读书的孙康；有以布袋收集萤火虫以照明学习的车胤；也有兒宽、常林等人耕地时不忘带上经书；路温舒一边放牛一边摘草织成"小简"用以写字，他们都十分勤奋好学。梁朝彭城的刘绮，是交州刺史刘勃的孙子，幼年丧父，家境贫困，没有钱买灯烛，就时常买些荻草，把它的茎折成尺把长，点燃后用来照明夜读。梁元帝开始在会稽任官的时候，精心选拔了一批官吏，刘绮凭自己的才华，被选任为太子府中的常侍兼记室参军，很受器重，最终官至金紫光禄大夫。义阳的朱詹，祖居江陵，后来到了建业。他刻苦好学，但因家中没钱，有时几天都不能生火做饭，因而时常靠吞纸来充饥。天气寒冷，没有被子，就抱着狗一块互相取暖睡觉。狗也饿得受不了，跑到外面偷食，朱詹大声呼唤，它也不回来，那悲哀的叫声，震惊了周围的邻居，然而他仍没有放弃苦读，最终成为大学士，官至镇南录事参军，受到孝元帝的礼待。这是一般人做不到的，这也是勤奋好学的人中的一个典型。东莞的臧逢世，二十多岁的时候，想读班固的《汉书》，但苦于借来的书不能长久阅读，就只好向姐夫刘缓乞求名片、信纸的边角，亲手抄录了一本。军府中的人都佩服他的志气和毅力，最后，臧逢世终于因研究《汉书》而闻名于世。

原文

齐有宦者内参①田鹏鸾，本蛮人也。年十四五，初为阉寺②，便知好学，怀袖握书，晓夕讽诵。所居卑末，使役苦辛，时伺闲隙，周章③询请。每至文林馆，气喘汗流，问书之外，不暇他语。及睹古人节义之事，未尝不感激沉吟久之。吾甚怜爱，倍加开奖。后被赏遇，赐名敬宣，位至侍中开府。后主之奔青州，遣其西出，参伺④动静，为周军所获。问齐主何在，绐⑤云："已去，计当出境。"疑其不信，欧⑥捶服之，每折一支⑦，辞色愈厉，竟断四体而卒。蛮夷童丱，犹能以学成忠，齐之将相，比敬宣之奴不若也。

译文

北齐有个太监名叫田鹏鸾，本来是一个少数民族。十四五岁时，被选入宫内做了守门人。那时，他便爱好读书，随身带着书本，早晚诵读。尽管当时所处的地位十分卑下，差役十分辛苦，但他仍能够利用空隙时间，四处求人指点。每次到文林馆的时候，他都是气喘吁吁，汗流浃背，除了请教书上的知识外，其他的话语都没有空暇去说。每次看到古人重节操讲情义的事，他都会十分感动，连声称赞，感慨良多。我十分喜欢他，对他加倍教导勉励。后来他被皇上赏识，赐名敬宣，官至侍中开府。北齐后主逃往青州的时候，派他去西边侦察动静，结果被北周的军队掳获。周军问他齐后主在哪里，他欺骗周军说："已经离开了，估计已经出了边境。"周军怀疑他说的话，不相信，就殴打他，企图让他屈服。他的四肢每被打断一条，他的声色言语就更加严厉，最后他因四肢断裂而死。一个偏远民族的少年，尚且能够通过学习成为忠心的侍臣，北齐许多将领，比起敬宣这种奴才来，还比不上。

---

① 内参：即太监。

② 阉寺：古代宫中掌管门禁的官。

③ 周章：周游，游览。

④ 参伺：侦察，窥视。

⑤ 绐（dài）：欺骗。

⑥ 欧：通"殴"，打捶，攻击。

⑦ 支：通"肢"，肢体。

原文

邺平之后，见徙入关。思鲁尝谓吾曰："朝无禄位，家无积财，当肆①筋力，以申供养。每被课笃②，勤劳经史，未知为子，可得安乎？"吾命之曰："子当以养为心，父当以学为教。使汝弃学徇财，丰吾衣食，食之安得甘？衣之安得暖？若务先王之道，绍家世之业，藜羹③缊褐④，我自欲之。"

译文

邺城被攻陷之后，我们被逼迁徙入关。那时候思鲁曾经对我说："我们在朝廷又没了俸禄，家中又没有积攒的财产，我应当极尽全力干活，以维持家用。现在您常督促我们学习，勤习经史，但您可知道，我这做儿子的，在这种情况下如何能心安呢？"我教导他说："做儿子当然要把供养双亲的责任放在心上，做父亲的更应该用学到的知识教育子女。如果让你放弃学习而去挣钱财，即使丰衣足食，我吃起饭来怎会觉得香甜？穿起衣服来怎会觉得温暖？假如你致力于先王之道，继承我们祖辈相传的读书传统，那么，即使是吃粗劣的淡饭，穿粗布短衣，我也是心甘情愿的。"

---

①肆：极、尽之意。

②笃：古通"督"，视察，督促。

③藜羹：用嫩藜做成的羹饭。这里比喻粗劣的饭菜。

④缊（yùn）褐：粗麻制成的短衣。

134

《书》曰："好问则裕。"《礼》云："独学而无友，则孤陋而寡闻。"盖须切磋相起明①也。见有闭门读书，师心自是②，稠人广坐，谬误差失者多矣。《榖梁传》称公子友与莒挐相搏，左右呼曰"孟劳"。孟劳者，鲁之宝刀名，亦见《广雅》。近在齐时，有姜仲岳谓："'孟劳'者，公子左右，姓孟名劳，多力之人，为国所宝。"与吾苦诤。时清河郡守邢峙，当世硕儒，助吾证之，赧然而伏。又《三辅决录》云："灵帝殿柱题曰：'堂堂乎张，京兆田郎。'"盖引《论语》，偶以四言，目京兆人田凤也。有一才士，乃言："时张京兆及田郎二人皆堂堂耳。"闻吾此说，初大惊骇，其后寻愧悔焉。江南有一权贵，读误本《蜀都赋》注，解"蹲鸱，芋也"，乃为"羊"字；人馈羊肉，答书云："损惠③蹲鸱。"举朝惊骇，不解事义，久后寻迹，方知如此。元氏之世，在洛京时，有一才学重臣，新得《史记音》，而颇纰缪，误反④"颛顼"字，顼当为许录反，错作许缘反，遂谓朝士言："从来谬音'专旭'，当音'专翾'耳。"此人先有高名，翕然信行；期年之后，更有硕儒，苦相究讨，方知误焉。《汉书·王莽赞》云："紫色蛙声，余分闰位。"谓以伪乱真耳。昔吾尝共人谈书，言及王莽形状，有一俊士，自许史学，名价甚高，乃云："王莽非直鸱目虎吻，亦紫色蛙声。"又《礼乐志》云："给太官挏马酒。"李奇注："以马乳为酒也，撞挏⑤乃成。"二字并从手。撞捅，此谓撞捣挺捅之，今为酪酒⑥亦然。向学士又以为种桐时，太官酿马酒乃熟。其孤陋遂至于此。太山羊肃，亦称学问，读潘岳赋"周文弱枝之枣"，为杖策之杖；《世本》"容成造历（歷）"，以历（歷）为碓磨之磨。

译文

《尚书》说："喜欢提问则知识充足。"《礼记》上说："独自学习而没有朋友共同商讨，就会孤陋寡闻。"由此看来，学习必须相互切磋，互相启发引导，才能使自己更加明白。我看见有些人闭门读书，自以为是，大庭广众之中经常出错，谬语连篇。《穀梁传》中叙述公子友与莒挐搏斗，公子友的手下在一旁大声叫"孟劳"。所谓"孟劳"，是鲁国宝刀的名称，《广雅》中也是这样认为的。最近在齐朝的时候，我遇到了一位叫姜仲岳的人，他却认为："孟劳是公子友身边的人，姓孟名劳，是一位大力士，鲁国人将他当作宝贝。"为了这个他和我苦苦争辩。当时，清河郡守邢峙也在，他是当今的大学者，帮我证实了孟劳的准确涵义，姜仲岳这才红着脸，低头认输。再比如说《三辅决录》上说，灵帝宫殿的门柱上题有："堂堂乎张，京兆田郎。"这是引用《论语》中的话，而以四言句式，用来品评京兆人田凤的。然而有一位才士，把这句话解释为："当时的张京兆和田郎二人都相貌堂堂。"他听了我的解释后，先是十分惊讶，后来才明白，并为此感到羞愧。江南有一位权贵，读了有很多错误的《蜀都赋》的注本，书中将"蹲鸱，芋也"的"芋"字错作"羊"字；因而当他收到别人馈赠的羊肉时，回信答谢说："感谢您赠我蹲鸱。"大家都感到非常惊讶，不明白他是用了什么典故。很久以后，才弄清这到底是怎样的一回事。北魏时，京都洛阳有一位颇有才学又身份显贵的大臣，新得到一本《史记音》，书中错漏百出，将"颛顼"的"顼"字读音注错了，"顼"字本作"许录反"，书中错为"许缘反"。这位重臣，对朝中官员说："人们历来将'颛顼'误读成'专旭'，其实应当读作'专翾'。"这位大臣名望很高，他的意见大家当然一致赞同并照办。直至一年多之后，又有一位大学者对这个读音苦心研究，才知道那位大臣读错了。《汉书·王莽赞》说："紫色蛙声，余分闰位。"这句话意思说王莽以假乱真。以前我曾经在和人一起谈论书籍时，谈及王莽的相貌，有一俊秀之士，自诩精通史学，名声和身价都很高，他竟然说："王莽不但长得虎嘴鹰目，而且肤色青紫，声音如蛙鸣。"再如《汉书·礼乐志》说："给太官挏马酒。"李奇的注解是："以马乳为酒，揰挏乃成。"揰挏二字都是"手"偏旁。所谓揰挏，这里指上下捣击、搅拌的意思，现在做酪酒也是这样。然而刚才那位学士又认为李奇的注解意思是说要等种桐树的时候，太官酿造的马酒才熟。他竟孤陋寡闻到了这个地步。太山郡的羊肃，也算得上有学问的人了，他读潘岳赋中"周文弱枝之枣"一句，把"弱枝"的"枝"误作"杖策"的"杖"；《世本》中有"容成造历（歷）"这句话，他却把"历（歷）"字，当作碓磨的"磨"字。

---

①起明：启明，启发使明白。

②师心自是：自以为是，固执己见。

③损惠：致谢别人馈送礼物所作的敬辞。

④反：反切。

⑤揰挏（chòng dòng）：上下撞击。

⑥酪酒：用马牛羊等乳汁制成的酒。

原文

谈说制文，援引古昔，必须眼学，勿信耳受。江南闾里①间，士大夫或不学问，羞为鄙朴，道听途说，强事饰辞：呼征质为周、郑，谓霍乱为博陆，上荆州必称陕西，下扬都言去海郡，言食则餬口②，道钱则孔方，问移则楚丘，论婚则宴尔，及王则无不仲宣，语刘则无不公干。凡有一二百件，传相祖述③，寻问莫知原由，施安④时复失所。庄生有乘时鹊起⑤之说，故谢朓诗曰："鹊起登吴台。"吾有一亲表，作《七夕》诗云："今夜吴台鹊，亦共往填河。"《罗浮山记》云："望平地，树如荠。"故戴暠诗云："长安树如荠。"又邺下有一人《咏树》诗云："遥望长安荠。"又尝见谓矜诞⑥为夸毗⑦，呼高年⑧为富有春秋⑨，皆耳学之过也。

译文

说话写文章，援引古代的例证，必须亲眼目睹，不要相信耳朵听来的。江南民间里巷，有许多士大夫不肯努力学习，又羞于被视为没有文化的粗鄙之人，就把一些道听途说的东西拿来装饰门面。比如：把征质说成周、郑，把霍乱称作博陆，上荆州一定要说成去陕西，下扬都则要说成去海郡，说吃饭就说餬口，提起金钱就说孔方，问起迁徙就说楚丘，论嫁谈婚就说宴尔，提到姓王的就说仲宣，谈起刘姓的就提公干。像这样的说法不下一二百种，士大夫们相互传袭，互相影响，如果向他们问这些说法的原因，没有一个能说出来；平时使用的时候，又用得不恰当。庄子有"乘时鹊起"的说法，因而谢朓作诗道："鹊起登吴台。"我有一位表亲，作了一首《七夕》诗，其中道："今夜吴台鹊，亦共往填河。"《罗浮山记》上说："望平地，树如荠。"于是戴暠的诗说："长安树如荠。"邺城也有个人在《咏树》中说："遥望长安荠。"我还曾经见过有人把矜诞解释成夸毗，把高年称为富有春秋，诸如此类都是过分相信耳朵，只凭听闻而造成的过失。

---

①闾里：里巷。

②餬口：吃东西。

③祖述：效法、遵循前人的说法、做法。

④施安：施用、使用。

⑤鹊起：指见机而作，后多为乘时运崛起之意。

⑥矜诞：自大，狂妄。

⑦夸毗：过分柔顺以取媚于人。

⑧高年：指年纪大。

⑨富有春秋：指年轻，春秋尚多。

原文

夫文字者，坟籍①根本。世之学徒，多不晓字：读"五经"者，是徐邈而非许慎；习赋诵者，信褚诠而忽吕忱；明《史记》者，专徐、邹而废篆籀②；学《汉书》者，悦应、苏③而略《苍》《雅》。不知书音是其枝叶，小学乃其宗系。至见服虔④、张揖音义则贵之，得《通俗》《广雅》而不屑。一手⑤之中，向背如此，况异代各人乎？

译文

文字是典籍的根本。世上从事学业的人，大多不精通字义：读"五经"的人，赞扬徐邈而非议许慎；学习辞赋的人，信服褚诠而忽略吕忱；通读《史记》的人，注重徐野民、邹诞生对音义的研究，却废弃了对小篆籀文的研究；学习《汉书》的人，欣赏应邵、苏林的注释，忽略了《苍颉篇》《尔雅》。他们不知语音只是字的枝叶，字义才是文字的根本。甚至有人见到服虔、张揖有关音义的书就十分看重，而对同样由他们所写的《通俗》《广雅》却不屑一顾。对同出一人之手的著作尚且如此厚此薄彼，何况对不同时代不同人的著作呢？

①坟籍：指书籍。

②篆籀（zhuàn zhòu）：古代书体。篆指小篆，籀指大篆。

③应、苏：指汉代学者应邵、魏朝学者苏林，二者皆注释过《汉书》。

④服虔：人名，东汉经学家、文字学家。

⑤一手：指出自同一个人的手笔。

原文

夫学者贵能博闻也。郡国山川，官位姓族，衣服饮食，器皿制度，皆欲根寻，得其原本；至于文字，忽不经怀，己身姓名，或多乖舛，纵得不误，亦未知所由。近世有人为子制名：兄弟皆山傍立字，而有名峙者；兄弟皆手傍立字，而有名机者；兄弟皆水傍立字，而有名凝者。名儒硕学，此例甚多。若有知吾钟之不调，一何可笑。

译文

求学的人都追求广学博闻。对于郡国山川、官位姓族、衣服饮食、器皿制度，他们都想寻根问底，弄清事物的源头；可是对于文字，他们却显得漫不经心，连自己的名字姓氏，也往往出现谬误，即使不出错误，也不知道它的由来。近代有些人为儿子起名：兄弟几个的名字用"山"字作偏旁的，却有取名为"峙"字的；兄弟几个的名字都是以"手"旁的，却有取名为"机"字的；兄弟几个的名字都以"水"旁命名的，却有取名为"凝"的。在那些名声很高的大学者中，这种例子很多。他们如果知道这与乐工听不出钟不协调的声音是一回事的话，就会明白这是多么的可笑。

原文

吾尝从齐主幸并州，自井陉关入上艾县，东数十里，有猎闾村。后百官受马粮在晋阳东百余里亢仇城侧。并不识二所本是何地，博求古今，皆未能晓。及检《字林》《韵集》，乃知猎闾是旧猎余聚，亢仇旧是馍饥亭，悉属上艾。时太原王劭欲撰乡邑记注，因此二名闻之，大喜。

译文

我曾经追随齐主到并州去，从井陉关进入上艾县，县东几十里外，有一个猎间村。后来，文武百官又曾在晋阳东距百余里的亢仇城旁接受马粮。大家都不知道这两个地方是哪里，查阅了大量的古今书籍，都没能弄明白。直到我翻阅了《字林》《韵集》，才知道猎间村就是以前的鸞余聚，亢仇城原先也被称作馒馼亭，两者都是隶属于上艾县。当时太原的王劭打算撰写乡邑记注，我把这两个地方的名称告诉了他，他非常高兴。

原文

吾初读《庄子》"蝹二首"，《韩非子》曰："虫有蝹者，一身两口，争食相龁①，遂相杀也。"茫然不识此字何音，逢人辄问，了无解者。案：《尔雅》诸书，蚕蛹名蝹，又非二首两口贪害之物。后见《古今字诂》，此亦古之虺②字，积年凝滞，豁然雾解③。

译文

我最初读《庄子》这本书，看到"蝹二首"这句话，《韩非子》中说："有一种虫叫蝹，一个身子两张嘴，为了争抢食物而互相咬，以致演变成互相残杀。"对其中的"蝹"字是什么读音，我一直不明白，于是便逢人就问，却没有一个人能够解释清楚。后来经查考：《尔雅》等书上说，蚕蛹名蝹，但蚕蛹并不是那种有两个嘴的贪残相害的动物。最后见了《古今字诂》，才知道这个"蝹"字也就是古代的"虺"字，多年来积滞在胸中的疑问，一下子就消散了。

①齘（hé）：咬。

②虺（huǐ）：古书上指毒蛇。

③雾解：像雾一样消散。

原文

尝游赵州，见柏人城北有一小水，土人亦不知名。后读城西门徐整碑云："洦流东指。"众皆不识。吾案《说文》，此字古魄字也，洦，浅水貌。此水汉来本无名矣，直以浅貌目之，或当即以洦为名乎？

译文

我曾经宦游赵州，看见柏人城北面有一条小河，连土生土长的当地人也不知它的名字。后来我读了西门徐整碑的碑文，上面说："洦流东指。"大家都不明白这句话是什么意思。我查阅《说文解字》，上面说这个"洦"字就是古代的"魄"字，洦，就是水浅的样子。这条河从汉代以来就没有名字，只是把它当作一条浅浅的小河来看待，或许应当就用这个"洦"字来给它命名吧？

原文

世中书翰①，多称勿勿，相承如此，不知所由，或有妄言此忽忽之残缺耳。案：《说文》："勿者，州里所建之旗也，象其柄及三斿②之形，所以趣③民事。故匆④遽者称为勿勿。"

译文

世人在书信中常写有"匆匆"这个词，历来相传都是这样写的，但不知它的来源。有人妄下断语说"匆匆"是"忽忽"的残缺字。后经查证：《说文解字》上说："勿，是乡里所树立的旗，其字形像旗杆和旗帜末端三条下垂的飘带的形状，这种旗是用来催促农民抓紧农事的。因而将紧迫匆忙称作'匆匆'。"

---

①书翰：书信、文书。

②斿（liú）：古时旌旗下垂着的飘带或其他饰物。

③趣：催促。

④匆（cōng）：急遽，匆促。

原文

吾在益州，与数人同坐，初晴日晃，见地上小光，问左右："此是何物？"有一蜀竖①就视，答云："是豆逼耳。"相顾愕然，不知所谓。命取将来，乃小豆也。穷访蜀士，呼粒为逼，时莫之解。吾云："《三苍》《说文》，此字白下为匕，皆训粒，《通俗文》音方力反。"众皆欢悟。

译文

在益州的时候，我曾经和几个人在一块闲聊，天刚放晴，阳光灿烂，我见地上有一小点亮光，就问身边的人："这是什么东西？"有一个蜀地的童仆走上前看，回答说："是豆逼。"大家互相惊愕地看着，不明白他说的是什么意思。我叫他取过来，看清原来是小豆。我几乎问遍了蜀地的人，问他们为什么把"粒"称作"逼"，可是没有人作出什么解释来。我告诉他们说："在《三苍》《说文》里，这个字就是'白'字下面加'匕'，都解释作'粒'。《通俗文》注音作方力反。"众人明白后都十分高兴。

———— -

①竖：童仆。

原文

　　愍楚友婿①窦如同从河州来，得一青鸟，驯养爱玩，举俗呼之为鹖②。吾曰："鹖出上党，数曾见之，色并黄黑，无驳杂也。故陈思王《鹖赋》云：'扬玄黄之劲羽。'"试检《说文》："䴔雀似鹖而青，出羌中。"《韵集》音介。此疑顿释。

译文

　　愍楚的连襟窦如同从河州回来，他从那里带回来一只青色的鸟，驯养赏玩很是得意，所有的族人都把它称为"鹖"。我说："鹖产自上党，我曾见过几次，它的羽毛全是黄黑色的，没有斑驳杂色。所以曹植的《鹖赋》说：'鹖扬起那黑黄色的劲翅。'"我试着翻检《说文解字》，书上说："䴔雀与鹖相似，但毛色是青的，出产于羌中。"《韵集》认为读音为"介"，这个疑问顿时就消除了。

原文

梁世有蔡朗者讳纯，既不涉学，遂呼莼①为露葵。面墙②之徒，递相仿效。承圣中，遣一士大夫聘齐，齐主客郎李恕问梁使曰："江南有露葵否？"答曰："露葵是莼，水乡所出。卿今食者绿葵菜耳。"李亦学问，但不测彼之深浅，乍闻无以核究③。

译文

梁朝有位学者蔡朗忌讳"纯"字，而且还不事学习，于是便把莼菜叫作露葵。那些不学无术之徒，也跟在后面盲目仿效。承圣年间，梁朝派出一位士大夫出使北齐，北齐的主客郎李恕问这位梁朝的使臣说："江南有露葵吗？"使臣回答说："露葵就是莼菜，那是水乡中出产的。您今天吃的是绿葵菜。"李恕也是有学问的人，只是吃不透对方学问的深浅，乍一听说也无法加以查究。

原文

思鲁等姨夫彭城刘灵，尝与吾坐，诸子侍焉。吾问儒行、敏行曰："凡字与咨议名同音者，其数多少，能尽识乎？"答曰："未之究也，请导示之。"吾曰："凡如此例，不预研检，忽见不识，误以问人，反为无赖^①所欺，不容易^②也。"因为说之，得五十许字。诸刘^③叹曰："不意乃尔！"若遂不知，亦为异事。

译文

思鲁他们的姨父是彭城的刘灵，他曾与我坐在一块闲聊，他的几个儿子在旁边陪着。我问儒行、敏行说："与你们父亲官号'咨议'同音的字，一共有多少？你们都能认识吗？"他们回答说："没有探究过这个问题，请您教导指示我们。"我说："凡是这一类的字，如果不提前翻检研究，临时看到又不认识，错拿去问人，反而会被小人欺侮，不能轻率对待啊。"于是我就给他们解答这个疑问，一共五十字左右。刘灵的儿子们感叹地说道："真没有想到会有那么多。"如果他们一直都不了解，那也确实是怪事。

---

①无赖：指撒泼放刁的人。

②易：轻率，草率。

③诸刘：刘灵的儿子们。

原文

校订书籍，亦何容易，自扬雄、刘向，方称此职

147

耳。观天下书未遍，不得妄下雌黄①。或彼以为非，此以为是；或本同末异；或两文皆欠，不可偏信一隅也。

译文

校订书籍，并不是一件容易的事，只有扬雄和刘向才算得上是胜任这一项工作的。如果没有读遍天下的书籍，就不能妄加修改校订。有时在这本书中是错的，在那本书里却认为它是对的；有时，开头的本子是相同的，后来的本子却出现分歧；有时，两种版本的同一处文字都不完全正确，所以不能偏信一种说法。

---

① 雌黄：矿物名称。柠檬黄色，有时微带浅褐色。古人校书、抄书常以雌黄涂改，因而改易文字就称为雌黄。

卷四
文章第九

本篇讲述的是系统的文学理论。颜之推把文学理论纳入家训，因此奠定了其在中国文学批评史上的地位。作者的文学理论表现为实用主义文章观，即为官处世、经世致用为尚的社会功用观，抑气克情的文章创作论和重理轻文的文章本质论。作者认为文章的源头是"五经"，各类文章都有用途。为文要内容第一，形式第二，要处理好文章的内容与形式的关系；文学创作过程不同于其他社会活动；好的文章"当以理致为心肾，气调为筋骨，事义为皮肤，华丽为冠冕"。作者提出了对子女的要求，要求子女继承家风，文章典正，不从流俗，写文章不能傲慢凌物，招致败损。作者还认为在文学创作过程中作家的素养尤为特殊和重要。作者对文学批评的方法也提出了自己的看法，即要以严谨的科学态度对待文学批评，作家要认识到文学批评的重要性，批评他人文章一定要做到评判准确，论述恰当。

原文

夫文章者，原出"五经"：诏命策檄①，生于《书》者也；序述论议②，生于《易》者也；歌咏赋颂③，生于《诗》者也；祭祀哀诔④，生于《礼》者也；书奏箴铭⑤，生于《春秋》者也。朝廷宪章⑥，军旅誓诰⑦，敷⑧显仁义，发明功德，牧民建国，施用多途。至于陶冶性灵，从容讽谏，入其滋味，亦乐事也。行有余力，则可习之。然而自古文人，多陷轻薄：屈原露才扬己，显暴君过；宋玉体貌容冶，见遇俳优；东方曼倩，滑稽不雅；司马长卿，窃赀⑨无操；王褒过章⑩《僮约》；扬雄德败《美新》；李陵降辱夷虏；刘歆反复莽世；傅毅党附权门；班固盗窃父史；赵元叔抗竦过度；冯敬通浮华擯压；马季长佞媚获诮⑪；蔡伯喈同恶受诛；吴质诋忤乡里；曹植悖慢犯法；杜笃乞假无厌；路粹隘狭已甚；陈琳实号粗疏；繁钦性无检格；刘桢屈强输作；王粲率躁见嫌；孔融、祢衡，诞傲致殒；杨修、丁廙，扇动取毙；阮籍无礼败俗；嵇康凌物凶终；傅玄忿斗免官；孙楚矜夸凌上；陆机犯顺履险；潘岳干没取危；颜延年负气摧黜；谢灵运空疏乱纪；王元长凶贼自诒；谢玄晖侮慢见及。凡此诸人，皆其翘秀⑫者，不能悉纪，大较如此。至于帝王，亦或未免。自昔天子而有才华者，唯汉武，魏太祖、文帝、明帝，宋孝武帝，皆负世议，非懿德之君也。自子游、子夏、荀况、孟轲、枚乘、贾谊、苏武、张衡、左思之俦，有盛名而免过患者，时复闻之，但其损败居多耳。每尝思之，原其所积，文章之体，标举兴会，发引性灵，使人矜伐，故忽于持操，果于进取。今世文士，此患弥切，一事惬当，一句清巧，神厉九霄，志凌千载，自吟自赏，不觉更有傍人。加以砂砾所伤，惨于矛戟，讽刺之祸，速乎风尘，深宜防虑，以保元吉。

译文

文章，出自"五经"：诏、命、策、檄，是从《尚书》中产生的；序、述、论、议，是从《易经》中产生的；歌、咏、赋、颂，是从《诗经》中产生的；祭、祀、哀、诔，是从《礼记》中产生的；书、奏、箴、铭，则是从《春秋》中产生的。朝廷的宪章，军中的誓、诰，扬显仁义，彰明功德，治理民众，建设国家，文章的用途是多种多样的。至于用文章来陶冶性情，或者对别人婉言相劝，或者深入体会其中的趣味，也是一件快乐的事情。假如还有能力，则可以学习一点这方面的东西。然而自古以来，文人大多陷于轻薄：屈原过于显露才华，表现自己，公开暴露君主的过失；宋玉体态容貌冶艳，被人视作俳优；东方朔言行过于滑稽，少有雅致；司马相如攫取钱财，没有操守；王褒的过失见于《僮约》；扬雄的品德坏于《美新》；李陵辱没身份，投降匈奴；刘歆在王莽执政时立场不坚定；傅毅依附权贵；班固剽窃父亲写的史书；赵壹过分恃才倨傲；冯衍华而不实，遭到排抑；马融谄媚权贵，遭到讥讽；蔡邕结交恶人，遭到惩罚；吴质仗势肆行无忌而触怒乡里；曹植傲慢无理触犯国法；杜笃向人借贷而不知满足；路粹心胸过分狭隘；陈琳确实粗率疏忽；繁钦生性不知检点；刘桢性格过分倔强，被罚作苦役；王粲轻率急躁，遭人厌恶；孔融、祢衡狂放傲慢，并因此被杀；杨修、丁廙煽动生事，自取灭亡；阮籍不守礼节，伤风败俗；嵇康盛气凌人，不得善终；傅玄负气争吵，被免官职；孙楚傲慢自负，触怒上司；陆机违背正道，自走险路；潘岳侥幸取利，自取危机；颜延之意气用事，因而被贬；谢灵运散漫粗疏，违背法纪；王融凶逆作乱，自己害了自己；谢朓侮慢别人，终于被杀。上述的这些人，都是文人中的佼佼者，都是出类拔萃的人物，其他的不能全数记取，大略都是这些。至于帝王，有的也未能避免这类毛病。从古到今，成为天子而又有才华的，只有汉武帝、魏太祖、魏文帝、魏明帝、宋孝武帝等数人，但他们都遭到世人的议论，不是完美的君主。至于像子游、子夏、荀况、孟轲、枚乘、贾谊、苏武、张衡、左思之类享有盛名而免于过失祸患的人，有时也能听到，但他们之间经历艰辛磨难的还是占多数。我曾常思考这个问题，推究当中的道理，文章的本质在于揭示兴趣感受、抒发人的灵性，容易使人恃才自负，故而疏忽操守，执着于名利。现在的文人，更容易犯这个毛病，一个典故用得恰当，一个句子说得清新奇巧，就会心神上达九霄云外，意气下凌千年，自我咏吟欣赏，不觉世上另有旁人。再加上言辞带给别人的伤害，会比矛戟造成的伤害更重；讽刺别人招来的祸患比大风来得更快，应该特别加以防范，以保洪福。

----

①诏命策檄：古代的四种文体，均为官方文书。
②序述论议：古代文体。序，指书籍或文章的序言。述，记人物生平事迹的文字。
③歌咏赋颂：古代诗体或韵文体名。歌、咏，诗歌。颂，用于赞颂的一种文章。

④祭祀哀诔（lěi）：古代哀祭类文体名。祭，祭文。祀，郊庙祭祀乐歌。哀，哀辞，用以哀悼死者，追述其生平。诔，亦为哀悼死者的文章。

⑤书奏箴铭：文体名。书奏，古时臣下向朝廷所上的书简和奏章。箴，用于规诫。铭，用于赞颂或警诫。

⑥宪章：制度典章。

⑦誓诰：誓，告诫将士或相互约束的言辞。诰，古代上级对下级号令训诫的文章。

⑧敷：阐发、宣扬。

⑨赀：通"资"，财物。

⑩章：显露。

⑪诮：讥讽。

⑫翘秀：优秀出众。

原文

学问有利钝，文章有巧拙。钝学累功，不妨精熟；拙文研思，终归蚩鄙。但成学士，自足为人。必乏天才，勿强操笔。吾见世人，至无才思，自谓清华，流布丑拙，亦以众矣，江南号为"詅痴符①"。近在并州，有一士族，好为可笑诗赋，诮撅邢、魏诸公，众共嘲弄，虚相赞说，便击牛酾②酒，招延声誉。其妻，明鉴妇人也，泣而谏之。此人叹曰："才华不为妻子所容，何况行路！"至死不觉。自见之谓明，此诚难也。

译文

做学问有聪明和迟钝之分，写文章有灵巧与拙劣之分。做学问迟钝的人只要肯刻苦用功，就可以达到精熟；写文章拙劣的人，即使钻研深究，也难免终归粗劣。只要能成为有学之士，就足以立世为人了。如果天生缺乏才情，请不要乱拿笔写文章。我见到世上的一些人，极其缺乏才思却认为自己的文章清新华丽，将其丑拙的文章四处传扬，这样的人也太多了，江南人称这些人为"詅痴符"。近来在并州，有一位士大夫，喜欢写一些可笑的诗赋，还嘲弄邢邵、魏收等人，大家一齐嘲弄他，假意夸奖他的诗赋，于是他就做东宴请大家，以扩大他的声名和赞誉。他的妻子是个明白事理的人，哭着规劝他，这个人却叹气说："我的才华连自己的妻子都不能承认，何况其他不相干的人呢！"到死也没有醒悟过来。自己能了解自己才叫明，那确实也是很难得的。

---

①詅（líng）痴符：古代方言。指没有才学又喜欢夸耀的人。詅：卖。
②酾（shī）：斟酒。

原文

学为文章，先谋亲友，得其评裁，知可施行，然后出手；慎勿师心自任①，取笑旁人也。自古执笔为文者，何可胜言。然至于宏丽精华，不过数十篇耳。但使不失体裁，辞意可观，便称才士；要须动俗盖世，亦俟河之清②乎！

译文

学写文章，先向亲朋好友征求意见，得到他们的评判，知道怎么写了，然后才动手写；千万不能由着性子自以为是，被别人所取笑。自古以来执笔写文章的人，哪里能说得完。然而能达到气势宏伟、华丽精美的文章，不过数十篇而已。只要写的文章不违背体裁结构，辞意值得一观，就可以称作才士了。如若一定要使自己的文章惊动流俗，压倒当世，怕也只有等黄河变清才有可能了。

原文

不屈二姓，夷、齐之节也；何事非君，伊、箕之义也。自春秋已来，家①有奔亡，国有吞灭，君臣固无常分矣；然而君子之交绝无恶声，一旦屈膝而事人，岂以存亡而改虑？陈孔璋居袁裁书，则呼操为豺狼；在魏制檄，则目绍为蛇虺②。在时君所命，不得自专，然亦文人之巨患也，当务从容消息③之。

译文

不屈身于另一个朝代，这是伯夷、叔齐的节操；对任何君王皆可侍奉，这是伊尹、箕子所行的道义。自从春秋以来，卿大夫的家族奔窜流亡，邦国被吞灭，国君与臣子之间也没有固定的名分了；然而君子之间绝交，不会相互辱骂，但屈膝侍奉别的君主，又怎么能因故主的存亡而改变自己的立场呢？陈琳在袁绍手下时，就把曹操称之为豺狼；而在曹操麾下时，却把袁绍称为毒蛇。当然这是当时君主的命令，自己不能作主，但这也是文人的大祸患，不能不仔细斟酌一番。

---

①家：指卿大夫及其家族。

②蛇虺（huǐ）：喻指凶狠残毒之人。

③消息：意为斟酌。

原文

或问扬雄曰："吾子少而好赋？"雄曰："然。童子雕虫篆刻，壮夫不为也。"余窃非之曰：虞舜歌《南风》之诗，周公作《鸱鸮》之咏，吉甫、史克《雅》《颂》之美者，未闻皆在幼年累德也。孔子曰："不学《诗》，无以言。""自卫返鲁，乐正，《雅》《颂》各得其所。"大明孝道，引《诗》证之。扬雄安敢忽之也？若论"诗人之赋丽以则，辞人之赋丽以淫①"，但知变之而已，又未知雄自为壮夫何如也？著《剧秦美新》，妄投于阁，周章②怖慑，不达天命，童子之为耳。桓谭以胜老子，葛洪以方仲尼，使人叹息。此人直以晓算术，解阴阳，故著《太玄经》，数子为所惑耳；其遗言余行，孙卿、屈原之不及，安敢望大圣③之清尘？且《太玄》今竟何用乎？不害覆酱瓿而已。

156

译文

　　有人问扬雄说："你小时候喜欢作诗吗？"扬雄回答说："是的。诗赋如同学童所练的虫书、刻符，成年人是不屑一顾的。"我私下反对他：虞舜歌吟的《南风》，周公所作的《鸱鸮》，吉甫、史克各有《雅》《颂》中的那些美好文章，但没听说这些是他们小时候写的而损害了他们的德行。孔子说："不学《诗》，就不能擅长辞令。"又说："我从卫国回到鲁国，对《诗》的乐章进行整理，使《雅》乐、《颂》乐各得其所。"孔子彰明孝道，就引用《诗》来验证。扬雄怎么能忽视这些呢？如果就他说的"诗人的赋华丽而合乎规则，辞人的赋华丽而淫滥"，这只不过表明扬雄懂得两者的差别而已，不知道扬雄自成年之后又做得怎么样呢。他写了《剧秦美新》，却糊里糊涂地从天禄阁上往下跳，惊慌失措，恐惧不安，不能通达天命，那才是小孩子的行为。桓谭认为扬雄胜过老子，葛洪将扬雄与孔子相提并论，实在是让人叹息。扬雄只不过是通晓术数，懂得阴阳之学，因而撰写了《太玄经》，那几个人就被他迷惑了；他的遗言余行，连荀子、屈原都赶不上，又怎敢和老子、孔子这样的大圣人相提并论呢？况且《太玄经》在今天又能有什么用呢？只不过让人用来盖酱缸而已。

---

①淫：过分。

②周章：惊惧的样子。

③大圣：德行高、品行好的人。

原文

齐世有席毗①者，清干②之士，官至行台尚书，嗤
鄙文学，嘲刘逖云："君辈辞藻，譬若荣华，须臾之玩，
非宏才也；岂比吾徒千丈松树，常有风霜，不可凋悴
矣！"刘应之曰："既有寒木，又发春华，何如也？"席
笑曰："可哉！"

译文

北齐有个叫席毗的大将，英明能干，官至行台尚书。他鄙视
文学，嘲笑刘逖说："你们这些人的辞藻文章，就好比开放的花朵
一般，只能供人赏玩片刻，不是栋梁之材；怎能比得上像我辈这
样的千丈高的松树呢，虽经历风霜，却不会枯败凋落。"刘逖回答
说："既是耐寒之树，又能开放春花，这种怎么样呢？"席毗笑着
说："那当然好！"

①席毗：人名，北朝北齐大将。
②清干：英明能干。

原文

凡为文章，犹人乘骐骥①，虽有逸气，当以衔勒制
之，勿使流乱轨躅②，放意填坑岸也。

译文

写文章就好像骑千里马，即使千里马有俊逸之气，还应当用

衔勒来控制它，不能放任自流，乱了轨迹，纵意而行，以至于要以身体填塞沟壑。

原文

文章当以理致^①为心肾，气调^②为筋骨，事义^③为皮肤，华丽为冠冕。今世相承，趋末弃本，率多浮艳。辞与理竞，辞胜而理伏；事与才争，事繁而才损。放逸者流宕而忘归，穿凿者补缀而不足。时俗如此，安能独违？但务去泰去甚耳。必有盛才重誉，改革体裁者，实吾所希。

译文

文章应该以义理意致为心肾，气质格调为筋骨，运用典实为皮肤，华丽辞藻为冠冕。如今文章世代相承，都是趋末弃本，而且大多过于浮艳。文辞与义理比较，文辞优美而义理薄弱；用典与才思相争，因用事繁复而才思受损。肆意飘逸的，虽然行文放荡轻快，却忘掉了文章的主旨。过于拘泥的，虽然补辑连缀勉强成篇，却是文采不足。现在的习俗都是这样，怎能独自违抗得了呢？但求不要过分就好了。如果真有一位才华横溢、声望极高的人出来改革文章体制，那实在是我所期望的。

原文

古人之文，宏材逸气，体度风格，去今实远；但缉缀①疏朴，未为密致耳。今世音律谐靡，章句偶对，讳避精详，贤于往昔多矣。宜以古之制裁为本，今之辞调为末，并须两存，不可偏弃也。

译文

古人的文章，才气宏大飘逸，其体度风格与今天的差别实在太大了；但古人在遣词造句方面，却粗疏质朴，不够周密详细。如今的文章，音律和谐，章句对称华美，避讳精密细详，在这方面比古人好多了。应该以古人的文章体制构架为根本，以今人的文辞音调为枝叶，二者共存，不可偏废任何一方。

原文

吾家世文章，甚为典正，不从流俗；梁孝元在蕃邸①时，撰《西府新文》，讫无一篇见录者，亦以不偶于世，无郑、卫之音故也。有诗赋铭诔书表启疏二十卷，吾兄弟始在草土②，并未得编次，便遭火荡尽，竟不传于世。衔酷茹恨，彻于心髓！操行见于《梁史·文士传》及孝元《怀旧志》。

译文

我先父的文章，非常典雅纯正，不同于流俗。梁孝元帝被封为湘东王时，撰写《西府新文》，先父的文章没有一篇被收录，这是因为他不迎合世人的口味，没有浮艳之文。先父留有诗、赋、铭、诔、书、表、启、疏等各种文体的文章共二十卷，我们兄弟当时在服丧期间，还没有来得及编辑整理，这些文章就遭逢火灾，被大火烧个精光，最终没能留传于后世。我的痛苦怨恨，深入心底！先父的操守品行载于《梁史·文士传》以及孝元帝的《怀旧志》。

---

① 蕃邸：王府。这里指梁元帝被封为湘东王。蕃，通"藩"。
② 草土：指居丧。

原文

沈隐侯①曰："文章当从三易：易见事，一也；易识字，二也；易读诵，三也。"邢子才常曰："沈侯文章，用事不使人觉，若胸臆语也。"深以此服之。祖孝徵亦尝谓吾曰："沈诗云：'崖倾护石髓。'此岂似用事邪？"

译文

沈约说："写文章应该遵从'三易'的原则：一是用典明白易懂；二是文字容易识认；三是易于诵读记忆。"邢子才常说："沈约的文章，用典录事别人觉察不出来，就好像直抒胸臆一样。"我为此而十分佩服他，祖孝徵也曾对我说："沈约的诗说：'崖倾护石髓。'这哪里像在用典啊？"

---

①沈隐侯：沈约，南朝梁文学家，字休文，吴兴武康人。

原文

邢子才、魏收俱有重名，时俗准的①，以为师匠。邢赏服沈约而轻任昉，魏爱慕任昉而毁沈约，每于谈宴，辞色以之。邺下纷纭，各有朋党。祖孝徵尝谓吾曰："任、沈之是非，乃邢、魏之优劣也。"

译文

邢子才、魏收都很有盛名，当时的人都以他们两个作为楷模，奉他们为宗师。邢子才欣赏钦佩沈约而轻视任昉，魏收仰慕任昉而诋毁沈约，他们在一起宴饮聊天时，常为此争得面红耳赤。邺城的人对此说法也不一，两人都有自己的拥护者。祖孝徵曾经对我说："任昉、沈约两人的是和非，实际上就反映了邢子才、魏收二人的优和劣。"

原文

《吴均集》有《破镜赋》。昔者，邑号朝歌，颜渊不舍；里名胜母，曾子敛襟：盖忌夫恶名之伤实也。破镜乃凶逆之兽，事见《汉书》，为文幸避此名也。比世往往见有和人诗者，题云敬同，《孝经》云："资于事父以事君而敬同。"不可轻言也。梁世费旭诗云："不知是耶非。"殷沄诗云："飘飓云母舟。"简文曰："旭既不识其父，沄又飘飓其母。"此虽悉古事，不可用也。世人或有文章引《诗》"伐鼓渊渊"者，《宋书》已有屡游之诮；如此流比，幸须避之。北面①事亲，别舅擿②《渭阳》之咏；堂上养老，送兄赋桓山之悲，皆大失也。举此一隅，触涂③宜慎。

译文

《吴均集》中有篇《破镜赋》。从前有个城邑名叫朝歌，颜渊就因为这个地名而不在那里停留；有个乡里名叫胜母，曾子到了这里，整整衣襟就走开了：他们大概是因为忌讳不好的名称会损坏事物原有的内涵。"破镜"是一种凶恶的野兽，它的出典见于《汉书》，写文章时希望你们避免用这一类的名称。近来常看到有应和别人诗作的人，在和诗的题目上写有"敬同"二字。《孝经》里说："资于事父以事君而敬同。"因此"敬同"这个词是不能随便用的。

梁代费旭的诗中说："不知是耶非。"殷沄的诗中说："飘飏云母舟。"
简文帝说："费旭既不认识他的父亲，殷沄又让他母亲到处飘荡。"
这些虽然都是过去的事，但也不可随意引用。有人在文章里引用
了《诗经》的"伐鼓渊渊"；《宋书》对这种不懂用反语的人曾予
以讥诮；诸如此类的词句，希望你们一定要避免使用。假如母亲
在世，在与舅舅分别时，却尽情吟唱《渭阳》；倘若父亲在堂，
送别兄长时，却以"桓山之鸟"来表达自己的悲伤，这些都是很
大的过失。举的这些例子只是一小部分，你们应该触类旁通，处
处谨慎。

---

①北面：面向北。古时，臣拜君、卑幼拜见长辈，要面向北行礼，因此居臣
下、晚辈之位称"北面"。
②摛（chī）：传布，舒展。
③触涂：也作"触途"，处处。

原文

江南文制①，欲人弹射②，知有病累，随即改之，
陈王得之于丁廙也。山东风俗，不通击难。吾初入邺，
遂尝以此忤人，至今为悔；汝曹必无轻议也。

译文

江南地区的人写文章，希望得到别人的批评指责，发现有毛
病，立刻加以修改。陈思王曹植就是从丁廙那里感受到这样的风
气的。崤山以东地区的风俗，不许别人对自己的文章进行抨击作

难。我刚来邺城的时候，就曾经因为批评别人的文章得罪他人，到现在还在为这件事后悔；你们千万不要轻率地议论别人的文章。

---

①文制：即制文，写文章。
②弹射：批评指责。

原文

凡代人为文，皆作彼语，理宜然矣。至于哀伤凶祸之辞，不可辄代。蔡邕为胡金盈作《母灵表①颂》曰："悲母氏之不永，然委我而凤丧。"又为胡颢作其父铭曰："葬我考②议郎君。"《袁三公颂》曰："猗欤③我祖，出自有妫。"王粲为潘文则《思亲诗》云："躬此劳瘁，鞠予小人；庶我显妣，克保遐年。"而并载乎邕、粲之集，此例甚众。古人之所行，今世以为讳。陈思王《武帝诔》，遂深永蛰之思；潘岳《悼亡赋》，乃怆手泽④之遗：是方父于虫，匹妇于考也。蔡邕《杨秉碑》云："统大麓之重。"潘尼《赠卢景宣诗》云："九五思龙飞。"孙楚《王骠骑诔》云："奄忽⑤登遐⑥。"陆机《父诔》云："亿兆宅心，敦叙⑦百揆。"《姊诔》云："伣天之和。"今为此言，则朝廷之罪人也。王粲《赠杨德祖诗》云："我君饯之，其乐泄泄。"不可妄施人子，况储君乎？

译文

凡是代替他人写文章，都要用他的语气，从道理上说必须这样。至于表达哀伤凶祸内容的文章，是不可以随便替人代笔的。蔡邕为胡金盈作《母灵表颂》道："悲母氏之不永，然委我而夙丧。"又为胡颢代笔为他父亲写墓志铭说："葬我考议郎君。"还有在《袁三公颂》上说："猗歟我祖，出自有妫。"王粲替潘文则写《思亲诗》道："躬此劳悴，鞠予小人；庶我显妣，克保遐年。"而这几篇文章都收在蔡邕、王粲的文集里，这样的例子是很多的。古人的这种做法，在现在看来是犯了忌讳的。陈思王曹植的《武帝诔》，以"永蛰"一词来表达他对亡父的深切怀念；潘岳的《悼亡赋》用"手泽"一词以抒发看见亡妻遗物而引起的悲伤：前者是将父亲比作永远冬眠的昆虫，后者则是将亡妻等同于亡父了。蔡邕的《杨秉碑》上说："统大麓之重。"潘尼的《赠卢景宣诗》上说："九五思飞龙。"孙楚的《王骠骑诔》上说："奄忽登遐。"陆机的《父诔》说："亿兆宅心，敦叙百揆。"《姊诔》说："倪天之和。"今天谁要是这样写，早成了朝廷的罪人了。王粲的《赠杨德祖诗》中说："我君饯之，其乐泄泄。"这种表示母子重归于好的话是不可以随便乱用于别人的儿女身上的，何况是太子呢？

---

①灵表：文体名，墓表的一种。

②考：对已亡父亲的称呼。

③猗歟：叹词，表示赞美。

④手泽：手汗。

⑤奄忽：迅疾。

⑥登遐：对死去之人的讳称。

⑦敦叙：亲厚而有序。

原文

挽歌辞者，或云古者《虞殡》①之歌，或云出自田横之客，皆为生者悼往告哀之意。陆平原多为死人自叹之言，诗格既无此例，又乖制作本意。

译文

挽歌辞，有的人说始于古代的《虞殡》之歌，有的说出自田横的门客，所有的挽歌辞都是活着的人用来追悼死者，以表哀伤之意的。陆机所作的挽歌大多是死者的自叹之言，挽歌的格式中没有这样的例子，这也背离了创作挽歌的本意。

---

① 《虞殡》：送葬歌曲。

原文

凡诗人之作，刺箴美颂，各有源流，未尝混杂，善恶同篇也。陆机为《齐讴篇》，前叙山川物产风教之盛，后章忽鄙山川之情，殊失厥体。其为《吴趋行》，何不陈子光、夫差乎？《京洛行》，胡不述赧王、灵帝乎？

译文

凡是诗人的作品，讽刺的，针砭的，歌颂的，赞美的，都各有其源流，从来没有将贬恶扬善的内容混杂在一处的。陆机作《齐讴篇》，前半部分是叙述山川的秀美和物产的丰盛以及当地民风的淳朴，后半部分忽然出现鄙薄山川的情绪，这也太背离了诗的体制了。既然这样，他写的《吴趋行》，为什么不说子光、夫差的事呢？写《京洛行》，又为什么不说说周赧王、汉灵帝的事呢？

原文

自古宏才博学，用事误者有矣；百家杂说，或有不同，书傥湮灭，后人不见，故未敢轻议之。今指知决纰缪者，略举一两端以为诫。《诗》云："有鹝雉鸣。"又曰："雉鸣求其牡。"《毛传》亦曰："鹝，雌雉声。"又云："雉之朝雊，尚求其雌。"郑玄注《月令》亦云："雊，雄雉鸣。"潘岳赋曰："雉鹝鹝以朝雊。"是则混杂其雄雌矣。《诗》云："孔怀兄弟。"孔，甚也；怀，思也，言甚可思也。陆机《与长沙顾母书》，述从祖弟士璜死，乃言："痛心拔脑，有如孔怀。"心既痛矣，即为甚思，何故方言有如也？观其此意，当谓亲兄弟为孔怀。《诗》云："父母孔迩。"而呼二亲为孔迩，于义通乎？《异物志》云："拥剑状如蟹，但一螯偏大尔。"何逊诗云："跃鱼如拥剑。"是不分鱼蟹也。《汉书》："御史府中列柏树，常有野乌数千，栖宿其上，晨去暮来，号朝夕乌。"而文士往往误作乌鸢用之。《抱朴子》说项曼都诈称得仙，自云："仙人以流霞一杯与我饮之，辄不饥渴。"而简文诗云："霞流抱朴碗。"亦犹郭象以惠施之辨为庄周言也。《后汉书》："囚司徒崔烈以银铛锁。"银铛，大锁也；世间多误作金银字。武烈太子亦是数千卷学士，尝作诗云："银锁三公脚，刀撞仆射头。"为俗所误。

168

译文

　　自古以来，那些才华横溢、博学多才的人，引用典故时出差错也是有的；诸子百家的杂说之语，有的对同一件事有不同的看法，这些书籍假若湮没，后人就看不到了，所以也不敢妄加评论。现在我只指出那些属于绝对错的，略举几个例子给你们借鉴。《诗经》里说："有鹭雉鸣。"又说"雉鸣求其牡。"《毛诗训传》里也说："鹭，是雌雉的鸣叫声。"《诗经》又说："雉之朝雊，尚求其雌。"郑玄注《月令》也说："雊，是雄雉的鸣叫声。"而潘岳赋里说："雉鹭鹭以朝雊。"这就是混淆了雄雌二者的区别了。《诗经》中说："孔怀兄弟。"孔，是非常的意思；怀，是思的意思。孔怀的意思是十分想念。陆机的《与长沙顾母书》，记述了其从祖弟陆士璜之死，却说："痛心拔脑，有如孔怀。"心中既然感到伤痛，自然是十分想念，为何还要说"有如"呢？看他此句的意思是把"孔怀"理解成亲兄弟了。《诗经》里说："父母孔迩。"按照陆机的用法，将父母称作"孔迩"，这能说得通吗？《异物志》中提到："拥剑状如蟹，但螯偏大尔。"何逊的诗却说："跃鱼如拥剑。"这是鱼和蟹不加区分了。《汉书》中提到："御史府中列柏树，常有野鸟数千，栖宿其上，晨来暮去，号朝夕鸟。"而文人们在引用时往往把它误作"乌鸢"。《抱朴子》说项曼都伪称遇上了仙人，自言道："仙人以流霞一杯与我饮之，辄不饥渴。"而简文帝的诗说："霞流抱朴碗。"这就像郭象将惠施辩论的话当作是庄周的话了。《后汉书》说："因司徒崔烈以银铛锁。"银铛，就是大的铁锁链；世人多把"银"字误作金银的"银"字。武烈太子也是读过数千卷书的学士了，他曾作诗说："银锁三公脚，刀撞仆射头。"这是受世俗的影响而造成的错误。

原文

文章地理，必须惬当。梁简文《雁门太守行》乃云："鹅军攻日逐[1]，燕骑荡康居，大宛归善马，小月送降书。"萧子晖《陇头水》云："天寒陇水急，散漫俱分泻，北注徂黄龙，东流会白马。"此亦明珠之颣[2]，美玉之瑕，宜慎之。

译文

文章中凡涉及地理的，必须恰当。梁简文帝《雁门太守行》中说："鹅军攻日逐，燕骑荡康居，大宛归善马，小月送降书。"萧子晖在《陇头水》中说："天寒陇水急，散漫俱分泻，北往徂黄龙，东流会白马。"这些可以说是明珠上的一点毛病，美玉上的一点瑕疵，也应该谨慎地对待。

---

[1]日逐：匈奴王号。后亦以泛称古代北方少数民族首领。

[2]颣（lèi）：缺点，毛病。

原文

王籍《入若耶溪》诗云："蝉噪林逾静，鸟鸣山更幽。"江南以为文外断绝，物无异议。简文吟咏，不能忘之，孝元讽味，以为不可复得，至《怀旧志》载于《籍传》。范阳卢询祖，邺下才俊，乃言："此不成语，何事于能？"魏收亦然其论。《诗》云："萧萧①马鸣，悠悠②旆旌。"《毛传》曰："言不喧哗也。"吾每叹此解有情致，籍诗生于此耳。

译文

王籍的《入若耶溪》中说："蝉噪林逾静，鸟鸣山更幽。"江南地区的人认为这是独一无二的诗句，没有人对此有另外的看法。简文帝吟咏之后，总不能忘怀。梁元帝常诵读回味，认为这诗句不可多得，以致在《怀旧志》中将这首诗载入《王籍传》。范阳卢询祖，是邺城的俊士雅人，他却说："这两句不能成为好的联语，为什么认为他有才能呢？"魏收也赞同这一观点。《诗经》中说："萧萧马鸣，悠悠旆旌。"《毛诗故训传》说："这是肃静不喧哗、嘈杂的意思。"我每次都叹服这个解释有情致。王籍的这一诗句就是由此产生的。

---

① 萧萧：冷落，没有生气。
② 悠悠：指旌旗下垂貌。

原文

兰陵萧悫，梁室上黄侯之子，工于篇什。尝有《秋诗》云："芙蓉露下落，杨柳月中疏。"时人未之赏也。吾爱其萧散，宛然在目。颍川荀仲举、琅邪诸葛汉，亦以为尔。而卢思道之徒，雅所不惬。

兰陵的萧悫，是梁上黄侯的儿子，擅长作文章。他曾经写有《秋诗》这首诗，诗中说："芙蓉露下落，杨柳月中疏。"当时那些人并不欣赏这两句诗。我却喜爱它的空远散淡，所描绘的景象宛然在眼前。颍川荀仲举、琅邪诸葛汉，也是这样认为的。但卢思道等人，不太满意这两句诗。

原文

何逊诗实为清巧，多形似之言；扬都论者，恨其每病苦辛，饶贫寒气，不及刘孝绰之雍容也。虽然，刘甚忌之，平生诵何诗，常云："'蓬车响北阙'，恫恫不道车。"又撰《诗苑》，止取何两篇，时人讥其不广。刘孝绰当时既有重名，无所与让；唯服谢朓，常以谢诗置几案间，动静辄讽味。简文爱陶渊明文，亦复如此。江南语曰："梁有三何，子朗最多。"三何者，逊及思澄、子朗也。子朗信饶清巧。思澄游庐山，每有佳篇，亦为冠绝。

译文

何逊的诗实在是清新奇巧，且有较多形象生动的语言；而扬都的评论者批评他的诗太多深思，用心太苦，多了衰冷萧瑟之意，不像刘孝绰的诗那样雍容闲和。即使是这样，刘孝绰还是很妒忌他，平时诵读他的诗句时，常说："'蓬车响北阙'，恫恫不道车。"他又撰写了《诗苑》一书，只收录了两首何逊的诗，当时的人都讥讽他不够大度。刘孝绰在那时已享有盛名，没有什么让他佩服的人了；他只佩服谢朓一个人，经常把谢朓的诗文放在几案之上，随时阅读玩味。梁简文帝喜欢陶渊明的文章，也常常这样做。江南有俗语说："梁有三何，子朗最多。""三何"是指何逊、何思澄、何子朗。何子朗的诗也追求清新奇巧。何思澄登游庐山常有佳作，也是当时冠绝一时的诗人。

名实第十

本篇以现实生活为例来阐述名与实的关系，主要讲名不副实的问题。"诚于此者形于彼"，内心的诚意，总会从外表显露出来。"人之虚实真伪在乎心，无不见乎迹，但察之未熟耳"，因此颜之推强调做人要真诚、正直、表里如一。作者认为，好的名声是由自己的"德艺周厚""修身慎行"而得来的，这是名副其实的好；而那些沽名钓誉者以不正当手段获取的虚名，是名不副实的，而且虚假的东西终归是要败露的。引导良好的社会风气应是每一个人的责任。子女应维护父祖所留下来的美名资产，而不是恣意败坏。

原文

名之与实，犹形之与影也。德艺周厚①，则名必善焉；容色姝丽，则影必美焉。今不修身而求令名于世者，犹貌甚恶而责妍影于镜也。上士忘名，中士立名，下士窃名。忘名者，体道合德，享鬼神之福佑，非所以求名也；立名者，修身慎行，惧荣观②之不显，非所以让名也；窃名者，厚貌深奸，干③浮华之虚称④，非所以得名也。

译文

名与实之间的关系，就像形体与影像之间的关系一样。德才周全深厚的人，他的名声必然是好的；容貌秀丽的人，他的影像也必然是美的。如今不修正身心，却企求在世上得到好名声的人，就像容貌丑陋却要求美丽的影像映显于镜中一样。最上等的人忘却名声，中等的人树立名声，下等的人窃取名声。忘却名声的人，内心体悟了"道"，行为符合了"德"，受到鬼神的赐福和保佑，所以他们用不着去求取名声；树立名声的人，修养身心谨慎行事，担心自己的荣名得不到显扬，所以他们是不会对名声谦让的；盗取名声的人，貌似忠厚，心怀奸诈，谋求浮华的虚名，所以他们是不能获得真正的名声的。

---

①德艺周厚：德艺，德行才艺；周厚，周洽笃厚。

②荣观：即荣名、荣誉。

③干：干求，谋求。

④虚称：虚名。

原文

人足所履，不过数寸，然而咫尺之途，必颠蹶于崖岸，拱把之梁①，每沉溺于川谷者，何哉？为其旁无余地故也。君子之立己，抑亦如之。至诚之言，人未能信；至洁之行，物或致疑，皆由言行声名，无余地也。吾每为人所毁，常以此自责。若能开方轨②之路，广造舟③之航，则仲由之言信，重于登坛④之盟，赵熹之降城，贤于折冲之将矣。

译文

人的双脚所踩的宽度，不过几寸，但是在尺把宽的小路上走，定会失足掉下山崖，跨过双手合抱粗的独木桥，也往往会落进河里，这是为什么呢？因为这些地方两边都没有空余的地方。君子立身处世的情况，和这个有些类似。最真诚的话，人们不一定会相信；最纯洁的行为，也有人会产生怀疑，这都是因为人的一言一行、声望名誉没有余地。我经常被人诋毁，常常因此而自我反省。如果在立身处世上能做到像走在平坦大道、宽广的浮桥上一样留有余地，那么你所说的话就像子路的语言一样，胜过诸侯会盟的誓言；你所做的事像赵熹劝降一城那样，胜过冲锋陷阵的大将军。

---

①拱把之梁：即独木桥。拱把，两只手合在一起叫拱，一只手握住叫把。梁，桥。

②方轨：车辆并行，这里指平坦的大道。

③造舟：在数只船上架上木板，搭成浮桥。

④登坛：这里指诸侯会盟。

原文

吾见世人，清名登而金贝①入，信誉显而然诺②亏，不知后之矛戟，毁前之干③橹④也。虙子贱⑤云："诚于此者形于彼。"人之虚实真伪在乎心，无不见乎迹，但察之未熟耳。一为察之所鉴，巧伪不如拙诚，承之以羞大矣。伯石让卿，王莽辞政，当于尔时，自以巧密；后人书之，留传万代，可为骨寒毛竖也。近有大贵，以孝著声，前后居丧，哀毁⑥逾制，亦足以高于人矣。而尝于苦块⑦之中，以巴豆涂脸，遂使成疮，表哭泣之过。左右童竖，不能掩之，益使外人谓其居处饮食，皆为不信。以一伪丧百诚者，乃贪名不已故也。

译文

我看到世界上很多人，有了清廉的名声就开始聚敛财富，有了重信誉的名声后就开始说话不算数了，这些人不知道他们后来的行为，会把前面辛辛苦苦建立的名声全毁掉。虑子贱说过："诚于此者形于彼。"人的虚假真实都发自内心，没有不流露在外面的，只是别人没有认真观察罢了。一旦被别人看出了真相，那么巧妙掩饰的虚假还不如笨拙不加掩饰的真实，因为由巧伪招来的羞辱太大了。伯石假意辞让卿位，王莽佯装交出权柄，自认为干得很巧妙，但真相还是被写在书上，流传千秋万代，可真是使后人感到毛骨悚然，心惊胆战啊。近年有一名大贵人，以孝敬父母著称，为父母服丧前后，表示哀痛心情的举动都超出了一般礼制的要求，也足以获得高于常人的名声了。但他居丧期间却用巴豆涂脸，特意造成病疮，给人造成哀痛悲泣过度而生疮的假象。左右侍奉的童子，却不能为他遮盖，于是真相败露，这反而使外人认为他服丧时的居住饮食等其他行为，全都不可相信。像这样因为做了一件虚假的行为，就抹杀了许多真实行为的结果，全都是由于无休无止地追求名誉而造成的。

---

①金贝：金钱、货币。

②然诺：许诺。

③干：抵御刀剑之类的小盾牌。

④橹：抵御矛戟的大盾牌。

⑤虙子贱：春秋时鲁国人，名不齐，孔子弟子。

⑥哀毁：哀痛使身体容貌都受到了损害。

⑦苫（shān）块：草垫、土块。古礼，居父母之丧时以草垫为席，土块为枕。

原文

有一士族，读书不过二三百卷，天才钝拙，而家世殷厚，雅自矜持，多以酒犊①珍玩，交诸名士，甘其饵者，递共吹嘘。朝廷以为文华，亦尝出境聘。东莱王韩晋明②笃好文学，疑彼制作，多非机杼③，遂设宴言，面相讨试。竟日欢谐，辞人满席，属音赋韵，命笔为诗，彼造次即成，了非向韵。众客各自沉吟，遂无觉者。韩退叹曰："果如所量！"韩又尝问曰："玉珽④杼上终葵⑤首，当作何形？"乃答云："珽头曲圜⑥，势如葵叶耳。"韩既有学，忍笑为吾说之。

译文

有一个士族出身的人，所读的书不超过二三百卷，天生鲁钝笨拙，可是家世富庶，于是就极力矜夸，常用酒肉珍宝结交名士。那些愿意接受他财物的人，便相继为他吹嘘。这致使朝廷也以为他有文才，曾聘他作为使节出使他国。东莱王韩晋明酷爱文学，怀疑这个士族的作品并非自己撰写，于是设宴当面向他请教试探。欢宴整日，座中皆为诗文名士，他们按声韵提笔赋诗。这个士族很快作好一首诗，但全不符合原来的风格韵味。别的客人各自沉吟作诗，没有人发现这一情况。韩晋明退席后感叹道："果然不出我所料。"韩晋明曾有一次问这士族说："玉珽杠上终葵首（即把玉珽从下往上削刮，上面留六寸为椎头），是什么形状？"他竟回答说："珽头弯曲圆润，就像葵叶的形状吧。"韩晋明是个有学问的人，忍着笑对我谈起这件事。

- -

①酒犊：酒和牛，此处指吃喝。
②韩晋明：北齐人，封东莱王，好学问。
③机杼：织布机。喻创作中构思的精巧。
④玉珽：玉笏，古代朝臣上朝时所用的玉制手板，书禀奏事宜等。
⑤终葵：一种捶击工具。
⑥曲圜：弯而圆。

原文

治点①子弟文章，以为声价，大弊事也。一则不可常继，终露其情；二则学者有凭，益不精励②。

译文

有些人常润饰修改自己子弟的文章，用以抬高他们的身价，这是一种不好的做法。一是不能永远为他们修改润色，迟早要露出真相；二是学习的人有所依凭，会更加懒惰不用功。

---

①治点：润饰修改文章。
②精励：精进奋发。

原文

邺下有一少年，出为襄国①令，颇自勉笃。公事经怀，每加抚恤，以求声誉。凡遣兵役，握手送离，或赍②梨枣饼饵，人人赠别，云："上命相烦，情所不忍；道路饥渴，以此见思。"民庶称之，不容于口。及迁为泗州③别驾④，此费日广，不可常周，一有伪情，触涂难继，功绩遂损败矣。

译文

邺城有一个年轻人，出任襄国县令，非常勤奋用心。处理公务时十分认真，对下面的人关怀体贴，想借此求取声誉。每当新兵出发，他总要与兵士握手送别，有时还送给他们梨、枣、大饼等食物，与每人都告别一番，说："因为执行上面的命令，要烦劳你们，我内心很不好受。路上难免饥渴，这些就算是我的一片心意吧。"百姓对他赞不绝口。等到他迁为泗州别驾，这类费用一天比一天增多，无法每次都遍赠食物，时间一长，势必会表露出虚情假意，就处处难以为继，原有的功绩名声也因此而毁坏了。

①襄国：古县名，在今邢台西南。

②赍（jī）：送。

③泗州：地名，在今安徽泗县。

④别驾：官名，州刺史的佐史。

原文

或问曰："夫神灭形消①，遗声余价，亦犹蝉壳蛇皮，兽远②鸟迹耳，何预于死者，而圣人以为名教③乎？"对曰："劝④也。劝其立名，则获其实。且劝一伯夷⑤，而千万人立清风矣；劝一季札⑥，而千万人立仁风矣；劝一柳下惠⑦，而千万人立贞风矣；劝一史鱼⑧，而千万人立直风矣。故圣人欲其鱼鳞凤翼⑨，杂沓参差，不绝于世，岂不弘哉？四海悠悠，皆慕名者，盖因其情而致其善耳。抑又论之，祖考之嘉名美誉，亦子孙之冕服墙宇⑩也，自古及今，获其庇荫者亦众矣。夫修善立名者，亦犹筑室树果，生则获其利，死则遗其泽。世之汲汲者，不达此意，若其与魂爽俱升，松柏偕茂者，惑矣哉！"

译文

有人问："人死之后形神俱消，留下的名声，也就像蝉蛇蜕化后的皮壳，像鸟兽经过后留下的踪迹一样，与死人有何关系，而圣人却为何用它来教化百姓呢？"回答说："是为了劝勉。劝勉人们树立名誉，就能得到实效。况且褒扬一个伯夷，千万人中就会形成清正的风气；褒扬一个季札，千万人中就会形成仁爱的风气；褒扬一个柳下惠，千万人中就会形成贞操的风气；褒扬一个史鱼，千万人中就会形成正直的风气。所以圣人希望这类美名可以令人们竞相效仿，从而绵绵不绝，流传在世上，其意义不是很大吗？天地如此之大，人们无不仰慕美名，大概是因为人的性情都喜欢善的东西。再说，祖先的好名声，对子孙来说就像是冠冕华堂，自古至今，获得祖先声誉荫庇的人实在太多了。多行善事，树立名誉，就如同造房和种树，在生时能获得它的利益，去世后又能泽被后世。世上的庸人，不明白这个道理，如果他们与那些美名和灵魂一同升华，与松柏一样万古长青的贤人相比，实在是太笨了。"

---

①神灭形消：指死去。

②迒（háng）：兽迹。

③名教：名声与教化。此处指用名教来化育人。

④劝：勉励，鼓励。

⑤伯夷：商孤竹君之子，因不食周粟而饿死于首阳山，是古代高风亮节的人。

⑥季札：春秋时吴国公子，吴王欲传其位，季札辞让不受。

⑦柳下惠：春秋时鲁国大夫展禽，以品行高洁而著称。

⑧史鱼：春秋时卫国大夫，以正直敢谏著称。

⑨鱼鳞凤翼：喻众多。

⑩冕服墙宇：衣帽房屋，代指上辈留下的遗产。

涉务第十一

涉务是指专心致力于世务，就是办实事的意思。本文体现作者的经世主张。当时的社会，长期的养尊处优、重文轻武，使士大夫"肤脆骨柔，不堪行步，体羸气弱，不耐寒暑"。作者针对这个现实，提出了士君子活在世上，应以能够有益于国家为贵，而不只是高谈虚论，弹琴练字，浪费人君的奉禄官位。作者还认为人要学成一技，长于一术，应该具有"应世经务"的才能，注重实际事务，特别是要懂得农业是国家根本，要重视农业，这样才能有利于国家，有利于自己。

原文

士君子之处世，贵能有益于物耳，不徒高谈虚论，左琴右书①，以费人君禄位也。国之用材，大较不过六事：一则朝廷之臣，取其鉴达治体②，经纶博雅；二则文史之臣，取其著述宪章，不忘前古；三则军旅之臣，取其断决有谋，强干习事；四则藩屏之臣，取其明练风俗，清白爱民；五则使命之臣，取其识变从宜，不辱君命③；六则兴造之臣，取其程功④节费，开略有术，此则皆勤学守行者所能办也。人性有长短，岂责具美于六涂⑤哉？但当皆晓指趣⑥，能守一职，便无愧耳。

译文

士大夫立身处世，贵在能做一些有益他人的事情，不能只是高谈阔论，左边摆着琴，右边放着书，虚耗君主赐给他的俸禄职位。国家使用人才，大体上不外乎六个方面：第一是在朝廷处理政务的大臣，需要他们熟悉治国的体制纲要，能规划处理国家大事，学问广博，品德高尚；第二是掌管文史的大臣，需要他们擅长写作各种典章法令，不忘前代的经验教训；第三是统领军队的大臣，需要他们多谋善断，果决强干，熟悉用兵之事；第四是镇守地方的大臣，需要他们熟知地方的风俗民情，为政清廉，爱护百姓；第五是出使外国的大臣，需要他们机敏灵活，随机应变，不辱君主的使命；第六是负责建筑营造的大臣，需要他们度量工程所需开支，能够少花钱多办事。以上这些要求，都是学习勤奋、品行端正谨慎的人所能做到的。每人的性格都各有不同，难道还能要求人同时具备这六个方面的才能吗？人只要在这些方面都可明白其要旨，而又能在某个职位上尽自己的责任，就完全可以无愧于世了。

①左琴右书：古人往往琴书并言，认为是士大夫的风雅之事。"左""右"用来修饰同一类行为。
②治体：指国家的体制、法度。
③不辱君命：不使君命受到折辱，也就是完成使命之意。

④程功：衡量功绩，计算完成工程的进度。

⑤涂：通"途"。

⑥指趣：即"旨趣"。指，通"旨"。

原文

吾见世中文学之士，品藻①古今，若指诸掌，及有试用，多无所堪。居承平之世，不知有丧乱之祸；处庙堂之下，不知有战陈之急；保俸禄之资，不知有耕稼之苦；肆吏民之上，不知有劳役之勤，故难可以应世经务也。晋朝南渡②，优借士族；故江南冠带③有才干者，擢为令仆已下尚书郎中书舍人已上，典掌机要。其余文义之士，多迂诞浮华，不涉世务；纤微过失，又惜行捶楚，所以处于清高，盖护其短也。至于台阁令史，主书监帅，诸王签省，并晓习吏用，济办时须，纵有小人之态，皆可鞭杖肃督，故多见委使，盖用其长也。人每不自量，举世怨梁武帝父子爱小人而疏士大夫，此亦眼不能见其睫耳。

译文

我看世上的文士，品评古今，好像指点掌中之物一样，头头是道，但等到要让他们去处理实际事务时，却多数不能胜任。他们生活在太平时代，不知道有丧国乱民的灾祸；他们身在朝堂之上，不知道战争激斗的危急；他们有可靠的俸禄收入，不知道百姓耕种庄稼的艰辛；恣行肆意于吏民头上，不知道有从事劳役的人的奔波之苦，所以他们很难应对时世和处理政务。晋南渡后，朝廷优待宽容士族；所以江南的文士缙绅中有才能的，就被提升到尚书令、尚书仆射以下，尚书郎、中书舍人以上的官职，执掌国家机要。其余那些稍懂文义的人，大都迂腐荒诞浮华，不会处理世务；即使他们犯有一些小过失，也不好施以杖责刑罚，所以只好把他们安置在名高职轻的位置上，以此来掩盖他们的短处。至于台阁令史、主书、监帅、诸王的典签、省事，担任这一类职务的人都通晓官吏的那一套工作，能处理实际事务，适应需要。他们即使有粗鄙小人常犯的种种毛病，也完全可以施以鞭杖刑罚督打。所以这类职务反倒大力委派给地位低下的人去做，以发挥他们的长处。人们往往没有自知之明，世人都埋怨梁武帝父子喜欢任用粗鄙小人，却疏远士大夫，这就和眼睛不能看见自己的睫毛的道理是相同的。

①品藻：评议，鉴定等级。
②晋朝南渡：指建武元年（317年）西晋灭亡，司马睿南渡并在建康建立东晋一事。
③冠带：士族、缙绅的代称，以其戴冠束带故称。

原文

梁世士大夫，皆尚褒衣博带，大冠高履，出则车舆，入则扶侍，郊郭之内，无乘马者。周弘正为宣城王①所爱，给一果下马②，常服御之，举朝以为放达③。至乃尚书郎乘马，则纠劾之。及侯景之乱，肤脆骨柔，不堪行步，体羸气弱，不耐寒暑，坐死仓猝者，往往而然。

建康令王复，性既儒雅，未尝乘骑，见马嘶喷陆梁④，莫不震慑，乃谓人曰："正是虎，何故名为马乎？"其风俗至此。

译文

梁朝的士大夫，都喜欢穿肥大的衣服，系宽阔的带子，戴高帽子，穿厚底鞋，出门就坐马车或轿子，进屋就有仆人搀扶侍候，无论在城里还是市郊，都没有士大夫骑马。周弘正被宣城王宠幸，宣城王专门赐他一匹果下马。周弘正经常出门乘骑这匹小马，结果满朝士大夫都认为他的行为狂放不羁。以至于当时尚书郎如果骑马，就会受到弹劾。侯景之乱爆发，士大夫们皮肤脆嫩，骨头酥软，连路也走不了，身体羸弱，气喘如牛，更经不住气候的冷热变化，结果仓促之间一命呜呼的，到处都是。建康令王复，性情儒雅，从没有骑过马，见到马嘶鸣跳跃的样子，就吓得魂飞魄散，他于是对人说："这不是老虎吗？为什么叫作马呢？"当时的风俗竟然坏到了这种地步。

①宣城王：指南朝梁简文帝嫡长子萧大器。武帝时受封宣城郡王。简文帝即位后，为太子。后死于侯景之乱，谥哀太子。

②果下马：一种矮小的马，高仅约三尺，骑上它能在果树下行走，故有此称。南朝时供富贵人平时乘坐。

③放达：率性而为，不为世俗礼法所拘束。

④陆梁：跳跃。

原文

古人欲知稼穑①之艰难，斯盖贵谷务本②之道也。夫食为民天，民非食不生矣，三日不粒，父子不能相存。耕种之，莳鉏之，刈获之，载积之，打拂之，簸扬之，凡几涉手，而入仓廪，安可轻农事而贵末业哉？江南朝士，因晋中兴，南渡江，卒为羁旅，至今八九世，未有力田，悉资俸禄而食耳。假令有者，皆信僮仆为之，未尝目观起一坺③土，耘一株苗；不知几月当下，几月当收，安识世间余务乎？故治官则不了④，营家则不办，皆优闲之过也。

译文

古人亲自耕种是为了体验务农的艰辛，这是使人珍惜粮食、重视农业劳动的方法。民以食为天，百姓不吃饭就不能生存，如果三天不吃饭，就连父子之间也没有力气互相照顾。一茬庄稼的收获，要耕种、除草、收割、运载储存、脱粒、扬谷，经过许多道工序，粮食才能入仓，如此这样，怎可轻视农业而重视商业呢？江南朝廷的士大夫们，因晋朝的中兴，渡江南来，最终客居此地，至今已有八九代了，还从没有从事过农业生产，全靠俸禄过活。即使他们占有一些土地，都是靠童仆们来耕种，自己未见过翻一垄土，也没给一株苗除过草，不知道哪个月该下种，哪个月该收获，如此又怎能知道世上的其他事务呢？所以他们如果做官则不明为官之道，治家则不会经营，这些都是生活优裕闲适所带来的过错啊。

①稼穑：指农事。

②本：指农业，与下文“末业”相对。

③坺（bá）：指耕地时翻起的土块。

④不了：不晓事。此指不明为官之道。

卷五

省事第十二

本篇的写作目的在于警示后人要谨言省事。省事，就是要省些事，有些事不该做，不必做。作者反复教导子孙为官之道在于"上书陈事""思不出位"，并且引用周朝太庙前铜人上的一句铭文"无多言，多言多败；无多事，多事多患"，干好分内的事，"爵禄不登，信由天命"，不可逾规。作者认为保身"先须虑祸"，虑祸则须修德，这是安身立命的前提。而谨言省事正是达到这个目的的一个手段。谨言省事是颜之推能"苟全性命于乱世"的一个诀窍，也是他的一种处世智慧、处世哲学。作者针对当时一些士大夫"须求趋竞，不顾羞惭，比较材能，斟量功伐，厉色扬声，东怨西怒"的丑恶现状，要求子女们"守道崇德，蓄价待时"，"肠不可冷，腹不可热，当以仁义为节文尔"。

原文

铭金人云："无多言，多言多败；无多事，多事多患。"至哉斯戒也！能走者夺其翼，善飞者减其指，有角者无上齿，丰后者无前足，盖天道不使物有兼焉也。古人云："多为少善，不如执一；鼫鼠①五能，不成伎术。"近世有两人②，朗悟士也，性多营综③，略无成名，经不足以待问，史不足以讨论，文章无可传于集录，书迹未堪以留爱玩，卜筮④射六得三，医药治十差五，音乐在数十人下，弓矢在千百人中，天文、画绘、棋博⑤，鲜卑语、胡书⑥，煎胡桃油⑦，炼锡为银，如此之类，略得梗概，皆不通熟。惜乎！以彼神明，若省其异端，当精妙也。

译文

周朝的太庙前有一铜人，背上铭文说："不要多话，多话多受损；不要多事，多事多祸患。"这个训诫真是太对了！能奔跑的没有长翅膀，能飞行的没有前爪，头生双角的嘴里没有上齿，后肢发达的前肢退化，这大概是自然的法则让它们不能兼有各种长处吧。古人说："做得多但做好的不多，那就干脆专心做好一件事；鼯鼠有五种本事，却没有一件能称之为技术的。"近世有两个人，都是聪明人，善于经营综理，涉猎很广，却没有一样能为自己树立名声的。他们的经学经不起人家的提问，史学也不足同别人进行讨论，文章够不上辑集流传，墨迹也不值得留存赏玩，给别人卜筮六次才中三次，为别人治病十个才治好五个，音乐水平在数十人之下，射箭的技术在千百人之中，天文、绘画、棋博，鲜卑语、胡书，煎胡桃油，炼锡为银，诸如此类，都是懂得大概，不能精通熟练。可惜啊！以他们的灵气和聪明，如果能领悟到那些都是末技小道，专习于一种，应该会达到很精妙的程度。

①鼫（shí）鼠：又称"五技鼠"。

②两人：前人以为是祖珽、徐之才。

③营综：经营综理。

④卜筮：古人预测吉凶，以龟甲为占称卜，用蓍草称筮。

⑤棋博：棋，围棋。博，六博。

⑥胡书：少数民族文字。

⑦胡桃油：北朝人作画的一种材料。

原文

上书陈事，起自战国，逮于两汉，风流①弥广。原其体度：攻人主之长短，谏诤之徒也；讦群臣之得失，讼诉之类也；陈国家之利害，对策②之伍也；带私情之与夺，游说之俦也。总此四涂，贾诚③以求位，鬻言以干禄。或无丝毫之益，而有不省之困，幸而感悟人主，为时所纳，初获不赀之赏，终陷不测之诛，则严助、朱买臣、吾丘寿王、主父偃之类甚众。良史所书，盖取其狂狷一介④，论政得失耳，非士君子守法度者所为也。今世所睹，怀瑾瑜⑤而握兰桂⑥者，悉耻为之。守门诣阙，献书言计，率多空薄，高自矜夸，无经略之大体，咸秕糠⑦之微事，十条之中，一不足采，纵合时务，已漏先觉，非谓不知，但患知而不行耳。或被发奸私，面相酬证，事途回穴，翻惧愆尤⑧；人主外护声教，脱⑨加含养，此乃侥幸之徒，不足与比肩也。

译文

向君主上书陈事，这种风气起自战国，到汉代这种遗风流行更广。探究它的体制：指责君主短长的属谏诤一类；攻击群臣得失的属讼诉一类；陈述国家利害的属对策一类；以个人的感情来阿附裁夺的属游说一类。总的说来，这四种情况，都是靠出卖忠诚以谋取职位，靠出卖言论以求取利禄。他们陈述的意见可能没有什么好处，反而可能带来不被君主理解的麻烦，即使有幸打动了君主，被及时采纳，开始可能得到无数的赏赐，但最终还是难逃无法预测的诛杀，像严助、朱买臣、吾丘寿王、主父偃这样的人不在少数。有学问的史官所记录的只是取其狂狷耿介、敢于评论时政得失罢了，但这不是士大夫君子和守法度之人所做的事。我们现在看到的怀才抱德之士，都是耻于做这种事的。守在门庭趋于宫阙向君主上书的人，大多是才疏学浅，为人浅薄，自我吹捧，没有策划处理国事能力的，他们所做的尽是些琐碎的事，十条对策中一条也不值得采纳，即使有些是合乎当前时务的，那也是君主早就认识到的，不是君主不知道，只怕是知道了而不能实行而已。有的上书人被揭发怀有奸诈谋私之事，当面与人对质，他们因为事情变化无常，反而担心自己会获罪。君主为了对外维护朝廷的声威教化，可能对他们给予包涵，但这些都只是侥幸之徒，是不值得让正人君子和他们并肩为伍的。

---

① 风流：遗风，流风遗韵。

② 对策：应诏而陈政。

③ 贾诚：出卖忠心。

④一介：耿介。

⑤瑾瑜：美玉。

⑥兰桂：香草和桂花。喻怀才抱德之士。

⑦秕糠：喻琐碎。

⑧怨尤：罪过。

⑨脱：或许，或然。

原文

谏诤之徒，以正人君之失尔，必在得言之地，当尽匡赞之规，不容苟免偷安，垂头塞耳；至于就养①有方，思不出位，干非其任，斯则罪人。故《表记》②云："事君，远而谏，则谄也；近而不谏，则尸利③也。"《论语》曰："未信而谏，人以为谤己也。"

译文

处于谏诤之位的人，是要纠正君主过失的，必须在该说话的地方，尽其辅佐的责任，不容许苟且偷安，低头塞耳装不知道。至于侍奉君主应该有自己的方法，考虑问题不要超出自己职位范围，如果去干不是自己职责范围之内的事情，有可能成为朝廷的罪人。所以《礼记·表记》中说："侍奉君主，关系疏远却要去进谏，那么这种行为就有谄媚的嫌疑；如果关系密切而不去进谏，那就是只受禄而不尽职的人了。"《论语》说："没有取得信任而去进谏，君主就会认为你在讥谤他。"

原文

君子当守道崇德，蓄价^①待时，爵禄不登，信由天命。须求^②趋竞，不顾羞惭，比较材能，斟量功伐，厉色扬声，东怨西怒；或有劫持宰相瑕疵，而获酬谢，或有喧聒时人视听，求见发遣；以此得官，谓为才力，何异盗食致饱，窃衣取温哉！世见躁竞^③得官者，便谓"弗索何获"；不知时运之来，不求亦至也。见静退未遇者，便谓"弗为胡成"；不知风云不与，徒求无益也。凡不求而自得，求而不得者，焉可胜算乎！

译文

君子应当操守正道，崇尚德行，蓄积声望，以待时机，就算不能得到高官厚禄，也应该听从天命的安排。要是自己去索求奔走，不顾羞耻，跟别人比较才能，计量功劳高低，声色俱厉，怨东怒西；或以宰相的缺点作为要挟的根据，凭此取得酬谢，或在人面前喧腾叫嚷以混淆视听，以求早日被起用；靠这些手段取得官职，认为是有能力，这和肚子饿时偷吃，寒冷时偷衣有什么分别呢？世人见到那些到处奔走求谒的人取得官职，便说"不去索取哪里可以获得"；他们不知道时运到来的时候，不去求自然也会来。看见那些心静谦虚的人没有受到重用，便说"不去争取怎么可以成功呢"；他们不知道时机未到，白白地追求是没用的。所以说，凡不索求而获得的人，索求而不获得的人，多得数也数不清。

原文

齐之季世①，多以财货托附外家，喧动女谒②。拜守宰者，印组光华，车骑辉赫，荣兼九族，取贵一时。而为执政所患，随而伺察，既以利得，必以利殆，微染风尘，便乖肃正，坑阱殊深，疮痏③未复，纵得免死，莫不破家，然后噬脐④，亦复何及。吾自南及北，未尝一言与时人论身分也，不能通达，亦无尤焉。

译文

北齐王朝的末世，许多人用财物贿赂依附外戚权贵，通过宫中得宠女性，进行请求。一旦被授为地方长官，则官印绶带，光艳华丽，车马显赫，荣耀遍及九族，富贵取于一时。但是这些人往往被执政者厌恶，接着的便是窥视考察。靠钱财求得的好处，也会因此而遭受危险；稍微沾染世俗不洁之事，就会违背严肃公正的原则；陷阱是很深的，受的创伤难以恢复，即使可以免于一死，但家庭却破裂了，然后才后悔莫及，又有什么用。我从南方到北方，从来未跟别人谈起我身份地位的问题，虽然不能通显发达，却也不怨天尤人。

原文

王子晋①云："佐饔得尝，佐斗得伤。"此言为善则预，为恶则去，不欲党人②非义之事也。凡损于物，皆无与焉。然而穷鸟入怀③，仁人所悯；况死士归我，当弃之乎？伍员之托渔舟，季布之入广柳，孔融之藏张俭，孙嵩之匿赵岐，前代之所贵，而吾之所行也，以此得罪，甘心瞑目。至如郭解之代人报仇，灌夫之横怒求地，游侠之徒，非君子之所为也。如有逆乱之行，得罪于君亲者，又不足恤焉。亲友之迫危难也，家财己力，当无所吝；若横生图计，无理请谒，非吾教也。墨翟④之徒，世谓热腹，杨朱⑤之侣，世谓冷肠；肠不可冷，腹不可热，当以仁义为节文尔。

译文

王子晋说："帮人做饭能吃到佳肴，帮人打架却会受到伤害。"这话说的是看到好事要参与，看到坏事要避开，不要与别人结伙干不义的事情。凡是对人有害的事，都不要参加。然而无处可栖的小鸟投入人的怀抱，仁慈的人都会可怜它，更何况敢死的义士投靠我，我又如何能舍弃他？伍子胥被渔夫摆渡相救，季布被人藏于广柳车之中，孔融掩护张俭，孙嵩隐藏赵岐，这都是前人所崇尚的行为，也是我所奉行的，就算因此而获罪，我也心甘情愿，死而瞑目。至于像郭解那样替人报仇，灌夫为人怒责田蚡索求田地，是游侠之士所做的事情，不应是君子所为。如果有谋逆叛乱的行为，受到君主和亲友的惩罚和怪罪，就不值得同情了。亲友危难之时，自己的财产和能力是不应有所吝惜的；如果有人心怀不轨，提出一些无理要求，我是没有教你们去怜悯他们的。墨子这类的人，世人认为他们是热心肠；杨朱这类人，世人认为他们是冷心肠。心肠太冷不好，太热也不好，应当遵循仁义、礼制来节制。

----

①王子晋：周灵王太子。

②党人：结伙。

③穷鸟入怀：无处可栖的鸟被迫投入人的怀抱。喻处境困难而投依别人。

④墨翟：墨子。

⑤杨朱：战国初哲学家，魏国人。

原文

前在修文令曹，有山东学士与关中太史竞历①，凡十余人，纷纭累岁，内史牒付议官平之。吾执论曰："大抵诸儒所争，四分并减分两家尔。历象之要，可以晷景②测之；今验其分至③薄蚀，则四分疏而减分密。疏者则称政令有宽猛，运行致盈缩，非算之失也；密者则云日月有迟速，以术求之，预知其度④，无灾祥也。用疏则藏奸而不信，用密则任数而违经。且议官所知，不能精于讼者，以浅裁深，安有肯服？既非格令⑤所司，幸勿当也。"举曹贵贱，咸以为然。有一礼官，耻为此让，苦欲留连，强加考核。机杼⑥既薄，无以测量，还复采访讼人，窥望长短，朝夕聚议，寒暑烦劳，背春涉冬，竟无予夺，怨诮滋生，赧然而退，终为内史所迫：此好名之辱也。

译文

以前我在修文令曹时，有山东学士和关中太史争论历法，一共几十个人参与争论，数年说法纷纭，内史下公文交付议官去平息纷争。我发表议论说："大概大家所争论的是'四分历'和'减分历'两家。观测推算天体运行的关键，可以通过日影来计算。现在根据春分、秋分、夏至、冬至、日食、月食来验证，就可以看得出'四分历'较疏略，而'减分历'又过于细密。主张疏略的一方认为政令有宽猛之别，天体的运行不断变化，自然会导致长短之分，并不是历法计算的差误。主张细密的认为日月运行虽然有快慢，用正确的方法计算，可以预先知道它们运行的度次，不存在灾祥之说。采用疏略的'四分历'可能隐藏奸邪，不可信；采用细密的'减分历'虽然顺应天数，但却违背经义。况且议官所知道的天文知识，并不能比争论双方精通。让才识浅薄的人去评审才识深的人，怎么有人肯服呢？既然不是律令所掌管的，最好不要去裁决。"令曹上下，都认为我说的有道理。有一个礼官，却以这种让步为耻，苦苦不肯放手，想尽办法加以验核。但他才疏学浅，没有办法去测量，只好不断去采访争论双方，想靠这样分出优劣，他们时时聚在一起议论，历暑经寒，不厌其烦，由春至冬，竟然还是无法裁夺，并引来了抱怨和嘲笑，他也只好羞愧告退，最终受到内史的斥责：这就是喜好名声带来的耻辱。

①竞历：争论历法。

②晷（guǐ）景：日晷上晷表的投影，也就是日影。

③分至：春分、秋分、夏至、冬至。

④度：日月星辰运行的度次。

⑤格令：律令。

⑥机杼：胸臆。

止足第十三

　　止足就是既要满足又要知止，积财、积官都要有个限度。本篇中，颜之推反复教训子孙，天地虽大，尚有其极，人心虽小，欲望无穷；欲不可纵，志不可满。从古至今，上演了多少人为财死的悲剧，不知足者，富贵亦忧。因而作者认为持家"常以二十口家，奴婢盛多，不可出二十人，良田十顷，堂室才蔽风雨，车马仅代杖策"，超过这个限度，应该仗义疏财；没有达到这个程度的，切勿用不正当的方法来求取。既要躬俭节约，不吝啬小气；也要乐善好施，不铺张浪费，"凡事取中，方为正道"。要学会清心寡欲，节欲知足。作者因此提出了安身立命、保全门户的重要方法，认为只有克服自己无限膨胀的欲望，学会谦虚淡泊，才能免除祸害，长久立于人世。

　　原文

　　《礼》云："欲不可纵，志不可满。"宇宙可臻其极，情性不知其穷，唯在少欲知足，为立涯限①尔。先祖靖侯戒子侄曰："汝家书生门户，世无富贵；自今仕宦不可过二千石②，婚姻勿贪势家。"吾终身服膺，以为名言也。

译文

《礼记》上说："不可放纵自己的欲望，不可随便满足自己的大志。"宇宙还可达到边缘，人的天性是没有穷尽的，只有减少欲望，知道满足，为自己立个限度。先祖靖侯曾告诫他的子侄说："你们家是读书人家，世世代代没有富贵过；从现在起，你们为官不可超过郡守，缔结婚姻不要攀附权势显赫之家。"这句话，我终身信服，并把它当作至理名言。

---

① 涯限：界限。

② 二千石（dàn）：汉制，郡守的俸禄为一年二千石，每月为百二十斛。此处代称郡守。

原文

天地鬼神之道，皆恶满盈。谦虚冲损，可以免害。人生衣趣以覆寒露，食趣以塞饥乏耳。形骸之内，尚不得奢靡，己身之外，而欲穷骄泰邪？周穆王、秦始皇、汉武帝，富有四海，贵为天子，不知纪极，犹自败累，况士庶乎？常以二十口家，奴婢盛多，不可出二十人，良田十顷，堂室才蔽风雨，车马仅代杖策，蓄财数万，以拟吉凶①急速②。不啻③此者，以义散之；不至此者，勿非道求之。

译文

天地鬼神之道，都厌恶满盈。谦虚淡泊，可以免除灾害。人活着，穿衣只是为了遮掩身体以免寒冷袒露，吃东西只是为填饱肚子以免饥饿罢了。身体本身不求奢侈浪费，自身之外，还要穷尽骄奢吗？周穆王、秦始皇、汉武帝，富有天下，贵为天子，不懂得适可而止，到头来还导致伤败受害，更何况一般的百姓呢？我常认为，如果是有二十人的家庭，奴婢再多也不要超过二十个，良田不要超过十顷，房屋只求能避风雨，牛马只求能代替步行，积蓄数万钱财，用来准备婚丧和应急之事。超过这个限度，应该仗义疏财；没有达到这个程度的，切勿用不正当的方法去求取。

---

①吉凶：婚事丧事。

②急速：仓促之间发生的事。

③不窨：不止。

原文

仕宦称泰，不过处在中品，前望五十人，后顾五十人，足以免耻辱，无倾危也。高此者，便当罢谢，偃仰①私庭。吾近为黄门郎，已可收退；当时羁旅，惧罹谤讟，思为此计，仅未暇尔。自丧乱已来，见因托风云，侥幸富贵，旦执机权，夜填坑谷，朔欢卓、郑，晦泣颜②、原③者，非十人五人也。慎之哉！慎之哉！

译文

做官做得稳妥的，是处在中品的官位，前面可见五十个人，后面也是可以看见五十个人，这样就足以避免耻辱，没有倾覆的危险。官位高于中品，应当谢绝，安居家中。我最近任黄门郎，已经够条件告退了，但是却因为客居他乡，怕遭到诽谤和非议；心里想着告退，但是却没有机会。自从丧乱发生以来，我看见很多乘机得势，侥幸地得以富贵的人，早上大权在握，晚上却填尸山谷，月初像卓氏、郑氏那样快乐的富豪，月底却像颜回、原思那样寒苦的贫士，这种人不止五个十个啊！要谨慎，千万要谨慎！

---

① 偃仰：安居。
② 颜：颜回。孔子的弟子。
③ 原：原思。孔子的弟子。

诫兵第十四

　　本篇并没有讲战争的性质，而是结合家族的历史，讲述喜武的常无成就、好兵致祸的教训，这说明颜之推是反对从军的，这是因为颜氏家族素以儒雅知名，而且作者认为文人当以学术为重。他告诫子孙要想保全自己及家族，就要以儒雅为业，远离武术。

原文

　　颜氏之先，本乎邹、鲁，或分入齐，世以儒雅为业，遍在书记①。仲尼门徒，升堂者七十有二，颜氏居八人焉。秦、汉、魏、晋，下逮齐、梁，未有用兵以取达者。春秋世，颜高、颜鸣、颜息、颜羽②之徒，皆一斗夫耳。齐有颜涿聚，赵有颜最③，汉末有颜良，宋有颜延之④，并处将军之任，竟以颠覆。汉郎颜驷，自称好武，更无事迹。颜忠⑤以党楚王受诛，颜俊以据武威见杀，得姓已来，无清操者，唯此二人，皆罹祸败。顷世乱离，衣冠之士，虽无身手，或聚徒众，违弃素业，侥幸战功。吾既羸薄，仰惟⑥前代，故置心于此，子孙志之。孔子力翘门关，不以力闻，此圣证也。吾见今世士大夫，才有气干，便倚赖之，不能被甲执兵，以卫社稷；但微行⑦险服，逞弄拳腕，大则陷危亡，小则贻耻辱，遂无免者。

译文

颜氏的祖先，本来居住在邹国、鲁国，有的分支迁到齐国，世代从事儒雅之业，这在古书上面都有记载。孔子弟子，学问精深的人有七十二人，姓颜的占了八个。秦、汉、魏、晋，直到齐、梁，颜氏家族中，没有人靠带军队打仗显富贵的。春秋时代，颜高、颜鸣、颜息、颜羽等都不过是一介武夫而已。齐国有颜涿聚，赵国有颜冣，汉末有颜良，南朝宋末年有颜延之，都担任过将军的职务，最终都因此而倾覆败亡。汉朝郎官颜驷，自称好武，却没有听过有什么功绩。颜忠因党附楚王而被诛，颜俊因谋反占据武威而被杀，颜氏从得此姓以来，节操不清白的只有这两个人，他们结果都遭到了祸败。近世遭逢战乱，士大夫和贵族子弟，虽然没有能力习武，却有的聚集众人，放弃一贯从事的儒雅事业，想侥幸获得成功。我身体既疲弱又单薄，又想起家族前人好兵致祸的教训，所以仍旧将心思放在读书上面，子孙们要记住这一点。孔子力大能举起城门，却不以此闻于世，这是圣人留下的榜样。我看见当今的士大夫们，稍有些力气强干，就倚靠它，不能披盔甲、执武器以保卫国家，而是穿武士之服，行踪诡秘，卖弄拳脚，重则身陷死亡，轻则留下耻辱，没有一人能幸免的。

---

①书记：书籍记载。

②颜高、颜鸣、颜息、颜羽：四人皆鲁国人。

③颜冣（zuì）：战国时赵将，赵亡，为秦所俘。

④颜延之：南朝宋临沂人。

⑤颜忠：东汉人。

⑥惟：思。

⑦微行：隐瞒高贵身份，易服外出。

原文

国之兴亡，兵之胜败，博学所至，幸讨论之。入帷幄之中，参庙堂之上，不能为主尽规以谋社稷，君子所耻也。然而每见文士，颇读兵书，微有经略。若居承平之世，睥睨①宫阃②，幸灾乐祸，首为逆乱，诖误③善良；如在兵革之时，构扇反复，纵横说诱，不识存亡，强相扶戴：此皆陷身灭族之本也。诫之哉！诫之哉！

译文

国家的兴亡，战争的胜败这类问题，学识够渊博时是可以讨论的。在军中运筹帷幄，在朝廷里参与朝政，如果不能为人主出谋划策以确保江山的安全，这是君子引以为耻的。但是我常常看见这样一些文人，粗略读过几本兵书，略微懂得一些谋略。如果生活在盛世，他们会热衷于窥视帝王后宫，稍有一点事便幸灾乐祸，带头作乱，连累贻害善良的人；如果在兵荒马乱的年代，他们就勾结煽动众人反叛，无所顾忌，四处游说诱骗，不懂得存亡的形势，拼命互相扶持拥戴：这些都是招来杀身灭族的祸根啊。一定要以之为戒！要以之为戒啊！

①睥睨（pì nì）：窥视，窥察。

②宫闱：指帝王居处的宫室。

③诖（guà）误：贻误，连累。

原文

习五兵①，便乘骑，正可称武夫尔。今世士大夫，但不读书，即称武夫儿，乃饭囊酒瓮也。

译文

熟习五种兵器，擅于骑马，这才可以称得上武夫。但现在的士大夫，只要不去读书，就称自己是武夫，实际上不过是酒囊饭袋罢了。

①五兵：五种兵器。

养生第十五

本篇中，颜之推提出对养生的独特看法。他认为养生就是全身保性，避免祸患加身。人的"性命在天"，没有必要到深山老林去炼丹以求成仙。养生贵在保养精神，调理气息，修身养性，起居有节，适应天气的变化，重视诸种饮食的禁忌，学会各种服药的方法，以达到应尽之年。作者还介绍了不同的养生方法，但却认为这些养生方法都是身外的因素。他认为更重要的养生方法则是保生，为修身打好基础，将修身养性和为人处世结合起来，设法使自己远离祸害。如果因傲物而受刑，因贪溺而取祸，再健康的身体，再懂得养生之道也不会长生。

原文

神仙之事，未可全诬；但性命在天，或难钟值①。人生居世，触途牵絷②：幼少之日，既有供养之勤；成立之年，便增妻孥之累。衣食资须，公私驱役；而望遁迹山林，超然尘滓，千万不遇一尔。加以金玉之费，炉器所须，益非贫士所办。学如牛毛，成如麟角。华山之下，白骨如莽，何有可遂之理？考之内教③，纵使得仙，终当有死，不能出世，不愿汝曹专精于此。若其爱养神明，调护气息，慎节起卧，均适寒暄，禁忌食饮，将饵药物，遂其所禀，不为夭折者，吾无间然④。诸药饵法，不废世务也。庾肩吾常服槐实，年七十余，目看细字，须发犹黑。邺中朝士，有单服杏仁、枸杞、黄精、术、车前得益者甚多，不能一一说尔。吾尝患齿，摇动欲落，饮食热冷，皆苦疼痛。见《抱朴子》牢齿之法，早朝叩齿三百下为良；行之数日，即便平愈，今恒持之。此辈小术，无损于事，亦可修也。凡欲饵药，陶隐居⑤《太清方》中总录甚备，但须精审，不可轻脱。近有王爱州在邺学服松脂，不得节度，肠塞而死。为药所误者甚多。

译文

修道成仙的事情，不可说全是假的；只是命的长短由天决定，一般人很难遇上这种机会。人在世上，处处受到牵挂羁绊：小的时候，有供养服侍父母的辛劳；成年以后，又多了妻子儿女的拖累。既要解决吃饭穿衣的开支，又要为公事私事操劳奔波，然而，在这种情况下，想隐居生活于山林，脱离尘世，恐怕千万人中也遇不到一个。再加上炼丹所需的费用以及炉、鼎等器皿，更不是一般的贫士所能办得到的。学仙的人多如牛毛，但能成仙的人却少如麟角。华山下面的白骨像野草一样多，哪里有顺心如愿的道理呢？查证一下佛教的原理，就算成仙也还是要死，不能摆脱尘世的羁缚，我不愿意你们干此事。如果你们爱惜保养精神，调理气息，起居有规律，适应天气的变化穿衣，重视诸种饮食的禁忌，服补药滋养，达到应尽之年，不至于中途夭折，这样我就没什么可说了。学习各种服药的方法，并不会因此荒废世间事务。庾肩吾常服槐实，七十多岁，眼睛仍然看得见小字，胡须头发仍是黑的。邺城有的朝官，单服杏仁、枸杞、黄精、白术、车前，而从中得到的好处很多，在此难以一一列举。我曾患过牙病，牙齿松动快掉了，不管是吃冷的东西还是热的东西，都会引起牙齿疼痛。我看见《抱朴子》中坚固牙齿的方法，早上起来叩齿三百次可奏效，我按此做了几天，牙就好了，现在我一直坚持这样做。像这样的一些小方法，对别的事是没有什么妨碍的，可以学学。凡是想要服药，陶弘景的《太清方》中收录的药方很完备，但一定要认真挑选，不能随便。最近有个叫王爱州的人，在邺城学别人服用松脂，没有节制，结果肠子梗塞而死。这种被药物所害的例子非常多。

------

①钟值：正好遇上。

②絷（zhí）：绊住。

③内教：佛教。

④无间然：没有什么可以非议。

⑤陶隐居：陶弘景，南朝齐梁人。

原文

夫养生者先须虑①祸，全身保性。有此生然后养之，勿徒养其无生也。单豹养于内而丧外，张毅养于外而丧内，前贤所戒也。嵇康著《养生》之论，而以傲物受刑；石崇冀服饵之征，而以贪溺取祸，往世之所迷②也。

译文

养生的人必须先考虑避免灾祸，保住自己的性命。有了生命，才能得以保养它；不要白费心思去保养不存在的所谓长生不老的性命。单豹很善于保养身心，但因外部的因素而丧失了生命；张毅善于防备外部的灾祸侵害，但却因体内发病而死，这都是前代的贤人引以为戒的。嵇康写了《养生论》，但却傲慢无礼而遭杀头；石崇希望通过服药而延年益寿，但却因贪财好色而招致杀身之祸，这都是过去那些糊涂人的例子。

---

①虑：考虑。
②迷：糊涂。

原文

夫生不可不惜，不可苟惜。涉险畏之途，干祸难之事，贪欲以伤生，谗慝而致死，此君子之所惜哉；行诚孝而见贼，履仁义而得罪，丧身以全家，泯躯而济国，君子不咎也。自乱离已来，吾见名臣贤士，临难求生，终为不救，徒取窘辱，令人愤懑。侯景之乱，王公将相，多被戮辱，妃主姬妾，略无全者。唯吴郡太守张嵊，建义①不捷，为贼所害，辞色不挠；及鄱阳王世子谢夫人，登屋诟怒，见射而毙。夫人，谢遵女也。何贤智操行若此之难？婢妾引决②若此之易？悲夫！

译文

　　生命不能不珍惜，也不能以不正当的手段去珍惜。走邪恶危险的道路，做招致灾难的事情，追求欲望的满足而丧生，为奸作恶而致死，在这些方面，君子是应该珍惜他的生命的。做忠孝的事而被杀，做仁义的事而获罪，舍弃自己的生命以保全家族，捐躯救国，在这些方面，君子失去生命，是不会抱怨的。自从梁朝乱离以来，我见到一些名吏和贤士，面对危难苟且偷生，最终不仅无法得救，还白白遭致窘迫和羞辱，真令人愤懑。侯景叛乱之时，王公将相，大多遭受杀害污辱，妃嫔、公主、姬妾都几乎没有幸存的。只有吴郡太守张嵊，组织义军反抗侯景，未能成功，被反贼所杀，但言语面色至死都未表现出屈服。还有鄱阳王嫡长子萧嗣的夫人谢氏，她登上房顶怒骂叛贼，被箭射死。谢夫人是谢遵的女儿。为何那些贤良明智之士坚守操行那么困难？而婢妾之辈舍生取义竟如此容易？真让人觉得悲哀呀！

---

①建义：兴义军，这里指组织义军讨伐侯景。
②引决：自杀。

归心第十六

　　颜之推是信佛的，所以他用单独一章表达他对佛的看法。归心即是归于佛心，也就是虔诚地信佛。作者认为佛教的最高境界，不是尧、舜、周公、孔子之道所能触及的。东晋南朝时期，佛教极为流行。在儒佛双重思想的影响下，颜之推援儒入佛，奉佛教为内典，儒教为外典，认为佛典的初学门路，是儒家经典中所提到的仁、义、礼、智、信五种德行，两教本为一体。作者深信佛教的"三世说"和因果报应，因此本章旨在突出其对生命的关怀，告诫子孙要克己从善，修身养性，把握现在，以图来世。

　　原文

　　三世①之事，信而有征，家世归心②，勿轻慢也。其间妙旨，具诸经论，不复于此，少能赞述；但惧汝曹犹未牢固，略重劝诱尔。

　　译文

　　佛教中所说的过去、现在、未来三世之事，是可信而且有应验的，我们家世代皈依佛教，不可轻视侮慢。其间精妙的意旨，都记载在佛教典籍里，我在这里不多作赞美转述了；只怕你们对佛教的信念未够，我才再次稍作一些劝说诱导。

---

①三世：过去世，现在世，未来世。
②归心：心悦诚服归附。

原文

原夫四尘①五荫，剖析形有；六舟②三驾，运载群生：万行归空，千门入善，辩才智惠，岂徒七经、百氏之博哉？明非尧、舜、周、孔所及也。内外两教，本为一体，渐积为异，深浅不同。内典初门，设五种禁；外典仁义礼智信，皆与之符。仁者，不杀之禁也；义者，不盗之禁也；礼者，不邪之禁也；智者，不酒之禁也；信者，不妄③之禁也。至如畋狩军旅，燕享刑罚，因民之性，不可卒除，就为之节，使不淫滥尔。归周、孔而背释宗④，何其迷也！

译文

推究"四尘"和"五荫"的道理，部析世间有形之物；运用"六度""三驾"的办法修行，超度万物众生：佛教中有种种修行，可让众生皈依于空门，有种种法门，使人向善，里面的辩才及智慧，岂止儒家"七经"和诸子百家具有广博学问？佛教的最高境界，不是尧、舜、周公、孔子之道所能触及的。佛儒本来就是一体的，但由于两者在悟道的方式和目的等方面有不同，所以境界的深浅也有些差异。佛典的初学门路，有五禁；儒家经典中所提到的仁、义、礼、智、信五种德行，皆与之吻合。仁，是不杀生的禁戒；义，是不偷盗的禁戒；礼，是不邪恶的禁戒；智，是不酗酒的禁戒；信，是不虚妄的禁戒。说到狩猎、战争、宴饮、刑罚等，都是人类的本性，不可能立刻消除，只能为它们设置一定的界限，使其不过分罢了。人们只知道尊崇周公、孔子之道，却违背佛教宗义，是多么糊涂啊！

---

①四尘：色、香、味、触的总称。

②六舟：即六度，指布施、持戒、忍辱、精进、禅定、智慧。

③不妄：不虚妄。

④释宗：佛教。

原文

俗之谤者，大抵有五：其一，以世界外事及神化无方为迂诞也。其二，以吉凶祸福或未报应为欺诳也。其三，以僧尼行业多不精纯为奸慝也。其四，以糜费金宝减耗课①役②为损国也。其五，以纵有因缘如报善恶，安能辛苦今日之甲，利益后世之乙乎？为异人也。今并释之于下云。

译文

世俗对佛教的指责，大概有下面五种：第一，认为佛教所讲述的是现实世界以外的及神秘怪诞的无法掌握的事。第二，认为人世间的吉凶祸福未必就有相应的报应，佛教所强调的因果报应是欺骗众人的。第三，认为和尚、尼姑这一类人品行大多不清白，寺庵为藏奸纳垢之地。第四，认为僧尼虚耗财物而且不交租服役，损害了国家的利益；第五，认为就算存在因缘之事，善恶报应，又怎能使今天辛苦劳作的甲去为来世的乙谋利益呢？因为甲和乙是不同的两个人呀。我现在对以上指责一并解释如下。

---

①课：按规定的数额和时间征收的赋税。
②役：徭役。

原文

释一曰：夫遥大之物，宁可度量？今人所知，莫若天地。天为积气，地为积块，日为阳精，月为阴精，星为万物之精，儒家所安也。星有坠落，乃为石矣；精若是石，不得有光，性又质重，何所系属？一星之径，大者百里，一宿首尾，相去数万；百里之物，数万相连，阔狭从斜，常不盈缩。又星与日月，形色同尔，但以大小为其等差；然而日月又当石也？石既牢密，乌兔①焉容？石在气中，岂能独运？日月星辰，若皆是气，气体轻浮，当与天合，往来环转，不得错违，其间迟疾，理宜一等；何故日月五星二十八宿，各有度数，移动不均？宁当气坠，忽变为石？地既滓浊，法应沉厚，凿土得泉，乃浮水上；积水之下，复有何物？江河百谷，从何处生？东流到海，何为不溢？归塘尾闾，泄何所到？

217

沃焦②之石，何气所然？潮汐去还，谁所节度？天汉③悬指，那不散落？水性就下，何故上腾？天地初开，便有星宿；九州未划，列国未分，翦疆区野，若为躔次？封建④已来，谁所制割？国有增减，星无进退，灾祥祸福，就中不差；乾象之大，列星之伙，何为分野，止系中国？昴⑤为旄头，匈奴之次；西胡、东越，雕题、交阯，独弃之乎？以此而求，迥无了者，岂得以人事寻常，抑必宇宙外也？

译文

对于第一种指责的解释：远大的东西，难道可以测量吗？人们所知道的最大的东西，没有比天地更大的了。天由云气聚集而成，地由土石堆积而成，太阳是阳气的精华，月亮是阴气的精华，星辰是万物的精华，这是儒家信奉的观点。星辰有时坠落大地上，就成了石头；如果精华是石头，就不会有光芒，况且石头很重，靠什么力量悬挂在天上呢？一颗星大概有一百里长，一个星宿从头到尾，相隔几万里；直径百里之长的物体，相隔万里连成一片，它们之间的宽窄纵横排列都保持一定，一般不会变化。再者，星星与日月的形状和色泽相似，只是大小不同而已。要是这样的话，日月也是石头吗？石头是牢固细密的物体，那太阳中的金乌、月亮中的玉兔又如何在其中存身呢？石头飘浮在气体中，如何能运转呢？日月星辰，如果全是气体，那么气体轻飘，应与天合而为一，来回环绕运转，不可能互相交错，它们的运行速度也应该一致；但为什么日月以及五大行星、二十八星宿各有各的位置，移动的快慢不均匀呢？难道是气体在坠落的时候忽然变成石头吗？大地既然是实地积聚而成的，应该沉重，可是往地下挖竟能挖到泉水，这说明地是浮在水上的；那聚集的流水下面又是什么呢？江河水东流到海，海水为何不溢出地面呢？传说中海水都汇集到归塘、尾闾，那么这些水又流到何处呢？如果说沃焦山的石头烧掉了，那么是什么样的气体让石头燃着了？潮汐的涨落，又是谁在控制呢？银河挂在空中，为什么不散落下来？水的特性是从高处向低流，为何又升到天上去呢？天地初开时，就有了星宿；当时九州的地域尚未划分，诸侯列国尚未分封，这些疆界是如何根据星辰运行的位置来确定的呢，又是谁为它们在运行轨道上安排的位次？诸侯在分封的区域内建国以来，又是谁主宰这些事呢？诸侯国有增有减，星辰的位置却没有改变，而其中的吉凶祸福照样发生，毫无偏差；天象之大，星辰众多，为何以星宿来划分的地上州郡只限在中原地区呢？被称作旄头的昴星是对应匈奴的，西胡、东越、雕题、交阯这些地域，就该被抛弃吗？诸如此类的问题，如果要去追究是永无穷尽的，又如何能以常人常事之理去判断茫茫宇宙之外的无穷事理呢？

①乌兔：传说日中有乌，月中有兔。

②沃焦：传说中东海南部的大石山。

③天汉：银河。

④封建：封邦建国。

⑤昴（mǎo）：二十八星宿之一。

原文

　　凡人之信，唯耳与目；耳目之外，咸致疑焉。儒家说天，自有数义：或浑或盖，乍宣乍安。斗极①所周，管维②所属，若所亲见，不容不同；若所测量，宁足依据？何故信凡人之臆说，迷大圣之妙旨，而欲必无恒沙世界、微尘③数劫也？而邹衍亦有九州之谈。山中人不信有鱼大如木，海上人不信有木大如鱼；汉武不信弦胶，魏文不信火布④；胡人见锦，不信有虫食树吐丝所成；昔在江南，不信有千人毡帐，及来河北，不信有二万斛船：皆实验也。

译文

　　一般人所相信的，都是耳闻目睹的事物；凡是耳闻目睹以外的事物，都加以怀疑。儒家对天的看法本来就有几种：有浑天说，有盖天说，有宣夜说，有安天说。此外还认为北斗七星和北极星的运行，是依靠斗枢为转轴的。如果是亲眼看见，就不会有这么多看法。如果是凭空推测度量，又怎么能够可靠呢？我们为何相信这些凡人的猜测而怀疑佛祖的精妙教义呢？为何认定绝不会有像印度恒河中的沙子那样多的世界，微小的尘埃也经历过数次的劫难呢？而且，邹衍也曾提出中原之外还有九州的说法。山里的人不信有树木那样大的鱼，海上的人不相信有鱼这么大的树木；汉武帝不相信世上有可以粘合断裂弓弦刀剑的弦胶，魏文帝不相信有耐火的火浣布；胡人看见锦，不相信它是用吃桑叶的蚕吐的丝织成的；过去我在江南时，不相信有容纳千人的毡帐，等到了黄河以北后，才发现这里的人们不相信有可容纳两万斛的大船；而这些都是得到事实验证的。

---

①斗极：北斗星与北极星。斗，北斗七星。极，北极星。

②管维：斗枢。

③微尘：极细的物质。

④火布：火浣之布。指用石棉纤维纺织而成的布。由于其具不燃性，在火中能去污垢，故名之。

原文

世有祝①师及诸幻术，犹能履火蹈刃，种瓜移井，倏忽之间，十变五化。人力所为，尚能如此；何况神通感应，不可思量，千里宝幢，百由旬②座，化成净土，踊出妙塔乎？

译文

世上的巫师和熟悉各种幻术的人，他们都能踏火而行，在刀刃上行走，种下的瓜果立刻成熟，还可以移动深井，片刻之间，千变万化。人力亲自所作所为，尚能如此，何况佛的神通广大，更是不敢想象的，高大达千里的幢旗，广大达数千里的莲花宝座，庄严肃净的极乐世界，从地上踊出座座宝塔，这难道不是瞬间变化出来的吗？

①祝：宗庙中主持祭礼人。

②由旬：古印度计程单位，以帝王一日行军之路程为一"由旬"。每由旬有三十里、四十里、五十里、六十里四种说法，但以四十里为一由旬之说居多。

原文

释二曰：夫信谤之征，有如影响①；耳闻目见，其事已多，或乃精诚不深，业缘未感，时傥差阑②，终当获报耳。善恶之行，祸福所归。九流③百氏，皆同此论，岂独释典为虚妄乎？项橐、颜回之短折，伯夷、原宪之冻馁，盗跖、庄跻之福寿，齐景、桓魋之富强，若引之先业，冀以后生，更为通耳。如以行善而偶钟祸报，为恶而傥值福征，便生怨尤，即为欺诡；则亦尧、舜之云虚，周、孔之不实也，又欲安所依信而立身乎？

译文

对第二种责难的解释：我相信那些诽谤佛教因果报应之说的种种证据，就如同形体与影子、声音与回响一样可以明白无误地加以验证。我耳闻眼见这样的事多了，有的虽然没有得到应验，可能是当事者的精诚还不够深厚，因缘未发生感应，报应的时间虽然有早晚的分别，但最终还是会有的。一个人的善行恶行，往往决定了他会招致祸还是福。九流百家都认同这个观点，怎能单单认为佛经所说才是虚妄呢？像项橐、颜回的短命早死，伯夷、原宪的受冻挨饿，盗跖、庄跻的得福获寿，齐景公、桓魋的富足强大，如果把这些看成是他们的前辈功德或恶业，报应在后人身上，道理就说得通了。如果因为行善事而偶然招受灾祸，做坏事又意外得到福报，从而生了怨恨之心，认为因果报应之说是欺诈蒙骗；那么也就是指责尧、舜的事迹是虚假的，周公、孔子也不可信。如果是这样的话，那么又能相信什么，靠什么来立身处世呢？

---

① 影响：影子和回声。
② 阑：迟、晚。
③ 九流：战国时期的九个学术流派，即儒、道、墨、法、名、杂、农、纵横、阴阳九家。

原文

释三曰：开辟①已来，不善人多而善人少，何由悉责其精洁乎？见有名僧高行，弃而不说；若睹凡僧流俗，便生非毁。且学者之不勤，岂教者之为过？俗僧之学经律，何异世人之学《诗》《礼》？以《诗》《礼》之教，格②朝廷之人，略无全行者；以经律之禁，格出家之辈，而独责无犯哉？且阙行之臣，犹求禄位；毁禁之侣，何惭供养乎？其于戒行，自当有犯。一披法服，已堕僧数，岁中所计，斋讲诵持，比诸白衣，犹不啻山海也。

译文

对第三种责难的解释：自从盘古开天辟地以来，就是不善之人多，善良的人少，怎么可以要求每一个僧尼都是清白的好人呢？看到名僧高尚的德行，都放在一旁不说；但若是见了凡庸僧尼的粗俗行为，就要非议诋毁。况且接受教育的人不勤奋，难道是教育者的过错吗？平庸的僧尼学习佛经，与士人学习《诗经》《礼记》有什么不同呢？如果用《诗经》《礼记》中要求的标准去衡量朝廷的官员，是没有几个合格的。同样，用佛家的戒律度量出家人，怎能唯独要求他们一点都不违反戒律呢？而且，行为有缺点的官员，还要求官阶俸禄；犯戒的僧尼，又何必因受供养而惭愧呢？对于所规定的戒律规范，人们自然难免有所违犯。如果披上法衣，就是加入了僧侣的行业，一年中所做的事情，就是吃斋念经，持戒修行，比起那些世俗之人，其德行的差距便不止高山与深海了。

---

①开辟：开天辟地。

②格：度量、衡量。

原文

释四曰：内教多途，出家自是其一法耳。若能诚孝在心，仁惠为本，须达①、流水②，不必剃落须发；岂令罄井田而起塔庙，穷编户以为僧尼也？皆由为政不能节之，遂使非法之寺，妨民稼穑，无业之僧，空国赋算，非大觉③之本旨也。抑又论之：求道者，身计也；惜费者，国谋也。身计国谋，不可两遂。诚臣徇主而弃亲，孝子安家而忘国，各有行也。儒有不屈王侯高尚其事，隐有让王辞相避世山林；安可计其赋役，以为罪人？若能偕化黔首④，悉入道场，如妙乐之世，禳佉⑤之国，则有自然稻米，无尽宝藏，安求田蚕之利乎？

译文

对第四种指责的解释：佛教修行的方法很多，出家仅是其中的一种。如果能把忠孝放在心上，以仁爱施惠为立身之本，像须达、流水两位长者那样，也就用不着剃掉须发为僧了；哪用得着用所有的田地去建寺庙佛塔，让所有的百姓都去当僧尼呢？都是由于执政者不能很好地节制佛事，才使得不守法纪的寺院，妨碍了民众的农事，没有德行的僧尼，空享国家赋税，这不是佛教的本旨。或者可以这样说：信奉佛教是个人的计划，珍惜费用则是国家的谋划。个人的谋划和国家的谋划不能两全其美。这就像是忠臣献身于君主而放弃抚养双亲的责任，孝子为了供养家庭而忽略了对国家应尽的义务，各自有不同的行为准则。儒家中有不屈从于王侯自许清高的人，隐士中有辞让相位遁世山林的人；又怎能计算他们的赋税徭役，并认定他们是逃避赋役的罪人呢？如果能感化百姓都信奉佛教，皈依空门，那么这就像佛经中所说的妙乐之世穰佉之国那样，会有自然生长的稻米，无尽的宝藏，哪里用得着去求取种田养蚕的利益呢？

---

①须达：为舍卫国给孤独长者的本名，祇园精舍的施主。

②流水：即流水长者。

③大觉：佛教用语，指代佛教。

④黔首：战国及秦时对平民的称谓。

⑤穰佉（ráng qū）：转轮王，印度古代神话中的国王名。

原文

释五曰：形体虽死，精神犹存。人生在世，望于后身①似不相属；及其殁后，则与前身似犹老少朝夕耳。世有魂神，示现梦想，或降童妾，或感妻孥，求索饮食，征须福佑，亦为不少矣。今人贫贱疾苦，莫不怨尤前世不修功业；以此而论，安可不为之作地②乎？夫有子孙，自是天地间一苍生耳，何预身事？而乃爱护，遗其基址③，况于己之神爽，顿欲弃之哉？凡夫蒙蔽，不见未来，故言彼生与今非一体耳；若有天眼，鉴其念念随灭，生生不断，岂可不怖畏邪？又君子处世，贵能克己复礼，济时益物。治家者欲一家之庆，治国者欲一国之良，仆妾臣民，与身竟何亲也，而为勤苦修德乎？亦是尧、舜、周、孔虚失愉乐耳。一人修道，济度几许苍生？免脱几身罪累？幸熟思之！汝曹若观俗计，树立门户，不弃妻子，未能出家；但当兼修戒行，留心诵读，以为来世津梁。人生难得，无虚过也。

译文

对第五种指责的解释：人的形体虽然死了，精神仍然存在。人活在世上的时候，遥想自己的后身，似乎没有什么联系；等他死了之后，才发现后身和前身有密切的关系，就像老人和小孩、早晨和晚上一样关系密切。世上有死者的魂灵，会在活人梦中出现，有的托梦于仆人婢妾，有的托梦于妻子儿女，向他们索求食物，求取福佑，这种事也是不少的。现在的人因生活贫贱困苦，没有不埋怨自己的前世没有修好功德的。从这一点看来，生前怎能不为后世留有余地呢？至于人有子孙，都不过是天地间的苍生而已，跟自身有什么关系呢？即使这样尚要尽心爱护，将家业留给他们，何况对于自己的灵魂，怎能舍弃呢？凡夫俗子冥顽不灵，无法预知来世，所以就说今生跟来生不是一回事。如果人有洞察万物的天趣之眼，就可以看到生生死死，轮回不断，如此他难道不感到惧怕吗？而且君子处世极重要的是克制自己，使自己的言行合乎礼仪，能够匡时救世，有益于人。治家的人希望这个家庭幸福美满，治国的人希望这个国家兴旺发达。仆人、侍妾、臣子、民众，和我自己有什么相干呢，为什么要为他们辛苦操持？这也和尧、舜、周公、孔子一样，是为了别人的幸福而牺牲自己的欢乐罢了。一个人修身求道，可以超度几个苍生，能使几个人开脱罪恶？一定要认真思考这个问题。如果你们要顾及世俗的生计，建立门户，不能舍弃妻子儿女，致使不能出家当和尚，但要兼顾修行，留心诵读佛经，以此来为来世的幸福架好桥梁。人生宝贵，千万不要白白度过。

---

①后身：佛教认为人死后要转生，故有前身后身之分。
②作地：留有余地。
③基址：基业、产业。

原文

儒家君子，尚离庖厨，见其生不忍其死，闻其声不食其肉。高柴①、折像，未知内教，皆能不杀，此乃仁者自然用心。含生②之徒，莫不爱命；去杀之事，必勉行之。好杀之人，临死报验，子孙殃祸，其数甚多，不能悉录耳，且示数条于末。

译文

儒家的君子，尚且能远离厨房，看见活的动物，却不忍心见到它们被杀死，听到动物被宰杀时的惨叫声，就不忍心吃它们的肉。高柴、折像二人，不知道佛教教义，都能不杀生，这是仁慈之人天然的善心。有生命的东西，没有不爱惜自己生命的；远离杀生的事，必须尽力做到这一点。喜欢杀生的人，临死会遭到报应，子孙要遭殃，这样的例子很多，我不能全部记下来，姑且举几例于本文之末。

①高柴：春秋时期人，孔子弟子。
②含生：有生命之物。

原文

梁世有人，常以鸡卵白和沐，云使发光，每沐辄二三十枚。临死，发中但闻啾啾数千鸡雏声。

译文

梁朝有个人，经常用鸡蛋白来洗头，说是能使头发有光泽，每次都要用二三十个鸡蛋。等他临死的时候，听到头发中传来几千只小鸡的啾啾叫声。

原文

江陵刘氏，以卖鳝羹为业。后生一儿头是鳝，自颈以下，方为人耳。

译文

江陵有个姓刘的人，靠卖鳝鱼羹为生。后来有了一个孩子，长了一个鳝鱼头，从颈部以下，才是人形。

原文

王克为永嘉郡守，有人饷羊，集宾欲宴。而羊绳解，来投一客，先跪两拜，便入衣中。此客竟不言之，固无救请。须臾，宰羊为羹，先行至客。一脔入口，便下皮内，周行遍体，痛楚号叫；方复说之。遂作羊鸣而死。

译文

王克做永嘉郡守时，有人送了一只羊给他，他就集邀了宾客想开一个宴会。那只羊挣断了绳子，冲到一位客人面前，先跪下拜了两拜，就钻入客人的衣服里．那位客人竟然一言未发，坚持不为那只羊向王克求情。过了一会儿，羊被宰杀做成了羊羹，先送到那位客人面前。他夹了一块肉，刚入口，便觉得那肉蹿入皮内，周身乱窜，他疼痛号叫不已。此时他才说出羊向他求情的事。随后发出几声羊叫声，便死去了。

原文

梁孝元在江州时，有人为望蔡县令，经刘敬躬乱，县廨①被焚，寄寺而住。民将牛酒作礼，县令以牛系刹柱，屏除形像②，铺设床坐，于堂上接宾。未杀之顷，牛解，径来至阶而拜，县令大笑，命左右宰之。饮啖醉饱，便卧檐下。稍醒而觉体痒，爬搔隐疹，因尔成癞，十许年死。

译文

梁孝元帝在江州的时候，有个人在望蔡县当县令。恰好遇到刘敬躬叛乱，县里的官署被烧了，县令暂时在一所寺庙里寄住。老百姓将一头牛和几缸酒作为礼物送给他，县令将牛拴在刹柱上，搬掉佛像，摆上坐具，在佛堂上接待宾客。牛快被宰杀的时候，挣脱了绳子，直奔到台阶前向县令跪拜。县令大笑，还是令旁边的侍从把牛杀了。县令酒足饭饱之后，就躺在屋檐下睡着了。醒来后感到身体发痒，抓搔后身上起了疙瘩。他因此得了恶疮，十几年后病死了。

---

①廨（xiè）：官舍，官署。
②形像：佛像。

原文

杨思达为西阳郡守，值侯景乱，时复旱俭，饥民盗田中麦。思达遣一部曲守视，所得盗者，辄截手腕，凡戮十余人。部曲后生一男，自然无手。

译文

杨思达在任西阳郡守的时候，遇侯景之乱，当时又刚好赶上旱灾，饥饿的老百姓就去偷官田里的麦子。杨思达派了一名手下去守麦田，凡是抓到偷麦子的人，就砍掉他们的手腕，一共砍了十几个人。后来他生了一个儿子，天生就没有手。

原文

齐有一奉朝请①，家甚豪侈，非手杀牛，啖之不美。年三十许，病笃，大见牛来，举体如被刀刺，叫呼而终。

译文

齐朝有个奉朝请，家里非常豪华奢侈，如果不是亲手宰牛，吃起来就觉得味道不美。三十多岁的时候，他得一重病，看见一大群牛向他冲来，他觉得全身如刀割般疼痛，大声呼叫着死了。

---

①奉朝请：古时侯，诸侯春季朝见天子时称之为朝，秋季朝见天子时称之为请，统称为春朝秋请。汉朝时期，对于隐退的大臣、外戚，大多都会以奉朝请的名义，让他们参与朝会。南朝宋之后，便以奉朝请来安顿闲散的官员。

原文

江陵高伟，随吾入齐，凡数年，向幽州淀中捕鱼。后病，每见群鱼啮之而死。

译文

江陵的高伟，随我一同来齐。这几年来，他时常到幽州的湖泊捕鱼。后来病重，常看见一群群鱼来咬他，最后死了。

原文

世有痴人，不识仁义，不知富贵并由天命。为子娶妇，恨其生资不足，倚作舅姑①之尊，蛇虺其性，毒口加诬，不识忌讳，骂辱妇之父母，却成教妇不孝己身，不顾他恨。但怜己之子女，不爱己之儿妇。如此之人，阴纪其过，鬼夺其算②。慎不可与为邻，何况交结乎？避之哉！

译文

世上有这么一种痴人，不懂得仁义，不晓得人的富贵是由天命注定的。为儿子娶媳妇，怨恨女家的嫁妆太少，仗着自己是公公婆婆的尊长身份，心性如毒蛇，对儿媳恶毒辱骂，一点不知忌讳，甚至骂起女方的父母。这样就教会了媳妇不孝顺自己，也不顾及她的怨恨会为自己带来祸害。只知道爱惜自己的儿女，却不懂去疼爱自己的儿媳。这样的人，阴曹地府会将其罪过记录下来，让恶鬼夺去他的寿命。你们要谨慎些，不要与这样的人比邻而居，更不能与之结为朋友。避开他们吧！

---

① 舅姑：公婆。
② 算：寿命。

卷六
书证第十七

本篇主要是对经、史典籍所作的零星考证，极具学术价值。第一，可以看出颜之推对文字的态度是比较开通的，他认为文字是随着时代的变化而变化的，因此，他反对那种写字"必依小篆"的做法，也反对任意增删改换文字的"鄙俗"做法，认为正确的做法是把二者结合起来。第二，可以看出颜之推的知识丰富，他的考证绝大部分是有事实依据，是非常严谨的，得出的结论多数是可信的。作者借此告诫子孙读书要广，学问要深，对于一个问题的解决，要三思而后定结论，不可盲目草率，文字应力求规范。

原文

《诗》云："参差①荇菜②。"《尔雅》云："荇，接余也。"字或为"莕"。先儒解释皆云："水草，圆叶细茎，随水浅深。今是水③悉有之。黄花似莼④，江南俗亦呼为'猪莼'，或呼为'荇菜'。"刘芳⑤具有注释。而河北俗人多不识之，博士⑥皆以参差者是"苋菜"，呼"人苋"为"人荇"，亦可笑之甚。

译文

《诗经》上说："参差荇菜。"《尔雅》解释说："荇菜，就是接余。"荇字有时也写作"莕"。前代学者们都解释说："荇菜就是一种水草，圆叶细茎，其高低随水的深浅而定。现在凡是有水的地方都有它，它那黄色的花就像莼菜，江南民间也称它叫'猪莼'，也有人叫它作'荇菜'。"刘芳对此都有注解。而黄河以北地区的一般人大都不认识它，博学之士都把《诗经》中所说的"参差荇菜"认作"苋菜"，把"人苋"叫作"人荇"，也太可笑了。

---

①参差：长短不齐的样子。

②荇菜：一种水生植物。

③是水：犹言凡是有水之处。

④莼：莼菜。

⑤刘芳：字伯文，彭城人，曾撰写《毛诗笺音义证》十卷。

⑥博士：博学之人。

原文

《诗》云："谁谓荼苦①？"《尔雅》《毛诗传》并以"荼，苦菜也"。又《礼》云："苦菜秀。"案：《易统通卦验玄图》曰："苦菜生于寒秋，更冬历春，得夏乃成。"今中原苦菜则如此也。一名"游冬"，叶似苦苣而细，摘断有白汁，花黄似菊。江南别有苦菜，叶似酸浆②，其花或紫或白，子大如珠，熟时或赤或黑，此菜可以释劳。案：郭璞③注《尔雅》，此乃"蘵④"，黄蒢也。今河北谓之"龙葵"。梁世讲《礼》者，以此当苦菜；既无宿根，至春方生耳，亦大误也。又高诱⑤注《吕氏春秋》曰："荣⑥而不实曰英⑦。"苦菜当言英，益知非龙葵也。

译文

《诗经》上说："谁谓荼苦？"《尔雅》《毛诗传》都以荼为苦菜。此外，《礼记》上说："苦菜秀。"据考证：《易统通卦验玄图》上说："苦菜生长于寒冷的秋天，经冬历春，到夏天就长成了。"现在中原一带的苦菜就是这样的。它又名"游冬"，叶子像苦苣而比苦苣细小，摘断后有白色的汁液，花黄色像菊花。江南一带另外有一种苦菜，叶子像酸浆草，它的花有的紫有的白，结的果实有珠子那么大，成熟时颜色有红的有黑的。这种菜可以消除疲劳。据考证：郭璞注的《尔雅》中，认为这种苦菜就是"蘵"，也就是"黄蒢"。现在黄河以北一带把它叫作"龙葵"。梁朝讲解《礼记》的人，把它当作中原的苦菜；但它既没有隔年的宿根，又是在春天才生长，这也是一个大的误释。另外高诱在《吕氏春秋》注文中说："只开花不结果实的叫英。"苦菜的花就应当叫作英。由此更说明它不是龙葵。

---

①谁谓荼苦：见《诗经·邶风·谷风》。荼，苦菜。
②酸浆：草名。
③郭璞：字景纯，河东闻喜（今属山西）人。东晋文学家、训诂学家。
④蘵（zhī）：蘵草，叶似酸浆，花小而白，中心黄，江东以作菹食。

⑤高诱：东汉涿郡涿（今黄河以北涿州）人。著有《吕氏春秋注》等。

⑥荣：开花。

⑦英：植物开花而不结果实。

原文

《诗》云："有杕之杜。"江南本并"木"傍施"大"，《传》曰："杕，独貌也。"徐仙民音徒计反。《说文》曰："杕，树貌也。"在"木"部。《韵集》音"次第"之"第"，而河北本皆为"夷狄"之"狄"，读亦如字，此大误也。

译文

《诗经》说："有杕之杜。"江南地区的抄本中，"杕"都是"木"傍加"大"字，《毛诗传》说："杕，孤独挺立的样子。"徐仙民给它的注音是徒计反。《说文解字》中说："杕，树也。"收在"木"部。《韵集》把它读作"次第"之"第"，而黄河以北的版本都写作"夷狄"的"狄"字，读音也是这个"狄"字，这是一个大错误。

原文

《诗》云："骃骃①牡②马。"江南书皆作"牝③牡"之"牡"，河北本悉为"放牧"之"牧"。邺下博士见难④云："《駉颂》既美僖公牧于坰野之事⑤，何限骘⑥騭⑦乎？"余答曰："案：《毛传》云：'骃骃，良马腹干肥张⑧也。'其下又云：'诸侯六闲⑨四种：有良马，戎马，田马，驽马。'若作放牧之意，通⑩于牝牡，则不容限在良马独得

236

骊骊之称。良马，天子以驾玉辂⑪，诸侯以充朝聘⑫郊祀⑬，必无骒也。《周礼·圉人职》：'良马，匹一人。驽马⑭，丽⑮一人。'圉人⑯所养，亦非骒也；颂人举其强骏者言之，于义为得也。《易》曰：'良马逐逐。'《左传》云：'以其良马二。'亦精骏之称，非通语也。今以《诗传》良马，通于牧骒，恐失毛生⑰之意，且不见刘芳《义证》乎？"

译文

《诗经》上说："骊骊牡马。"江南地区的版本都写作"牝牡"的"牡"，而黄河以北地区的版本全部写作"放牧"的"牧"。邺下的学者向我发出诘问说："《驹颂》既然是歌颂鲁僖公在郊外原野上放牧的事情，为什么要局限于雌马雄马呢？"我回答说："据考证：《毛诗传》说：'骊骊，形容良马躯体肥壮的样子。'接下来又说：'诸侯六个马厩四种马：有良马、戎马、田马、驽马。'如果解释为放牧的意思，雌马雄马都说得通，那就不该只就良马独自得到'骊骊'的美名。良马，天子用以驾车，诸侯用以去朝见天子，去郊外祭祀天地，一定没有雌马。《周礼·圉人职》说：'良马，每匹由一个人来饲养。驽马，每两匹由一个人来饲养。'圉人所养的良马，也不是雌马；歌颂人举他的强壮的骏马进行赞美，从道理上说才相宜。《易经》说：'良马逐逐。'《左传》说：'以其良马二。'这也是对精壮骏马的称呼，不是通称一般的马。现在把《毛诗传》上说的良马通指放牧的雌马和雄马，恐怕违背了毛苌的本意，况且你们没有看见刘芳《毛诗笺音义证》对这个问题的阐释吗？"

---

①驹（jiōng）驹：马肥壮貌。

②牡（mǔ）：鸟兽的雄性。

③牝（pìn）：鸟兽的雌性。

④见难：向我发出诘问。

⑤垧（jiōng）：远郊。

⑥骣（cǎo）：雌马。

⑦骘（zhì）：雄马。

⑧肥张：肥壮的样子。

⑨闲：古代宫廷养马的地方，马厩。

⑩通：互通。

⑪玉辂（lù）：古代帝王所乘之车，以玉为饰。

⑫朝聘：古代诸侯亲自或派使臣按期朝见天子。

⑬郊祀：古于郊外祭祀天地。郊谓大祀，祀谓群祀。

⑭驽马：奔跑能力低下的马。

⑮丽：双的意思。

⑯圉（yǔ）人：养马的人。

⑰毛生：指毛苌，撰《诗传》十卷，今传。生，汉以来称儒者为生。

原文

　　《月令》①云："荔挺出。"郑玄②注云："荔挺，马薤③也。"《说文》云："荔，似蒲④而小，根可为刷。"《广雅》⑤云："马薤，荔也。"《通俗文》⑥亦云马蔺。《易统通卦验玄图》云："荔挺不也，则国多火灾。"蔡邕⑦《月令章句》云："荔似挺。"高诱⑧注《吕氏春秋》云："荔草挺出也。"然则《月令注》荔挺为草名，误矣。河北平泽率生之。江东颇有此物，人或种于阶庭，但呼为"旱蒲"，故不识马薤。讲《礼》者乃以为马苋；马苋堪食，亦名"豚耳"，俗名"马齿"。江陵尝有一僧，面形上广下狭；刘缓幼子民誉，年始数岁，俊晤⑨善体物⑩，见此僧云："面似马苋。"其伯父绪因呼为"荔挺法师"。绪亲⑪讲《礼》名儒，尚误如此。

译文

《礼记·月令》中说："荔挺出。"郑玄作的注释说："荔挺，就是马薤。"《说文解字》说："荔，像蒲而较小，根可做刷子。"《广雅》说："马薤，就是荔。"《通俗文》也称它为马蔺。《易统通卦验玄图》说："若是荔挺不发芽，那么国家多火灾。"蔡邕的《月令章句》说："荔似挺。"高诱注释《吕氏春秋》说："荔草直立生长。"这样看来，郑玄的《月令注》把"荔挺"作为草名是错误的了。这种草在黄河以北地区的沼泽地带到处都有。江东地区也有不少此物，有的人把它种在阶庭内，只不过称它为"旱蒲"，所以就不知道马薤的名字。讲解《礼记》的人竟把它当成"马苋"；马苋可以吃，也叫作"豚耳"，俗名叫"马齿"。江陵曾经有一位僧人，脸形上宽下窄；刘缓的小儿子叫民誉，年龄才几岁，却异常聪明，善于描摹事物，他看见这位僧人就说："他的脸像马苋。"民誉的伯父刘绪因此就称呼这位僧人叫"荔挺法师"。刘绪本人就是讲解《礼记》的有名学者，尚且会这样的误解。

①《月令》:《礼记》篇名。

②郑玄：东汉经学家。

③马薤（xiè）：草本植物名。

④蒲：草本植物名。

⑤《广雅》：训诂书。

⑥《通俗文》：一部解释经史用字的字典。汉服虔撰。

⑦蔡邕：东汉文学家、书法家。

⑧高诱：东汉人。

⑨俊晤：聪明卓异。

⑩体物：铺陈描摹事物的形态。

⑪亲：犹言本人或本身。

原文

《诗》云："将其来施施。"《毛传》云："施施，难进之意。"郑《笺》①云："施施，舒行貌也。"《韩诗》②亦重为"施施"。河北《毛诗》皆云"施施"。江南旧本，悉单为"施"，俗遂是之，恐为少误。

译文

《诗经》说："将其来施施。"《毛诗传》说："施施，难以前进的意思。"郑玄《毛诗传笺》说："施施，缓缓行走的样子。"《韩诗》也是重叠为"施施"二字。黄河以北的《毛诗传》都写作"施施"。江南过去的版本，全都单写作"施"，众人就认可了它，这恐怕是个小小的错误。

原文

《诗》云："有渰萋萋，兴云祁祁。"《毛传》云："渰，阴云貌。萋萋，云行貌。祁祁，徐貌也。"《笺》云："古者，阴阳和，风雨时，其来祁祁然，不暴疾也。"案：渰已是阴云，何劳复云"兴云祁祁"耶？"云"当为"雨"，俗写误耳。班固《灵台》诗云："三光宣精，五行布序，习习祥风，祁祁甘雨。"此其证也。

译文

《诗经》说："有渰萋萋，兴云祁祁。"《毛诗传》解释说："渰，阴云的样子。萋萋，阴云运行的样子。祁祁，舒缓的样子。"郑玄的《毛诗传笺》说："古时候，阴阳调和，风雨及时，它们来时缓缓的，不暴烈迅疾。"据考证：渰已经是阴云的意思了，为什么又不厌其烦地说"兴云祁祁"呢？"云"字应当作"雨"字，是一般人写错了。班固的《灵台》诗说："三光宣精，五行布序，习习祥风，祁祁甘雨。"这就是"云"应当作"雨"的证据。

原文

《礼》云："定犹豫，决嫌疑。"《离骚》曰："心犹豫而狐疑。"先儒未有释者。案：《尸子》曰："五尺犬为犹。"《说文》云："陇西谓犬子为犹。"吾以为人将犬行，犬

241

好豫在人前，待人不得，又来迎候，如此往还，至于终日，斯乃"豫"之所以未定也，故称"犹豫"。或以《尔雅》曰："犹如麂，善登木。"犹，兽名也，既闻人声，乃豫缘木，如此上下，故称"犹豫"。狐之为兽，又多猜疑，故听河冰无流水声，然后敢渡。今俗云："狐疑，虎卜①。"则其义也。

译文

《礼记》说："定犹豫，决嫌疑。"《离骚》说："心犹豫而狐疑。"前代学者对此没有进行解释。据考证：《尸子》说："五尺长的狗叫作犹。"《说文解字》说："陇西地区把小狗叫作犹。"我认为人带着狗行走，狗喜欢预先走在人的前面，等人等不到，又返回来迎候，像这样来来去去，整天如此，这就是"豫"字之所以具有游移不定含义的缘故，所以叫作"犹豫"。也有根据《尔雅》的说法："犹的样子像麂，善于攀登树木。"犹是一种野兽的名称，听到人声后，就预先攀援树木，像这样上上下下，所以叫作"犹豫"。狐狸作为一种野兽，又性多猜疑，要听到河面冰层下没有流水声，才敢渡河。今天的俗语说："狐疑，虎卜。"就是这个含义。

---

①虎卜：卜筮的一种。

原文

《左传》曰："齐侯痎①，遂痁。"《说文》云："痎，二日一发之疟。痁，有热疟也。"案：齐侯之病，本是间日一发，渐加重乎故，为诸侯忧也。今北方犹呼"痎疟"，音"皆"。而世间传本多以"痎"为"疥"，杜征南②亦无解释，徐仙民音"介"，俗儒③就④为通⑤云："病疥，令人恶寒，变而成疟。"此臆说也。疥癣小疾，何足可论，宁有患疥转作疟乎？

译文

《左传》说："齐侯痎，遂痁。"《说文解字》说："痎是两天发作一次的疟疾。痁是伴随着发热症状的疟疾。"据考证：齐侯的病，本来是两天发作一次，较原来逐渐加重，所以成了诸侯忧虑的事。现在北方仍然叫作"痎疟"，发音为"皆"。而世间的传本大多把"痎"写作"疥"，杜预也没有作解释，徐仙民注音作"介"，浅薄的学者依照这个说法为之疏通说："患了疥疮，使人产生畏寒的症状，就转变成了疟疾。"这是一种想当然的说法。疥癣这种小毛病，有什么值得说的，难道会有生疥疮而转变成疟疾的吗？

---

①痎（jiē）：隔日发作的疟疾。

②杜征南：即杜预，字元凯，西晋人，位征南大将军。撰有《春秋左氏经传集解》。

③俗儒：浅陋迂腐的儒士。

④就：从。

⑤通：贯通。

原文

《尚书》曰："惟影响①。"《周礼》云："土圭②测影，影朝影夕。"《孟子》曰："图影③失形。"《庄子》云："罔两问影。"如此等字，皆当为"光景④"之"景"。凡阴景者，因光而生，故即谓为"景"。《淮南子》呼为"景柱⑤"，《广雅》云："晷柱⑥挂景。"并是也。至晋世葛洪《字苑》，傍始加"彡"，音于景反。而世间辄改治《尚书》《周礼》《庄》《孟》从葛洪字，甚为失矣。

译文

《尚书》说："惟影响。"《周礼》说："土圭测影，影朝影夕。"《孟子》说："图影失形。"《庄子》说："罔两问影。"像这些"影"字，都应当作"光景"的"景"。所有的阴影，都是因为有光才产生的，所以就叫作"景"。《淮南子》称为"景柱"，《广雅》说："晷柱挂景。"都是这样的。到了晋代葛洪写的《字苑》中，才开始在旁边加"彡"，注音为于景反。而世上的人就把《尚书》《周礼》《庄子》《孟子》中的"景"字改成葛洪《字苑》中的"影"字，这是很大的错误了。

---

①影响：影子和回声。

②土圭：古代用以测日影、正四时和测度土地的器具。

③图影：画面上的景物。

④光景（yǐng）：光和阴影。景，后作"影"。

⑤景柱：即影柱，古代测日影、定时刻的表柱。

⑥晷柱：即晷表，日晷上测量日影的标杆。

原文

太公《六韬》①，有天陈②、地陈、人陈、云鸟之陈。《论语》曰："卫灵公问陈于孔子。"《左传》："为鱼丽之陈③。"俗本多作"阜"傍"车乘"之"车"。案诸陈队，并作"陈、郑"之"陈"。夫行陈之义，取于陈列耳，此六书④为假借也，《苍》《雅》及近世字书，皆无别字；唯王羲之《小学章》，独"阜"傍作"车"，纵复俗行，不宜追改《六韬》《论语》《左传》也。

译文

姜太公的《六韬》，有天阵、地阵、人阵、云鸟之阵。《论语》说："卫灵公问陈于孔子。"《左传》说："为鱼丽之陈。"一般的版本大多数是将以上几个"陈"字，写作"阜"字旁加"车乘"的"车"字。据考证，表示各种军队陈列队伍的"陈"，都写作"陈、郑"的"陈"。行陈的含义，是从"陈列"这个词中取用过来的，将"陈"写作"阵"，这在六书中就是假借。《苍颉篇》《尔雅》以及近世的字书，都没有写成别的字；只有王羲之的《小学章》中，唯独将"陈"写成"阜"旁加"车"字，即使这种写法很流行，也不应该再更改《六韬》《论语》《左传》中的"陈"字作"阵"字。

---

① 《六韬》：兵书名，是战国时人依托于姜子牙的作品，具体指《文韬》《武韬》《龙韬》《虎韬》《豹韬》《犬韬》。

② 陈（zhèn）：军伍行列，战斗队形。

③鱼丽之陈：古代军阵名。

④六书：古人分析汉字造字的理论，即象形、指事、会意、形声、转注、假借。

原文

《诗》云："黄鸟于飞，集于灌木。"《传》云："灌木，丛木也。"此乃《尔雅》之文，故李巡注曰："木丛生曰灌。"《尔雅》末章又云："木族生为灌。"族亦丛聚也。所以江南《诗》古本皆为"丛聚"之"丛"，而古"丛"字似"寂①"字，近世儒生，因改为"寂"，解云："木之寂高长者。"案：众家《尔雅》及解《诗》无言此者，唯周续之《毛诗注》，音为徂会反，刘昌宗《诗注》，音为在公反，又祖会反：皆为穿凿，失《尔雅》训也。

译文

《诗经》说："黄鸟于飞，集于灌木。"《毛诗传》解释说："灌木，就是丛木。"这是《尔雅》上面的解释文字，所以李巡的注释就是："树木丛生叫灌。"《尔雅》的末章又说："树木族生就是灌。""族"也是丛聚的意思。所以江南地区《诗经》古本中"灌"字都写作"丛聚"的"丛"字，而古"丛"字像"寂"字，近代的学者就将它改成了"寂"字，并解释说："木之寂高长者。"按考证：各家研究《尔雅》和解释《诗经》的都没有这样说过，只有周续之的《毛诗注》，对这个字的注音是徂会反，刘昌宗《诗注》对这个字的注音是在公反，又注为祖会反：都是牵强附会的，违背了《尔雅》的解释。

①寙：同"最"。

原文

"也"是语已①及助句②之辞，文籍备有之矣。河北经传③，悉略此字，其间字有不可得无者，至如"伯④也执殳⑤"，"于旅也语"，"回⑥也屡空⑦"，"风⑧，风⑨也，教也"，及《诗传》云："不戢，戢也；不儺⑩，儺也。""不多，多也。"如斯之类，傥削此文，颇成废阙⑪。《诗》言："青青子衿⑫。"《传》曰："青衿，青领也，学子之服。"按：古者，斜领下连于衿，故谓领为"衿"。孙炎、郭璞注《尔雅》，曹大家⑬注《列女传》，并云："衿，交领⑭也。"邺下《诗》本，既无"也"字，群儒因谬说云："青衿、青领，是衣两处之名，皆以青为饰。"用释"青青"二字，其失大矣！又有俗学⑮，闻经传中时须"也"字，辄以意加之，每不得所，益成可笑。

译文

"也"是语尾及语助词，文籍中都能见到它。黄河以北的经、传，全都删减了这个字，这中间有的"也"字是不能没有的，至于像"伯也执殳""于旅也语""回也屡空""风，风也，教也"，以及《毛诗传》说："不戢，戢也；不儺，儺也。""不多，多也。"像这类例子，如果删去这个"也"字，就完全成了残缺的句子。《诗经》说："青青子衿。"《毛诗传》解释说："青衿，青领也，学子之服。"据考证：古时候，斜领下连到衣衿，所以把领叫作衿。孙炎、

247

郭璞注释的《尔雅》，曹大家注释的《列女传》，都说："衿，交领也。"邺下的《诗经》版本，已经没有"也"字，各位学者就荒谬地解释说："青衿、青领，这是衣服中两处地方的名称，都用青色作装饰。"用来解释"青青"二字，这个差错就大了！又有跟从世俗流行之学的人，听说经传中常常须用"也"字，就按自己的意思随意添加上去，往往加得不是地方，就更加可笑了。

---

① 语已：即语尾。

② 助句：即语助词。

③ 经传：儒家典籍经与传的统称。

④ 伯：指兄弟排行，伯为老大。

⑤ 殳（shū）：古兵器，杖类，以竹和木头制成，顶端有圆形的金属。

⑥ 回：指颜回，孔子学生。

⑦ 空：贫穷。

⑧ 风：指《诗经》的十五国风。

⑨ 风：通"讽"，微言劝告的意思。

⑩ 傩：作"难"。

⑪ 废阙：缺漏。这里指句子不完整。

⑫ 衿：衣的交领。又指古代读书人穿的衣服。

⑬ 曹大家（gū）：即班昭。班固之妹。家，通"姑"，对女子的敬称。

⑭ 交领：古代交叠于胸前的衣领。

⑮ 俗学：世俗流行之学。这里指盲从世俗流行之学的人。

原文

《易》有蜀才注，江南学士，遂不知是何人。王俭①《四部目录》，不言姓名，题云："王弼后人。"谢炅、夏侯该②，并读数千卷书，皆疑是谯周；而《李蜀书》一名《汉之书》，云："姓范名长生，自称蜀才。"南方以晋家渡江后，北间传记，皆名为"伪书"，不贵省读，故不见也。

译文

《易经》有蜀才作注的本子，江南的学士，竟然不知道蜀才是什么人。王俭的《四部目录》中，也不谈他的姓名，只写作："王弼后人。"谢炅、夏侯该是读了数千卷书的人，他俩都怀疑这人是谯周；而《李蜀书》（又名《汉之书》）上说："这人姓范，名长生，自称蜀才。"在南方，因为晋朝渡江之后，北方的传记，都被指为"伪书"，人们不重视阅读它们，所以没见到这段文字。

---

① 王俭：南齐琅邪临沂人，字仲宝。曾任秘书丞等职。撰有《七志》《元徽四部书目》等书。
② 夏侯该：此人应为撰《汉书音》《四声韵略》的夏侯詠，为南朝梁人。

原文

《礼·王制》云："裸股肱①。"郑注云："谓揎②衣出其臂胫。"今书皆作"擐③甲"之"擐"。国子博士萧该云："'擐'，当作'揎'，音'宣'，'擐'是穿着之名，非出臂之义。"案《字林》，萧读是，徐爰音"患"，非也。

译文

《礼记·王制》说:"裸股肱。"郑玄的注释说:"揎衣出其臂胫。"现在的人把"揎"字都写成"擐甲"的"擐"字。国子博士萧该说:"'擐'应当作'揎',读音是'宣','擐'是表示穿着的字,没有露出手臂的含义。"依照《字林》,萧该的读音是正确的,徐爱认为此字读音为"患",是不对的。

---

①股肱:大腿和小臂。

②揎(xuān):挽起衣抽露出手臂。

③擐(huàn):穿。

原文

《汉书》:"田肎①贺上。"江南本皆作"宵"字。沛国刘显,博览经籍,偏精班《汉》,梁代谓之"《汉》圣"。显子臻,不坠家业。读班史,呼为"田肎"。梁元帝尝问之,答曰:"此无义可求,但臣家旧本,以雌黄改'宵'为'肎'。"元帝无以难之。吾至江北,见本为"肎"。

译文

《汉书》说:"田肎贺上。"江南的版本都把"肎"写作"宵"字。沛国人刘显,博览经籍,特别精研班固的《汉书》,梁代称他为"《汉》圣"。刘显的儿子刘臻,不失家传儒业。他读班固的《汉书》时,读作"田肎"。梁元帝曾经就这个问题问过他,他回答说:"这没有什么含义可求,只是因为我家里传下的旧本中,用雌黄把

'宵'字改成了'肎'字。"梁元帝也没办法难住他。我到江北后看见那里的版本就写作"肎"。

---

①田肎（kěn）：人名。肎即肯的古字。

原文

《汉书·王莽赞》云："紫色①蛙声②，余分闰位③。"盖谓非玄黄④之色，不中律吕⑤之音也。近有学士，名问⑥甚高，遂云："王莽非直鸢⑦髆虎视，而复紫色蛙声。"亦为误也。

译文

《汉书·王莽赞》说："紫色蛙声，余分闰位。"大致是说（王莽）不是玄黄正色，不合律吕正音。最近有位学士，名声很高，竟然说："王莽的长相不但是老鹰的肩膀、老虎的目光，而且还是紫色的皮肤、青蛙的嗓音。"这可弄错了。

---

①紫色：不正之色。
②蛙声：不正之声。
③闰位：非正统的帝位。
④玄黄：指天地的颜色。玄为天色，黄为地色。此处用以表示正色。
⑤律吕：古代校正乐律的器具。后亦用以指乐律或音律。此外用以表示正音。
⑥名问：名声，名望。
⑦鸢（yuān）：老鹰。

原文

简"策"①字,"竹"下施"朿",末代隶书,似杞、宋之"宋",亦有"竹"下遂为"夹"者;犹如"刺"字之傍应为"朿",今亦作"夹"。徐仙民《春秋》《礼音》,遂以"笑"为正字,以"策"为音,殊为颠倒。《史记》又作"悉"字,误而为"述",作"妒"字,误而为"姤",裴、徐、邹皆以"悉"字音"述",以"妒"字音"姤"。既尔,则亦可以"亥"为"豕"字音,以"帝"为"虎"字音乎?

译文

简策的"策"字,是"竹"下面加一个"朿",后代的隶书,写得就像杞国、宋国的"宋"字,也有在"竹"下面放一个"夹"字的;就像"刺"字的偏旁应该是"朿",现在也写成"夹"一样。徐仙民的《春秋左氏传音》和《礼记音》就是以"笑"为正字,以"策"为读音,完全弄颠倒了。《史记》又在写"悉"字时,误写成"述",在写"妒"字时,误写成"姤",裴骃、徐邈、邹诞生都用"悉"字给"述"字注音,用"妒"字给"姤"字注音。既然这样,难道也可以用"亥"字为"豕"字注音,以"帝"字为"虎"字注音吗?

---

①简策:编连成册的竹简。

原文

张揖云："虚，今伏羲氏也。"孟康《汉书·古文注》亦云："虚，今伏。"而皇甫谧云："伏羲或谓之宓羲。"按诸经史纬①候②，遂无"宓羲"之号。"虚"字从"虍"，"宓"字从"宀"，下俱为"必"，末世传写，遂误以"虚"为"宓"，而《帝王世纪》因误更立名耳。何以验之？孔子弟子虚子贱为单父宰，即虚羲之后，俗字亦为"宓"，或复加"山"。今兖州永昌郡城，旧单父地也，东门有"子贱碑"，汉世所立，乃曰："济南伏生，即子贱之后。"是知"虚"之与"伏"，古来通字，误以为"宓"，较可知矣。

译文

张揖说："虚，就是现在所说的伏羲氏。"孟康《汉书·古文注》也说："虚，就是现在的伏。"而皇甫谧却说："伏羲，有人也称之为宓羲。"我查阅了各种经书、史书、纬书以及占验之书，就没有"宓羲"这个称号。"虚"字从"虍"，"宓"字从"宀"，下面部分都是"必"，后代人传抄，就误把"虚"写成了"宓"，而皇甫谧的《帝王世纪》据此又另外立了一个名称。用什么来验证它呢？孔子的学生虚子贱担任单父的长官，他就是虚羲氏的后代，俗字也写作"宓"，有的又在"宓"下加个"山"。现在兖州永昌郡城就是过去单父的地盘，东门有一个"子贱碑"，是汉代竖立的，那上面就说："济南人伏生，就是子贱的后人。"由此可以知道"虚"与"伏"，自古以来就是通用字，后人误把"虚"写作"宓"的原因，就明显可知了。

---

①纬：指纬书，其书以儒家经义，附会人事吉凶祸福，预言治乱兴废，多迷信内容。

②候：指占验之书。

原文

《太史公记》①曰："宁为鸡口，无为牛后②。"此是删③《战国策》耳。案：延笃④《战国策音义》曰："尸，鸡中之王。从，牛子。"然则，"口"当为"尸"，"后"当为"从"，俗写误也。

译文

《史记》说："宁为鸡口，无为牛后。"这是节取《战国策》中的文字。据考证：延笃的《战国策音义》说："尸，鸡中之王。从，牛子。"这样看来，鸡口的"口"字应当作"尸"字，牛后的"后"字应当作"从"字，世俗流行的写法是错误的。

---

①《太史公记》：汉、魏、南北朝人称司马迁《史记》为《太史公记》。

②宁为鸡口，无为牛后：宁做进食的鸡口，小而洁；不做出粪的牛后，大而臭。牛后，牛肛门。

③删：节取。

④延笃：字叔坚。博通经传及百家之言，以文章名于时。

原文

应劭①《风俗通》②云:"《太史公记》:'高渐离变名易姓,为人庸保③,匿作于宋子④,久之作苦,闻其家堂上有客击筑⑤,伎痒⑥,不能无出言。'"案:伎痒者,怀其伎而腹痒也。是以潘岳《射雉赋》亦云:"徒心烦而伎痒。"今《史记》并作"俳徊",或作"彷徨不能无出言",是为俗传写误耳。

译文

应劭的《风俗通义》说:"《太史公记》写道:'高渐离变名易姓,为人庸保,匿作于宋子,久之作苦,闻其家堂上有客击筑,伎痒,不能无出言'。"据考证:所谓伎痒,就是怀有那种技艺很想表现,心痒难耐。因此,潘岳的《射雉赋》也说:"徒心烦而伎痒。"现在的《史记》"伎痒"二字都写作"俳徊",或者写作"彷徨不能无出言",这是因为世俗在传抄时写错了。

---

①应劭:东汉汝南南顿(今河南项城西)人,字仲远。献帝时,任泰山太守。著有《汉官仪》十卷、《风俗通义》三十卷。

②《风俗通》:即《风俗通义》。内容以考释议论名物、时俗为主。

③庸保:受雇而被役使的人。

④宋子:县名,今河北钜鹿。

⑤筑:古代弦乐器名。

⑥伎痒:谓有所擅长,遇机会即欲表现,如痒难忍。伎,通"技"。

原文

太史公论英布①曰:"祸之兴自爱姬,生于妒媚②,以至灭国。"又《汉书·外戚传》亦云:"成结宠妾妒媚之诛。"此二"媚"并当作"媚③","媚"亦"妒"也,义见《礼记》《三苍》。且《五宗世家》亦云:"常山宪王④后妒媚。"王充《论衡》云:"妒夫媚妇生,则忿怒斗讼。"益知"媚"是"妒"之别名。原英布之诛为意⑤贲赫耳,不得言"媚"。

译文

太史公司马迁曾经评论英布说:"祸之兴自爱姬,生于妒媚,以至灭国。"另外,《汉书·外戚传》也说:"成结宠妾妒媚之诛。"这两个"媚"字都应当作"媚"字,"媚"也就是"妒",这个字的含义见于《礼记》《三苍》。况且《五宗世家》也说:"常山宪王后妒媚。"王充《论衡》说:"妒夫媚妇生,则忿怒斗讼。"更可明白"媚"是"妒"的别名。推究英布被杀的原因,应是他怀疑贲赫,所以不能说成"媚"。

---

①英布:汉初诸侯王,六县(今安徽六安东北)人。曾坐法黥面,故又称黥布。楚汉战争中,背楚归汉,立为淮南王。汉初,因为彭越、韩信相继为刘邦所杀,他便举兵反叛,战败被杀。

②媚:逢迎取悦。

③媚(mào):男子嫉妒妻妾,也泛指嫉妒。

④常山宪王:即刘舜,汉景帝少子,立为常山王,卒谥"宪"。刘舜多幸姬,引起王后妒忌,故刘舜病时,王后不常侍病。及刘舜死,此事被告发,汉朝

廷遂废王后。

⑤意：怀疑。

原文

《史记·始皇本纪》："二十八年，丞相隗林、丞相王绾等，议于海上。"诸本皆作"山林"之"林"。开皇^①二年五月，长安民掘得秦时铁称权^②，旁有铜涂镌铭^③二所^④。其一所曰："廿六年，皇帝尽并兼天下诸侯，黔首^⑤大安，立号为皇帝，乃诏丞相状、绾^⑥，法^⑦度量则^⑧不壹^⑨歉疑者，皆明壹之。"凡四十字。其一所曰："元年，制诏丞相斯^⑩、去疾^⑪，法度量，尽始皇帝为之，皆有刻辞焉。今袭号而刻辞不称始皇帝，其于久远也，如后嗣为之者，不称成功盛德，刻此诏□左，使毋疑。"凡五十八字，一字磨灭，见有五十七字，了了分明。其书兼^⑫为古隶^⑬。余被^⑭敕^⑮写读之，与内史令^⑯李德林对，见此称权，今在官库；其"丞相状"字，乃为"状貌"之"状"，"爿"旁作"犬"；则知俗作"隗林"，非也，当为"隗状"耳。

译文

《史记·秦始皇本纪》记载："二十八年，丞相隗林、丞相王绾等，议于海上。"各种本子都写作"山林"的"林"字。隋文帝开皇二年五月，长安百姓掘得一个秦代的铁秤锤，旁边有镀铜的镌刻铭文二处，其中一处刻着："廿六年，皇帝尽并兼天下诸侯，黔首大安，立号为皇帝，乃诏丞相状、绾，法度量则不壹歉疑者，皆明壹之。"共四十字。其另一处刻着:"元年,制诏丞相斯、去疾,法度量,尽始皇帝为之,皆有刻辞焉。今袭号而刻辞不称始皇帝,其于久远也,如后嗣为之者,不称成功盛德,刻此诏□左,使毋疑。"共五十八字,有一个字磨灭,可见的有五十七字,非常清晰。它的字体全部是古隶。我受皇帝的命令摹写认读它,并与内史令李德林进行核对,见到这个秤锤,它现在保存在官库里面;那上面"丞相状"的"状"字,乃是"状貌"的"状","爿"旁加"犬";由此知道世俗写作"隗林",是不对的,应当写作"隗状"。

---

①开皇:隋文帝年号。开皇二年为582年。

②权:秤锤。

③铜涂(dù)镌铭:镀铜的镌刻铭文。涂,通"镀",以金饰物。

④所:量词,相当于"处"。

⑤黔首:百姓。

⑥状、绾:即前《史记》文中的丞相隗林、王绾。"林",在此铭文中作"状"。

⑦法:规范,用如动词。

⑧则:准则,用如动词。

⑨壹:统一。

⑩斯:李斯。时为秦左丞相。

⑪去疾:即冯去疾。时为秦右丞相。

⑫兼:全部,整个。

⑬古隶:指秦汉隶书。与三国后盛行的今隶(楷书)对称。

⑭被:受。

⑮敕:皇帝的诏书。

⑯内史令:职官名。

原文

《汉书》云："中外禔福。"字当从"示"。禔，安也，音"匙匕"之"匙"，义见《苍》《雅》①《方言》②。河北学士皆云如此。而江南书本，多误从"手"，属文者对耦，并为"提挈"之意，恐为误也。

译文

《汉书》说："中外禔福。""禔"字应当从"礻"。禔，安宁的意思，发音是"匙匕"的"匙"，其含义见于《仓颉篇》《尔雅》《方言》。黄河以北的学士都说应该如此。而江南的写本中，大多错误地写作"手"字旁，撰写文章的人写对偶句时，都把它当成"提挈"的意思，恐怕是不对的。

━━━ ┄┄┄┄┄┄┄┄┄┄┄┄┄┄┄┄┄┄┄┄┄┄┄┄┄┄┄┄┄┄┄

①《苍》《雅》：指《苍颉篇》和《尔雅》。古代字书。
②《方言》：我国最早的一部方言词典。汉代扬雄撰。

原文

或问："《汉书注》：'为元后父名禁，故禁中为省中①。'何故以'省'代'禁'？"答曰："案：《周礼·宫正》：'掌王宫之戒令纠禁。'郑注云：'纠，犹割也，察也。'李登云：'省，察也。'张揖云：'省，今省詧也。'然则小井、所领二反②，并得训'察'。其处既常有禁卫省察，故以'省'代'禁'。詧，古察字也。"

译文

有人问："《汉书注》记载：'因为孝元皇后的父亲名禁，所以把禁中改称省中。'为什么要用'省'字代替'禁'字呢？"我回答说："据考证：《周礼·宫正》上说：'掌王宫之戒令纠禁。'郑玄的注说：'纠，犹割也，察也。'李登说：'省，察也。'张揖说：'省，今省督也。'那么小井、所领两个反切音的省字，都可以训'察'。禁中那种地方既然经常有禁卫军省察，所以就用'省'来代替'禁'。督，就是古代的察字。"

---

①禁中、省中：均指宫禁之中。

②小井、所领二反：指"省"字有小井、所领两个反切音。

原文

《汉·明帝纪》："为四姓小侯①立学②。"按：桓帝加元服③，又赐四姓及梁、邓小侯帛，是知皆外戚④也。明帝时，外戚有樊氏、郭氏、阴氏、马氏为四姓。谓之小侯者，或以年小获封，故须立学耳。或以侍祠猥朝，侯非列侯，故曰小侯，《礼》云："庶方小侯。"则其义也。

译文

《后汉书·明帝纪》说："为四姓小侯立学。"据考证：汉桓帝行冠礼时，又赐给四姓及梁、邓小侯丝帛，由此知道他们都是外戚。汉明帝的时候，外戚有樊氏、郭氏、阴氏、马氏这四姓。称他们为小侯的原因，可能是年纪尚小就获得封爵，所以还须为他们设立学校。有人以为他们属侍祠侯或猥朝侯，这些爵位名不是封于王子之列的诸侯，所以叫作小侯。《礼记》说："庶方小侯。"就是这个含义。

---

①小侯：旧称功臣子孙或外戚子弟之封侯者为小侯。

②立学：设置学校。

③元服：指冠。古称行冠礼为加元服。

④外戚：指帝王的母族、妻族。

原文

《后汉书》云："鹳雀衔三鳝①鱼。"多假借为"鳣鲔②"之"鳣"；俗之学士，因谓之为"鳣鱼"。案：魏武《四时食制》："鳣鱼大如五斗奁③，长一丈。"郭璞注《尔雅》："鳣长二三丈。"安有鹳雀能胜一者，况三乎？鳣又纯灰色，无文章也。鳝鱼长者不过三尺，大者不过三指，黄地黑文；故都讲④云："蛇鳝，卿大夫服之象⑤也。"《续汉书》及《搜神记》⑥亦说此事，皆作"鳝"字。孙卿⑦云："鱼鳖鳅鳝。"及《韩非》《说苑》皆曰："鳣似蛇，蚕似蠋⑧。"并作"鳣"字。假"鳣"为"鳝"，其来久矣。

译文

《后汉书》说："鹳雀口衔三条鳝鱼。"这个"鳝"字大多假借为"鳣鲔"的"鳣"字；那些世俗的学者，因此而称呼它为"鳣鱼"。据考证：魏武《四时食制》说："鱣鱼大如五斗奁，长度为一丈。"郭璞在《尔雅》注文中说："鱣鱼长度为二三丈。"哪里会有鹳雀能够衔得起一条鱣鱼的，何况是三条呢？而且鱣鱼是纯灰色，身上没有花纹。鳝鱼长的不过三尺，大的粗不超过三指，黄的底色黑的花纹；所以都讲说："蛇鳝是卿大夫衣服上的装饰图像。"《续汉书》及《搜神记》也说到此事，都写作"鳝"字。荀卿说："鱼鳖鳅鱣。"以及《韩非子》《说苑》都说："鱣像蛇，蚕像蠋。"都写作"鱣"字。假借"鱣"作"鳝"，由来已久了。

---

①鳝：黄鳝。

②鲔（wěi）：即鲟鱼。

③奁（lián）：古代盛放梳妆用品的器具，多为圆形、长方形或多边形。

④都讲：古代主持讲学的人。

⑤象：此指装饰图像。

⑥《搜神记》：志怪之书。晋干宝撰。

⑦孙卿：即荀卿。

⑧蠋（zhú）：鳞翅目昆虫的幼虫。青色，似蚕，大如手指。

原文

《后汉书》："酷吏樊晔为天水郡守，凉州为之歌曰：'宁见乳虎穴，不入冀府寺①。'"而江南书本"穴"皆误作"六"。学士因循，迷而不寤②。夫虎豹穴居，事之较者；所以班超云："不探虎穴，安得虎子？"宁当论其六七耶？

译文

《后汉书》说："酷吏樊晔任天水郡太守，凉州城百姓为他编了歌谣说：'宁见乳虎穴，不入冀府寺。'"而江南的版本"穴"字都误写作"六"字。学者们沿袭这个错误，有了迷误而未认识到。虎豹穴居，这是明明白白的事；所以班超说："不探虎穴，安得虎子？"难道他说的是六只虎七只虎吗？

━━━━ ┄┄

①宁见乳虎穴，不入冀府寺：意思是樊晔之凶暴胜过乳虎。乳虎，正在哺乳的母虎，性情特别凶猛。冀为天水太守治所，故称冀府寺。寺，官府办公之地。

②寤：通"悟"，觉悟，了解。

原文

《后汉书·杨由传》云："风吹削肺①。"此是削札②牍③之柿耳。古者，书误则削之，故《左传》云"削而投之"是也。或即谓"札"为"削"，王褒《童约》曰："书削代牍。"苏竟书云："昔以摩研④编削⑤之才。"皆其证也。《诗》云："伐木浒浒⑥。"毛《传》云："浒浒，柿貌也。"史家假借为"肝肺"字，俗本因是悉作"脯腊⑦"之"脯"，或为"反哺⑧"之"哺"。学士因解云："削哺，是屏障之名。"既无证据，亦为妄矣！此是风角⑨占候耳。《风角书》⑩曰："庶人风者，拂地扬尘转削⑪。"若是屏障，何由可转也？

译文

《后汉书·杨由传》说："风吹削肺。"这个"肺"就是削札牍的"柿"。古时候，字写错了就把它刮削掉，所以《左传》说"削而投之"就是这个意思。也有把"札"叫作"削"的，王褒《童约》说："书削代牍。"苏竟的信中说："昔以摩研编削之才。"都是"札"作"削"的证据。《诗经》说："伐木浒浒。"毛《传》解释说："浒浒，柿貌也。"史官们用假借之法把"柿"字写成了肝肺的"肺"字，世上流行的版本又据此全都写成了"脯腊"的"脯"字，或者写作"反哺"的"哺"字。学者们因此解释《后汉书》中的"削哺"一词说："削哺，是屏障之名。"这种解释既无证据，也只能算是乱说了。这里说的是利用风角之术来占吉凶。《风角书》上说："庶人风者，拂地扬尘转削。"如果"削"是指屏障，怎么可能转动呢？

---

①削肺：削札牍时削下的碎片。

②札：古代书写用的小而薄的木片。

③牍：古代写字用的木板。

④摩研：切磋研究。

⑤编削：指编纂书籍。

⑥浒（hǔ）浒：伐木声。

⑦脯（fǔ）腊：干肉。

⑧反哺：鸟雏长成，衔食喂养其母。

⑨风角：用观察风向判断吉凶的占卜术。

⑩《风角书》：讲风角占候之书。

⑪庶人风者，拂地扬尘转削：普通人的风，能够吹拂地面，扬起尘土，使地上的木屑随风旋转。削，碎木屑。

原文

《三辅决录》云:"前队大夫①范仲公,盐豉蒜果共一筩。""果"当作魏颗②之"颗"。北土通呼物一块③,改为一颗,"蒜颗"是俗间常语耳。故陈思王④《鹞雀赋》曰:"头如果蒜,目似擘⑤椒。"又《道经》云:"合口诵经声璨璨⑥,眼中泪出珠子磥⑦。"其字虽异,其音与义颇同,江南但呼为"蒜符",不知谓为"颗"。学士相承,读为"裹结"之"裹",言盐与蒜共一苞裹⑧,内⑨筩中耳。《正史削繁音义》又音"蒜颗"为苦戈反,皆失也。

译文

《三辅决录》说:"前队大夫范仲公,盐豉蒜果共一筩。""果"字应当读作魏颗的"颗",北方地区普遍把"一块"东西,改称为"一颗","蒜颗"就是世间的常用语。所以陈思王曹道植的《鹞雀赋》说:"头如果蒜,目似擘椒。"另外《老子化胡经》说:"合口诵经声璨璨,眼中泪出珠子磥。"果""颗""磥"这几个字虽然写法不同,但发音和意义大致是相同的,江南地区只是称呼为"蒜符",不知道叫作"蒜颗"。学者互相承袭,把这个字读成了"裹结"的"裹",说范仲公把盐和蒜一起包在包裹里,放进竹筩中。《正史削繁音义》又给蒜颗的"颗"注音为苦戈反,两者都是错误的。

---

① 大夫:南阳郡置大夫,职如太守。
② 魏颗:春秋时晋国大夫。
③ 块:量词。

④陈思王：即曹植。

⑤擘：分开；剖裂。

⑥璅（suǒ）璅：同"琐琐"，形容声音细碎。

⑦碌（kē）：同"颗"，颗粒。

⑧苞裹：犹包裹。

⑨内：同"纳"，纳入。

原文

有人访吾曰："《魏志》蒋济①上书云'弊劫②之民'，是何字也？"余应之曰："意为劫舷③即是舷倦之舷耳。张揖、吕忱并云：'支傍作刀剑之刀，亦是剞④字。'不知蒋氏自造支傍作筋力之力，或借剞字，终当音九伪反。"

译文

有人询问我说："《魏志》中记载蒋济上书说'弊劫之民'，这个'劫'是什么字啊？"我回答他说："根据行文的意思，劫就是倦舷的舷字。张揖、吕忱都说：'这个字是支旁加刀剑的刀，也就是剞字。'不知道这个字是蒋济自造支旁加上筋力的力字，还是有人借用它作剞字，不论哪种情况，这个字终归还是应当发音为九伪反。

---

①蒋济：字子通，楚国平阿人。任护军将军，加散骑常侍。

②劫（guì）：困疲。

③舷（guì）：极度疲乏。

④剞（jī）：雕刻用的曲刀。

原文

《晋中兴书》："太山羊曼，常①颓纵②任侠③，饮酒诞节④，兖州号为'䵍伯'。"此字皆无音训。梁孝元帝常谓吾曰："由来不识。唯张简宪见教，呼为'嚜羹⑤'之'嚜'。自尔便遵承之，亦不知所出。"简宪是湘州刺史张缵谥也，江南号为硕学。案：法盛世代殊近，当是耆老⑥相传；俗间又有"䵍䵍"语，盖无所不施，无所不容之意也。顾野王《玉篇》误为"黑"傍"沓"。顾虽博物，犹出简宪、孝元之下，而二人皆云重边。吾所见数本，并无作"黑"者。"重沓"是多饶积厚之意，从"黑"更无义旨。

译文

《晋中兴书》说："泰山的羊曼，平常为人疏慢放纵，扶弱济贫，好酒贪杯漫无节制，兖州那里的人称他为'䵍伯'。"这个'䵍'字各种书里都没有进行解释。梁孝元帝曾经对我说："我不认识这个字。只有张简宪曾经教过我，把它叫作'嚜羹'的'嚜'字。从那以后我就遵从这个读音了，但还是不知道它的出处。"简宪是湘州刺史张缵的谥号，江南地区的人称他为饱学之士。据考证：著《晋中兴书》的何法盛离我们年代很近，那个"䵍"字应当是老人们传下来的；社会上又有"䵍䵍"这个词语，大致是无所不施、无所不容的意思。顾野王的《玉篇》误写为"黑"旁加"沓"。顾野王这人虽然博学多闻，但他的学识还是在张缵、梁孝元帝之下，而后二人都说是"重"字边。我所见到的几个本子，都没有作"黑"旁的。"重沓"是多饶积厚的意思，从"黑"旁是没有意义的。

原文

《古乐府》歌词，先述三子，次及三妇，妇是对舅姑之称。其末章云："丈人且安坐，调弦未遽央①。"古者，子妇供事舅姑，旦夕在侧，与儿女无异，故有此言。"丈人"亦长老之目，今世俗犹呼其祖考②为先亡丈人。又疑"丈"当作"大"，北间风俗，妇呼舅为"大人公"。"丈"之与"大"，易为误耳。近代文士，颇作《三妇诗》，乃为匹嫡③并耦己④之群妻之意，又加郑、卫之辞⑤，大雅君子⑥，何其谬乎？

译文

《古乐府·相逢行》的歌词，先记述三个儿子，接着才述及三个媳妇，媳妇是相对公婆而言的称呼。这首歌词的末章说："丈人且安坐，调弦未遽央。"古时候，媳妇供养侍奉公婆，早晚都在二老身旁，与儿女没有两样，所以歌词中才有这些话。"丈人"也可作为长辈老人的称呼，现在民间老百姓仍然称某人已故的祖辈、父辈为先亡丈人。我又怀疑"丈"字应当写作"大"字，北方地区的风俗，媳妇称呼公公为"大人公"。"丈"字与"大"字，容易误写。近代的文人写了很多《三妇诗》，但都是把妇作为婚配自己的妻子的意思，又在诗中加入一些淫邪的词句，那些道德高尚才能出众的人，为什么如此荒谬呢？

①未遽央：仓猝未尽。
②祖考：指已故的祖辈、父辈。
③匹嫡：婚配。
④耦己：成双。
⑤郑、卫之辞：指春秋时郑国、卫国的歌辞。后用以代指淫荡的文学作品。
⑥大雅君子：指道德才学俱佳者。

原文

《古乐府》歌百里奚①词曰："百里奚，五羊皮。忆别时，烹伏雌②，吹扊扅③；今日富贵忘我为！""吹"当作"炊煮"之"炊"。案：蔡邕《月令章句》曰："键，关牡也，所以止扉，或谓之剡移。"然则当时贫困，并以门牡木作薪炊耳。《声类》作"扊"，又或作"扂"。

译文

《古乐府》歌咏百里奚的歌词说："百里奚，五羊皮。忆别时，

269

烹伏雌，吹<ruby>㸑<rt></rt></ruby>廖；今日富贵忘我为！""吹"字应当写作"炊煮"的"炊"。据考证：蔡邕的《月令章句》说："键，就是关牡，是用来闩门的，有人也称它作剡移。"这样看来，百里奚当时很贫困，把门闩也当作薪柴烧了。这个字《声类》写作"㸑"，有的书也写作"庌"。

---

①百里奚：春秋时秦穆公贤相。原为虞国大夫，后流落楚国。秦穆公闻其贤，用五张羊皮将他从楚国赎回，故百里奚被称为"五羖大夫"。他后辅佐秦穆公建成霸业。

②伏雌：母鸡。

③㸑廖（yǎn yí）：门闩。

原文

《通俗文》①，世间题云"河南服虔字子慎造"。虔既是汉人，其《叙》乃引苏林②、张揖；苏、张皆是魏人。且郑玄以前，全不解反语③，《通俗》反音，甚会④近俗。阮孝绪⑤又云"李虔所造"。河北此书，家藏一本，遂无作李虔者。《晋中经簿》及《七志》，并无其目，竟不得知谁制。然其文义允惬，实是高才。殷仲堪《常用字训》，亦引服虔《俗说》，今复无此书，未知即是《通俗文》，为⑥当有异？近代或更有服虔乎？不能明也。

译文

《通俗文》一书，世间的本子标作"河南服虔字子慎造"。服虔既是汉代人,《通俗文》的《叙》却引用了苏林、张揖的话;苏林、张揖都是三国时魏国人。而且在郑玄以前,人们都不懂得反切,《通俗文》的反切注音,与现在的习惯十分相合。阮孝绪又说是"李虔所撰"。这本书在黄河以北地区,家家收藏有一本,就没有题作李虔的。《晋中经簿》及《七志》上,并没有它的条目,竟然不能知道是谁撰写的。但是它的文辞妥帖,作者确实是才华高绝之人。殷仲堪的《常用字训》,也引用了服虔的《俗说》,现在又没见到这本书,不知它是否就是《通俗文》,还是另一种书?近代或者是另有一位叫服虔吗?不能知晓啊。

---

① 《通俗文》:训释经史用字之书。

② 苏林:三国魏人,字孝友。通文字训诂。

③ 反语:即反切。古代注音的一种方法。

④ 会:相合。

⑤ 阮孝绪:南朝梁人,字士宗。以德行显于世。撰有《七录削繁》。

⑥ 为:或者,还是。表选择。

原文

或问:"《山海经》,夏禹及益所记,而有长沙、零陵、桂阳、诸暨,如此郡县不少,以为何也?"答曰:"史之阙①文,为日久矣;加复秦人灭学,董卓焚书,典籍错乱,非止于此。譬犹《本草》神农所述,而有豫章、朱崖、赵国、常山、奉高、真定、临淄、冯翊等郡县名,出诸药物;《尔雅》周公所作,而云'张仲孝友';

仲尼修《春秋》，而《经》书孔丘卒；《世本》左丘明所书，而有燕王喜、汉高祖；《汲冢琐语》，乃载《秦望碑》；《苍颉篇》李斯所造，而云'汉兼天下，海内并厕，豨黥韩覆，畔讨灭残'；《列仙传》刘向所造，而《赞》云'七十四人出佛经'；《列女传》亦向所造，其子歆又作《颂》，终于赵悼后，而传有更始韩夫人、明德马后及梁夫人嫕。皆由后人所羼②，非本文也。"

译文

有人问："《山海经》这本书，是由夏禹和伯益记述的，而里面有长沙、零陵、桂阳、诸暨等地名，像这样的郡县名在这本书里提到不少，您认为这是怎么回事呢？"我回答说："史书的文章残缺不全，这种情况由来已久；再加上秦朝灭绝学术，董卓作乱焚书，导致经书典籍杂乱无序，失去本来面目，其中的错误不止这些。譬如像《本草》这本书是神农所记述的，然而里面有豫章、朱崖、赵国、常山、奉高、真定、临淄、冯翊等汉代的郡县名称及它们出产的各种药物；《尔雅》是周公撰写的，而书中却说出'张仲孝友'的话；孔子修订《春秋》，而《春秋左氏传》中却写着孔子死亡的语句；《世本》是左丘明撰写的，而里面却有燕王喜、汉高祖之名；《汲冢琐语》发掘于战国时代，里面却记载有《秦望碑》的文字；《苍颉篇》是秦丞相李斯所撰写，里面却说：'汉朝兼并天下，海内英雄竞相参与，陈豨被黥面，韩信遭败覆，叛臣被讨伐，残贼被消灭'；《列仙传》是西汉人刘向所撰写，而书中的《赞》却说'七十四人出自佛经'；《列女传》也是刘向所撰写，他的儿子刘歆又写了《列女传颂》，记事终止于赵悼后，而传中却有更始韩夫人、明德马后及梁夫人嫕。以上所述都是由后人掺杂进去的，不是原文。"

---

①阙：阙疑。
②屦（chàn）：掺杂。

原文

或问曰："《东宫旧事》何以呼'鸱尾^①'为'祠尾'？"答曰："张敞^②者，吴人，不甚稽古^③，随宜记注，逐乡俗讹谬，造作书字耳。吴人呼'祠祀'为'鸱祀'，故以'祠'代'鸱'字；呼'绀'为'禁'，故以'糹'傍作'禁'代'绀'字；呼'盏'为竹简反，故以'木'傍作'展'代'盏'字；呼'镬'字为'霍'字，故以'金'傍作'霍'代'镬'字；又'金'傍作'患'为'镮'字，'木'傍作'鬼'为'魁'字，'火'傍作'庶'为'炙'字，'既'下作'毛'为'鬓'字；金花则'金'傍作'华'，窗扇则'木'傍作'扇'：诸如此类，专辄^④不少。"

译文

有人问道："《东宫旧事》为什么称'鸱尾'为'祠尾'？"我回答说："因为作者张敞是吴地人，不太研习古事，随手记述注释，顺随了乡俗的讹传误说，造作了这类文字。吴地人称呼'祠祀'为'鸱祀'，所以张敞用'祠'代'鸱'字；称呼'绀'为'禁'，所以用'糸'旁加'禁'代替'绀'字；称呼'盏'为竹简反的音，所以用'木'旁加'展'代替'盏'字；称呼'镂'字为'霍'字，所以用'金'旁加'霍'代替'镂'字；又用'金'旁加'患'代替'镮'字，'木'旁加'鬼'代替'魁'字，'火'旁加'庶'代替'炙'字，'既'下加'毛'代替'鬐'字；金花就用'金'旁加'华'字表示，窗扇就用'木'旁加'扇'字表示：诸如此类，任意乱写的字为数不少。"

---

① 鸱（chī）尾：宫殿屋脊正脊两端构件上的装饰。
② 张敞：晋吴郡吴人，仕至侍中尚书，吴国内史。
③ 稽古：研习古事。
④ 专辄：专断，专擅。

原文

又问："《东宫旧事》'六色罽縌'，是何等物？当作何音？"答曰："案：《说文》云：'菨，牛藻也，读若威。'《音隐》：'坞瑰反。'即陆机所谓'聚藻，叶如蓬'者也。又郭璞注《三苍》亦云：'蕴，藻之类也，细叶蓬茸生。'然今水中有此物，一节长数寸，细茸如丝，圆绕可爱，长者二三十节，犹呼为'菨'。又寸断五色丝，横着线股间绳之，以象菨草，用以饰物，即名为'菨'；于时当绀六色罽，作此菨以饰绳带，张敞因造'糸'旁'畏'耳，宜作'隈'。"

译文

又有人问:"《东宫旧事》上面的'六色罽缕'是什么东西?应当读作什么音?"我回答说:"据考证:《说文解字》说:'菨,就是牛藻,读作威的音。'《说文音隐》:'坞瑰反。'就是陆机所说的'聚藻,叶子像蓬草'的那种东西。另外,郭璞注释的《三苍》也说:'蕰,属藻类,叶子的形状细长,上面长着松散的茸毛。'现在水中有这种植物,它的一节枝茎有几寸长,纤细的茸毛如丝,缠绕成圆形,十分可爱,长的有二三十节,人们仍然称它为'菨'。此外,把五色丝线剪断成一寸长,横放在几股线中间用绳子拴住,把它做得像菨草一样,用来装饰物品,这种丝织物就叫作"菨";那时一定是要捆缚六色的丝毛,就制成了这种菨来装饰缤带,张敞于是造了'糸'旁加'畏'的字,其实应该是'缓'字。

原文

柏人城东北有一孤山,古书无载者。唯阚骃《十三州志》以为舜纳于大麓,即谓此山,其上今犹有尧祠焉;世俗或呼为"宣务山",或呼为"虚无山",莫知所出。赵郡士族有李穆叔、季节兄弟、李普济,亦为学问,并不能定乡邑此山。余尝为赵州佐,共太原王邵读柏人城西门内碑。碑是汉桓帝时柏人县民为县令徐整所立,铭曰:"山有嶵嶅,王乔所仙。"方知此"嶵嶅"山也。"嶵"字遂无所出。"嶅"字依诸字书,即"旄丘"之"旄"也;"旄"字,《字林》一音亡付反,今依附俗名,当音"权务"耳。入邺，为魏收说之，收大嘉叹。值其为《赵州庄严寺碑铭》，因云"权务之精"，即用此也。

译文

柏人城东北有一座孤山，古书中没有关于它的记载。只有阚骃的《十三州志》认为尧曾经纳舜于大麓，就是说的这座山，它的上面现在还有尧的祠庙；世人有的称它为"宣务山"，有的称它为"虚无山"，没有谁知道这些称呼的来历。赵郡的士族中有李穆叔、李季节兄弟和李普济，也可算有学问的人，却都不能判定他们家乡这座山的名称及由来。我曾经担任赵州佐，与太原的王邵一起研读柏人城西门内的石碑。那块碑是汉桓帝时柏人县的民众为县令徐整竖立的，上面的铭文说："县内有一座'灉嵍'山，是王乔成仙的地方。"我才知道这山就是灉嵍山。"灉"字却不知道它的出处。"嵍"字依照各种字书，就是"旄丘"的"旄"字；《字林》给"旄"字注一音作亡付反，现在依照通俗的名称，应当读作"权务"的音。我到邺城后，给魏收说了这件事，魏收对此大加赞许。正赶上他撰写《赵州庄严寺碑铭》，于是写了"权务之精"这句话，就是使用了这个典故。

原文

或问："一夜何故五更？更何所训？"答曰："汉、魏以来，谓为甲夜、乙夜、丙夜、丁夜、戊夜，又云'鼓'，一鼓、二鼓、三鼓、四鼓、五鼓，亦云一更、二更、三更、四更、五更，皆以'五'为节。《西都赋》[①]亦云：'卫[②]以严更之署[③]。'所以尔者，假令正月建寅[④]，斗柄⑤夕则指寅，晓则指午矣；自寅至午，凡历五辰⑥。冬夏之月，虽复长短参差，然辰间辽阔，盈不过六，缩不至四，进退常在五者之间。更，历也，经也，故曰五更尔。"

译文

有人问："一夜为什么有五更？'更'字作什么解释？"我回答说："汉、魏以来，一夜的五个时辰被称为甲夜、乙夜、丙夜、丁夜、戊夜；又叫作'鼓'，分为一鼓、二鼓、三鼓、四鼓、五鼓；也叫作一更、二更、三更、四更、五更，都是以'五'来划分时间段落。《西都赋》也说：'卫以严更之署。'之所以这样，是因为假如把正月作为建寅之月，北斗星的斗柄日落时就指向寅的区间，日出时就指向午的区间；从寅时到午时，共经历了五个时辰。冬天和夏天的月份，白昼和夜晚的时间虽然长短不齐，但是时辰之间的长短差别，长的不会超过六个时辰，短的不会低于四个时辰，或长或短常在五个时辰之间。更，是经历、经过的意思，所以称作五更。"

①《西都赋》：班固作。

②卫：保卫。

③严更之署：督行夜鼓的郎署，护卫汉宫。汉宫周卫，郎在内，卫卒在外，郎所居为署。

④建寅：夏历以寅月为岁首，称建寅。

⑤斗柄：北斗柄。指北斗的第五至第七星，即衡、开泰、摇光。

⑥五辰：古人用十二地支表示一昼夜的十二个时辰，每个时辰等于现在的两小时。从寅时开始，经卯、辰、巳、午，共五个时辰。

原文

《尔雅》云："术，山蓟也。"郭璞注云："今术似蓟而生山中。"案：术叶其体似蓟，近世文士，遂读"蓟"为"筋肉"之"筋"，以耦"地骨"用之，恐失其义。

译文

《尔雅》说："术，就是山蓟。"郭璞注释说："术长得像蓟草，生长在山中。"据考证：术叶的形状就像蓟草，近代的文人，竟然把"蓟"读成"筋肉"的"筋"，以"山蓟（筋）"作为"地骨"的对偶来使用它，这恐怕不是它的意思。

原文

或问："俗名'傀儡子①'为'郭秃'，有故实乎？"答曰："《风俗通》云：'诸郭皆讳秃。'当是前代人有姓郭而病秃者，滑稽戏调②，故后人为其象，呼为'郭秃'，犹《文康》象庾亮耳。"

译文

有人问："俗称'傀儡戏'叫'郭秃'，有什么典故吗？"我回答说："《风俗通》上面讲：'所有姓郭的人都避讳秃字。'应当是前代人有姓郭而患秃头病的人，善于滑稽调笑，所以后人就把木偶制成了他的形象，叫作'郭秃'，就像《文康》乐舞中出现的庾亮的形象一样。"

原文

　　或问曰："何故名'治狱参军'为'长流'乎？"答曰："《帝王世纪》①云：'帝少昊②崩，其神降于长流之山，于祀主秋③。'案：《周礼·秋官》，司寇④主刑罚、长流之职，汉、魏捕贼掾⑤耳。晋、宋以来，始为参军，上属司寇，故取秋帝⑥所居为嘉名焉。"

译文

　　有人问："为什么称'治狱参军'为'长流'呢？"我回答说："《帝王世纪》说：'少昊帝驾崩，他的神灵降临到长流山上，主持秋祭。'据考证：《周礼·秋官》上说，司寇掌管刑罚、长流的职表，就是汉魏时期的捕贼掾。两晋、刘宋以来，朝廷中才开始置参军，上属司寇管辖，所以就取秋帝少昊所居之处作为美称。"

⑤掾：官府中佐助官吏的通称。

⑥秋帝：指少昊。

原文

客有难主人曰："今之经典，子皆谓非，《说文》所言，子皆云是，然则许慎胜孔子乎？"主人拊掌大笑，应之曰："今之经典，皆孔子手迹耶？"客曰："今之《说文》，皆许慎手迹乎？"答曰："许慎检以六文①，贯以部分②，使不得误，误则觉之。孔子存其义而不论其文也。先儒尚得改文从意，何况书写流传耶？必如《左传》'止戈'为'武'，'反正'为'乏'，'皿虫'为'蛊'，'亥'有'二首六身'之类，后人自不得辄改也，安敢以《说文》校其是非哉？且余亦不专以《说文》为是也，其有援引经传，与今乖者，未之敢从。又相如《封禅书》曰：'导③一茎六穗于庖④，牺⑤双觡⑥共抵⑦之兽。'此'导'训'择'，光武诏云：'非徒有豫养导择⑧之劳'是也。而《说文》云：'导是禾名。'引《封禅书》为证；无妨自当有禾名导，非相如所用也。'禾一茎六穗于庖'，岂成文乎？纵使相如天才鄙拙，强为此语；则下句当云'麟双觡共抵之兽'，不得云'牺'也。吾尝笑许纯儒⑨，不达文章之体，如此之流，不足凭信。大抵⑩服⑪其为书，隐括⑫有条例，剖析穷根源，郑玄注书，往往引以为证；若不信其说，则冥冥不知一点一画，有何意焉？"

译文

　　有位客人非难我说："今天经书典籍中的文字，你都说是错误的，而《说文》对文字的解释，你认为都是正确的，这么说来，难道许慎比孔子还高明吗？"我拍手大笑，回答他说："今天的经典，都是孔子的手迹吗？"客人说："今天的《说文》，都是许慎的手迹吗？"我回答道："许慎用六书来检验文字，用分出的部首贯串全书，使它们不致出现错误，出现错误就能发现。孔子保留文句的含义而不讨论文字本身。前辈学者尚能改动经典的文字以顺从文句的含义，何况这些典籍经过历代传抄呢？必须是像《左传》里所说的'止戈'为'武'，'反正'为'乏'，'皿虫'为'蛊'，'亥'有'二首六身'这类情况，后人自然不能随便改动，哪能用《说文》来考校它们的对与错呢？况且我也不是只以《说文》为是，《说文》中有援引经传的文句，与今天的经传文句不相合的，我就不敢顺从它。又比如司马相如的《封禅书》说：'导一茎六穗于庖，牺双觡共抵之兽。'这个'导'字就解释作'择'，汉光武帝的诏书说：'非徒有豫养导择之劳'中的'导'字，就是这个含义。而《说文》却说：'导是禾名。'并引《封禅书》为例证；我们不妨说本来就有一种禾叫导，却不是司马相如在《封禅书》中使用的。否则，'禾一茎六穗于庖'，难道能成文句吗？就算是司马相如的天资低下拙劣，很勉强地写下了这句话；那么下一句也应当说'麟双觡共抵之兽'，而不应该说'牺双角各共抵之兽'。我曾经嘲笑许慎是专一于文字的纯粹儒者，不懂得文学作品的体裁和风格，像这一类情况，就不足凭信。但总的说来我佩服许慎撰写的这本书，审定文字有条例可依，剖析文字含义能够穷尽它的根源，郑玄注释经书时，往往引用《说文》为证；如果我们不相信《说文》的学说，就会懵懵懂懂地不知道文字的一点一画，这样即使饱读经书典籍又有什么意义呢？"

---

①六文：即六书。

②部分：指许慎在《说文解字》中首创的部首编排法。

③导：选择。

④庖：厨房。

⑤牷：宗庙祭祀的牲畜。

⑥觡：骨角。

⑦抵：本，指角的底部。

⑧导择：二字连文为义，即选择的意思。

⑨纯儒：纯粹的儒者。这里指专于文字训诂的读书人。

⑩大抵：表示总括一般情况。

⑪服：佩服。

⑫隐括：也作"隐栝"，矫正竹木弯曲的器具。引申为修改、订正之意。

原文

世间小学①者，不通古今，必依小篆②，是正③书记④；凡《尔雅》《三苍》《说文》，岂能悉得苍颉⑤本指⑥哉？亦是随代损益，互有同异。西晋已往字书，何可全非？但令体例成就，不为专辄⑦耳。考校是非，特须消息⑧。至如"仲尼居"，三字之中，两字非体，《三苍》"尼"旁益"丘"，《说文》"尸"下施"几"⑨：如此之类，何由可从？古无二字，又多假借，以"中"为

"仲"，以"说"为"悦"，以"召"为"邵"，以"间"为"闲"：如此之徒，亦不劳改。自有讹谬，过成鄙俗，"乱"旁为"舌"，"揖"下无"耳"，"鼋""鼍"从"龟"，"奋""夺"从"雚"，"席"中加"带"，"恶"上安"西"，"鼓"外设"皮"，"鑿"头生"毁"，"离"则配"禹"，"壑"乃施"豁"，"巫"混"经"旁，"皋"分"泽"片，"猎"化为"獦"，"宠"变成"寵"，"业"左益"片"，"靈"底着"器"，"率"字自有"律"音，强改为别；"单"字自有"善"音，辄析成异：如此之类，不可不治。吾昔初看《说文》，蚩薄世字，从正则惧人不识，随俗则意嫌其非，略是不得下笔也。所见渐广，更知通变，救前之执，将欲半焉。若文章著述，犹择微相影响者行之，官曹文书，世间尺牍，幸不违俗也。

译文

世上那些研究文字、音韵、训诂的人不懂古今文字的变化，写字一定要依据小篆，以此订正书籍；凡是《尔雅》《三苍》《说文》上面的文字，难道都能得到仓颉造字时的最初字形吗？也是依随年代变化而增减笔画，相互之间有同有异。西晋以来的字书，怎么能够全部否定呢？只要它们能使体例完备，不任由人随意发挥就行了。考校文字的对错，特别需要斟酌。至于像"仲尼居"这三个字中，有两个字就不合正体，《三苍》在"尼"旁边加了"丘"，《说文》在"尸"下面放了"几"：像这一类例子，怎么可以依从呢？古代一个字没有两种形体，又多假借之字，以"中"为"仲"，以"说"为"悦"，以"召"为"邵"，以"间"为"闲"：像这一类情况，也用不着劳神去改它。有时文字本身就有错讹谬误，这种错字却形成了不良的风气，如"乱"字偏旁是"舌"，"揖"字下面无"耳"，"鼋""鼍"的下面部分依从了"龟"的形体，"奋""夺"的下面依从了"萑"的形体，"席"字中间加"带"字，"恶"字上面安"西"字，"鼓"字的外部加"皮"字，"鑿"字顶部写成"毁"字，"离"字的左面配上"禹"字，"壑"字上面加成"豁"，"巫"字与"经"字的"巠"旁相混淆，"皋"字写成"泽"的半边，"猎"字变成了"獦"字，"宠"字变成了"竉"字，"业"字左面加上"片"，"靈"的下面写成"器"，"率"字本来就有"律"这个音，却非得改换为别的字；"单"字本来就有"善"这个音，往往被分析成别的读音：像这一类情况，不可不加整治。我从前看《说文》时，看不起俗字，想依从正体又怕别人不认识，想随顺俗体心里又觉得这样写不对，这样就完全不能下笔为文了。后来，随着所见的东西逐渐增多，进一步懂得了通变的道理，要补救从前的偏执态度，需要把从正和随俗二者结合起来。如果是写文章做学问，就要选择稍微近似的字来用，如果是写官府的文书，或社会上的信函，就希望不要违背世俗的用字习惯。

---

①小学：指文字、音韵、训诂之学。

②小篆：书体的一种。相传秦相李斯将籀文简化而成。

③是正：订正，校正。

④书记：书籍。

⑤苍颉：即仓颉，传说他创造了文字。

⑥本指：本意。这里指最初的字形。指，通"旨"。

⑦专辄：专擅，专断。

⑧消息：斟酌。

⑨尸下施几：此字作"尻"。古人以之作居处的"居"字。

原文

案：弥亘字从二间舟，《诗》云："亘之秬秠"是也。今之隶书，转"舟"为"日"；而何法盛《中兴书》乃以"舟"在"二"间为舟"航"字，谬也。《春秋说》以"人十四心"为"德"，《诗说》以"二在天下"为"酉"，《汉书》以"货泉①"为"白水真人"，《新论》以"金昆"为"银"，《国志》以"天上有口"为"吴"，《晋书》以"黄头小人"为"恭"，《宋书》以"召刀"为"邵"，《参同契》以"人负告"为"造"：如此之例，盖数术②谬语，假借依附，杂以戏笑耳。如犹③转"贡"字为"项"，以"叱"为"七"，安可用此定文字音读乎？潘、陆④诸子《离合诗》《赋》《杖卜》《破字经》，及鲍照《谜字》，皆取会流俗，不足以形声论之也。

译文

据考证："弥亘"的"亘"字，从属于"二"字当中加"舟"字，就是《诗经》说的："亘之秬秠"的"亘"字。现在的隶书，把"二"字中间的"舟"字转化成"日"。而何法盛的《晋中兴书》竟然认为"舟"加在"二"间为"舟航"的"航"字，这是错误的。《春秋说》以"人十四心"为"德"字，《诗说》以"二在天下"为"西"字，《汉书》以"货泉"二字拆开作"自水真人"字，《新论》以"金昆"为"银"字，《三国志》以"天上有口"为"吴"字，《晋书》以"黄头小人"为"恭"字，《宋书》以"召刀"组成"邵"字，《周易参同契》以"人负告"为"造"字：像这一类例子，都是玩弄术数的荒谬言语，不过是假托附会，把游戏玩笑穿插在中间罢了。就好像把"贡"字转变成"项"字，把"叱"字当成"七"字一样，哪里能用这种方法审定文字的读音呢？潘岳、陆机诸人所写的《离合诗》《离合赋》《栻卜》《破字经》，以及鲍照的《谜字》，都是迎合社会上流行的风气，不能够拿形声造字的方法理论来评论它们。

---

①货泉：东汉王莽时货币名。

②数术：又称术数，即以种种方术观察自然现象，推测人和国家的气数和命运。

③犹：如同。

④陆：即陆机。

原文

河间邢芳语吾云："《贾谊传》云：'日中必熭①。'注：'熭，暴②也。'曾见人解云：'此是暴疾之意，正言日中不须臾，卒然③便昃④耳。'此释为当乎？"吾谓邢曰："此语本出太公《六韬》，案字书，古者'曝⑤晒'字与'暴⑥

疾'字相似，唯下少异，后人专辄加傍'日'耳。言日中时，必须曝晒，不尔者，失其时也。晋灼已有详释。"芳笑服而退。

译文

河间人邢芳对我说："《汉书·贾谊传》上说：'日中必熭。'注释是：'熭，暴也。'我曾经见人解释说：'这个"暴"是"暴疾"的意思，就是说太阳当顶不一会儿，突然间就西斜了。'这个解释恰当吗？"我对邢芳说："这句话原本出自姜太公的《六韬》，考证字书中的说法，古时候'暴晒'的'暴'字与'暴疾'的暴字很相似，只是下面稍微不同，后来的人主观地在暴字旁边加了个'日'旁。这句话的意思是太阳当顶时，必须晒物品，不这样的话，就会失去时机。对此晋灼已有详细解释。"邢芳听了我的说明后笑着信服地走了。

---

①熭（wèi）：曝晒，晒干。

②暴：此处即迅猛的意思。

③卒（cù）然：突然。卒，通"猝"。

④昃（zè）：太阳偏西。

⑤暴：同"暴"，曝晒。

⑥暴：同"暴"，暴疾。

卷七

音辞第十八

本篇主要讲述了语言和音韵方面的有关内容。全国各地的人，言语各不相同，各地方音、方言的差异是一种自然现象，这种差异受到生活环境的影响。作者认为解决的方法只能是大家都用帝王都城的语言，参照比较各地方言，考察审核古今语音，从而替它们确定一个恰当的标准。作者还提出了正确的学习方法：要实事求是，不要受方言的影响；从小养成正确的发音习惯；没有考证的，不是自己亲身经历的，不要草率给出结论，这样可避免出现错误。

原文

夫九州之人，言语不同，生民已①来，固常然矣。自《春秋》标齐言之传，《离骚》目楚词之经，此盖其较明之初也。后有扬雄著《方言》，其言大备。然皆考名物之同异，不显声读之是非也。逮②郑玄注“六经”，高诱解《吕览》《淮南》，许慎造《说文》，刘熹制《释名》，始有譬况假借以证音字耳。而古语与今殊别，其间轻重清浊③，犹未可晓；加以内言外言、急言徐言④、

288

读若之类，益使人疑。孙叔言创《尔雅音义》，是汉末人独知反语。至于魏世，此事大行⑤。高贵乡公不解反语，以为怪异。自兹厥后，音韵锋出，各有土风⑥，递相非笑，指马⑦之谕，未知孰是。共以帝王都邑，参校方俗，考核古今，为之折衷。摧而量之，独金陵与洛下耳。南方水土和柔，其音清举⑧而切诣，失在浮浅，其辞多鄙俗。北方山川深厚，其音沉浊而钝鈍⑨，得其质直，其辞多古语。然冠冕君子，南方为优；闾里小人，北方为愈。易服而与之谈，南方士庶，数言可辩；隔垣而听其语，北方朝野，终日难分。而南染吴越，北杂夷虏，皆有深弊，不可具论。其谬失轻微者，则南人以"钱"为"涎"，以"石"为"射"，以"贱"为"羡"，以"是"为"舐"；北人以"庶"为"戍"，以"如"为"儒"，以"紫"为"姊"，以"洽"为"狎"。如此之例，两失甚多。至邺已来，唯见崔子约、崔瞻叔侄，李祖仁、李蔚兄弟，颇事言词，少为切正。李季节⑩著《音韵决疑》，时有错失；阳休之造《切韵》，殊为疏野。吾家儿女，虽在孩稚，便渐督正之；一言讹替，以为己罪矣。云为品物，未考书记者，不敢辄名，汝曹所知也。

译文

全国各地的人，言语各不相同，自从有人类以来，就一向如此。自从《春秋》有了标明齐地方言传本，《离骚》被看作楚人语词的经典作品，这大概就是语言差异开始明显的初级阶段吧。后来，扬雄写出了《方言》一书，这方面的论述就大为完备了。但书中都是考辨事物名称的异同，并不显示读音的对与错。直到郑玄注释"六经"，高诱注解《吕览》《淮南子》，许慎撰写出《说文解字》，刘熹（即刘熙）编著了《释名》，这才开始有譬况假借的方法用来验证字音。然而古代语言与今天的语言有着很大差别，这中间语音的轻重清浊，仍然不能了解；再加上他们是采用内言外言、急言徐言、读若这一类的注音方法，就更让人疑惑不解。孙叔言创制了《尔雅音义》一书，这是汉末人唯独懂得使用反切法注音的。到了曹魏时期，这种注音法盛行起来。高贵乡公曹髦因为不懂反切注音法，被人们认为是一桩奇怪的事。从那以后，音韵方面的论著大量出现，各自带有地方口语的色彩，相互之间非难嘲笑，是非曲直，也难以作出判断。看来只能是大家都用帝王都城的语音，参照比较各地方言，考察审核古今语音，以此替它们确定一个恰当的标准。经过这样的反复研究斟酌，只有金陵和洛阳地区的发音足以分别代表南北地区发音标准。南方的水土平和温柔，所以南方人的口音清脆悠扬、快速急切，它的弱点在于发音浮而浅，其言辞多鄙陋粗俗。北方的山川深邃宽厚，所以北方人的口音低沉粗重、滞浊迟缓，体现了它的质朴劲直，它的言辞多古代语汇。然而谈到官宦君子的语言，还是南方地区的为优；谈到市井小民的语言，则是北方地区的较胜。假如给两个不同阶层的人交换了服装让他们交谈，那么南方的官绅与平民，只须听他们说几句话就可分辨出他们的身份；隔着墙听北方人谈话，则北方的官绅和平民，你一整天也难以区分出来。然而南方的语言已经沾染了吴越地区的方言，北方的语言已经杂糅了异族的词汇，两者都有严重的弊端，在此不能够一一加以评论。有些情况错在发音过于轻微，例如南方人把"钱"读作"涎"，把"石"读作"射"，把"贱"读作"羡"，把"是"读作"舐"；北方人把"庶"读作"戍"，把"如"读作"儒"，把"紫"读作"姊"，把"洽"读作"狎"。像这些例子，两者的差失都很多。我到邺城以来，只看到崔子约、崔瞻叔侄，李祖仁、李蔚兄弟，对语言略有研究，稍微做了些切磋补正的工作。李概所著的《音韵决疑》，时时出现错误差失；阳休之编著的《切韵》，十分粗略草率。我家的儿女们，虽然还在孩童时代，我就开始在这方面对他们进行矫正；孩子一个字说得不对，我就认为那是自己的过错。家中各种物品，没有经过从书本中考证过的，就不敢随便称呼名字，这是你们所知道的。

---

①已：通"以"，表示时间、方位、数量的界限。

②逮：到。

③清浊：语音学术语。指语音的清声与浊声，发音时声带不振动的为清声，反之为浊声。

④急言徐言：急言指发音急促，徐言指缓气言之。

⑤大行：广泛流行。

⑥土风：方音土语。

⑦指马：战国时名家公孙龙提出"物莫非指，而指非指""白马非马"等命题，讨论名与实之间的关系。后以"指马"指称争辩是非、差别。

⑧清举：声音清脆而悠扬。

⑨铫（é）钝：浑厚，不尖锐。

⑩李季节：名概，字季节。

原文

古今言语，时俗不同；著述之人，楚、夏①各异。《苍颉训诂》②，反"稗"为"逋卖"③，反"娃"为"于乖"；《战国策》音"刭"为"免"；《穆天子传》音"谏"为"间"；《说文》音"戛"为"棘"，读"皿"为"猛"；《字林》音"看"为"口甘"反，音"伸"为"辛"；《韵集》以成、仍、宏、登合成两韵，为、奇、益、石分作四章；李登④《声类》以"系"音"羿"，刘昌宗《周官音》读"乘"若"承"：此例甚广，必须考校。前世反语，又多不切，徐仙民《毛诗音》反"骤"为"在遘"，《左传音》切"椽"为"徒缘"，不可依信，亦为众矣。今之学士，语亦不正；古独何人，必应随其讹僻乎？《通俗文》曰："入室求曰搜。"反为"兄侯"。然则"兄"当音"所荣"反。今北俗通行此音，亦古语之不可用者。玙璠⑤，鲁人宝玉，当音"余烦"，江南皆音"藩屏"之"藩"。"岐山"当音为"奇"，江南皆呼为"神祇"之"祇"。江陵陷没，此音被于关中，不知二者何所承案。以吾浅学，未之前闻也。

译文

古代和今天的语言，因为时俗的变化而有所不同；进行著述的人，因为地处南、北而在语音上表现出差异。《苍颉训诂》一书，把"稗"的反切音注为"逋卖"，把"娃"的反切音注为"于乖"；《战国策》把"刭"注音为"免"；《穆天子传》把"谏"注音为"间"；《说文》把"戛"注音为"棘"，把"皿"读为"猛"；《字林》

把"看"注音为"口甘"反，把"伸"注音为"辛"；《韵集》把成、仍、宏、登分别合成两个韵，又把为、奇、益、石分成四个韵；李登的《声类》以"系"作"羿"的音，刘昌宗的《周官音》把"乘"读作"承"：这类例子是很普遍的，必须对它们进行考校。前代人的反切注音，又有很多不确切，徐邈的《毛诗音》把"骤"的反切音注为"在遭"，《左传音》把"椽"的反切音注为"徒缘"，这是不可以依凭的，这种情况也是很多的了。今天的学者，注音也有不正确的；古人难道有什么特殊的地方，一定要依随他们的谬误呢？《通俗文》上说："入室求曰搜。"服虔把"搜"的反切音注为"兄侯"。如果这样，那么"兄"应当发音为"所荣"反。现在北方的习惯就通行这个音，这也是古代言语中不可沿用的。玙璠，是鲁国人的宝玉，"璠"的反切应当发音为"余烦"，江南地区的人都把这个字发音为"藩屏"的"藩"。"岐山"的"岐"应当发音为"奇"，江南地区都把它呼为"神祇"的"祇"。江陵城陷落的时候，这两个音就流行于关中，不知道是根据什么语音来的。凭我肤浅的学识，还没有听说过。

---

①楚、夏：楚指春秋战国时的楚国地域；夏指华夏，即中原地区。此处楚、夏泛指南、北地区。

②《苍颉训诂》：书名，后汉杜林撰。《旧唐书·经籍志》著录。

③反"稗"为"逋卖"：反切"稗"字的音为"逋卖"，即用逋的声母和卖的韵母拼读出稗字。

④李登：三国魏人，撰有《声类》一书，《隋书·经籍志》著录作十卷，已佚。

⑤玙璠（yú fán）：美玉。

原文

北人之音，多以"举""莒"为"矩"。唯李季节云："齐桓公与管仲于台上谋伐莒，东郭牙望见桓公口开而不闭，故知所言者莒也。然则莒、矩必不同呼①。"此为知音矣。

译文

北方人的语音，大多把"举""莒"读为"矩"。只有李季节说："齐桓公和管仲在台上商议攻伐莒国，东郭牙远远看见齐桓公的嘴是张开的而不是闭拢的，所以知道他们谈论的对象是莒国。这样看来，莒、矩二字的发音方法一定有开口合口的区别。"他是通晓音韵的人。

---

① 呼：音韵学名词。汉语音韵学家依据口、唇的形状将韵母分为开口呼、齐齿呼、合口呼、撮口呼四类，合称四呼。

原文

夫物体自有精粗，精粗谓之好恶①；人心有所去取，去取谓之好恶②。此音见于葛洪、徐邈③。而河北学士读《尚书》云好生恶杀。是为一论物体，一就人情，殊不通矣。

译文

器物自身有精致或粗糙的分别，这种精致或粗糙就称之为好或坏；人的感情对某样事物有所舍弃或保留，这种舍弃或保留的态度称之为喜爱或讨厌。这后一个"好恶"的读音见于葛洪、徐邈的撰著。而黄河以北地区的读书人读《尚书》的时候却读作"好（hǎo）生恶（è）杀"。这样，读音取了评论器物精致或粗糙的读音，而意思却是表达感情的弃取，就太说不通了。

---

①好恶（hǎo è）：好和坏。
②好恶（hào wù）：喜爱和讨厌。
③此音见于葛洪、徐邈：指第二个"好恶"的读音见于葛洪、徐邈的音韵学著作。

原文

"甫"者，男子之美称，古书多假借为"父"字；北人遂无一人呼为"甫"者，亦所未喻。唯管仲、范增之号，须依字读耳。

译文

"甫"是男子的美称，古书多通假为"父"字；北方人都依本字而读，没有一个人将"父"读作"甫"，这是因为他们不明白二者的通假关系。管仲号仲父，范增号亚父，只有像这种情况，"父"字应该依本字而读。

原文

案：诸字书，焉者鸟名，或云语词①，皆音"于愆"反。自葛洪《要用字苑》分焉字音训[2]：若训"何"训"安"，当音"于愆"反，"于焉逍遥""于焉嘉客""焉用佞""焉得仁"之类是也；若送句及助词，当音"矣愆"反，"故称龙焉""故称血焉""有民人焉""有社稷焉""托始焉尔""晋、郑焉依"之类是也。江南至今行此分别，昭然易晓；而河北混同一音，虽依古读，不可行于今也。

译文

据考证：考察各种字书，都认为"焉"是鸟的名称，有的字书说是虚词，都注音为"于愆"反。从葛洪的《要用字苑》开始区分"焉"字的注音释义：如果是解释作"何"或解释作"安"，就应当注音为"于愆"反，"于焉逍遥""于焉嘉客""焉用佞""焉得仁"之类都是这样的；如果是用为句尾语气词及句中语气词，就应当注音为"矣愆"反，"故称龙焉""故称血焉""有民人焉""有社稷焉""托始焉尔""晋、郑焉依"之类都是这样的。江南地区至今仍然实行这种分别，明明白白地容易理解；而黄河以北地区把二者混同作一个读音，虽然是依照古代的读法，却不可用在今天。

---

①语词：无实义的词，即今天所称的虚词。

②音训：对古籍中的字词注音释义。

原文

邪者，未定之词。《左传》曰："不知天之弃鲁邪？抑鲁君有罪于鬼神邪[1]？"《庄子》云："天邪？地邪[2]？"《汉书》云："是邪？非邪[3]？"之类是也。而北人即呼为"也"，亦为误矣。难者曰："《系辞》云：'乾坤，《易》之门户邪？'此又为未定辞乎？"答曰："何为不尔！上先标问，下方列德[4]以折之耳。"

译文

邪，是表示疑问的语气词。《左传》说："不知天之弃鲁邪？抑鲁君有罪于鬼神邪？"《庄子》说："天邪？地邪？"《汉书》说："是邪？非邪？"这类"邪"字都是这种用法。而北方人却把它读成"也"，这是错误的。责难我的人说："《周易·系辞》说：'乾坤，《易》之门户邪？'这个'邪'也是疑问语气词吗？"我回答说："为什么不是！上面先标明疑问，下面才阐明阴阳之德的道理以作出结论。"

---

①以上二句见《左传·昭公二十六年》，意思是："不知是上天抛弃鲁国呢？还是鲁君得罪了鬼神呢？"
②天邪？地邪：是天呢，还是地呢？
③是邪？非邪：是对呢，还是不对呢？
④列德：阐明阴阳之德。

原文

江南学士读《左传》，口相传述，自为凡例[1]，军自败曰"败"，打破人军曰"败"。诸记传未见"补败"反，徐仙民读《左传》，唯一处有此音，又不言自败、败人之别，此为穿凿耳。

译文

江南地区的学者读《左传》，是用口相互传述，自行制定了一套音读章法，军队自己败说成"败"（蒲迈反），打败对方军队说成"败"（补败反）。各种记载和传本中也未看见注音为"补败"反，徐邈读《左传》的时候，只有一处注了这个音，又不说明自败、败人的区别，这就显得有些牵强附会了。

----

①凡例：通例，章法。

原文

古人云："膏粱[1]难整。"以其为骄奢自足，不能克励[2]也。吾见王侯外戚，语多不正，亦由内染贱保傅[3]，外无良师友[4]故耳。梁世有一侯，尝对元帝饮谑[5]，自陈"痴钝"，乃成"飔段"，元帝答之云："飔异凉风，段非干木。"谓"郢州"为"永州"，元帝启报简文，简文云："庚辰吴入，遂成司隶。"如此之类，举口皆然。元帝手教诸子侍读，以此为诫。

译文

古人说:"膏粱子弟其性难正。"这是因为他们自满骄横奢侈地生活,而不能够克制私欲,力求上进。我看见那些王侯外戚,语音大多不纯正,也是由于内受下贱保傅的熏染,外无良师对其协助。梁朝有一位侯王,曾经与梁元帝一起饮酒戏谑,他自称"痴钝",却说成"飔段",梁元帝戏答他说:"飔不同于凉风,段也不是干木。"他又把"郢州"说成"永州",梁元帝把此事告知简文帝,简文帝说:"庚辰日吴人攻入的地方,却成了后汉的司隶校尉。"像这一类例子,那些王公贵戚众口皆然。梁元帝亲自为诸位皇子授书讲学时,就拿这位侯王的错讹来告诫他们。

①膏粱:指富贵人家及其后嗣。
②克励:克制勉励。
③保傅:古代保育、教导贵族子弟的男女官员,统称为保傅。
④友:协助,帮助。
⑤饮谑:饮酒戏谑。
⑥飔(sī):凉风。

原文

河北切"攻"字为"古琮",与"工""公""功"三字不同,殊为僻①也。比世有人名暹,自称为"纤";名琨,自称为"衮";名洸,自称为"汪";名"𦎧",自称为"獂"。非唯音韵舛错,亦使其儿孙避讳纷纭②矣。

译文

黄河以北地区的人反切"攻"字为"古琮",与"工""公""功"三字的读音不同,这是大错。近代有一个人名为暹,他自称为"纤";有一个人名为琨,他自称为"衮";有一个人名为洸,他自称为"汪";有一个人名为蓼,他自称为"鹀"。这不仅在音韵上有错讹,也使他们的子孙后代在避讳时纷繁杂乱,无所适从。

---

①僻:差错。
②纷纭:盛多、杂乱的样子。

杂艺第十九

本篇的主要内容是说经、史典籍以外的棋琴书画、骑射、算术、医学等技艺。作者认为这些事情或可以修身，或可以怡情，或可以有助于日常生活。适当地掌握一些技艺，对自己会很有好处，除了扩大知识面以外，还可以增强自身技能，提高生存能力。但是，不能专门从事这些行业。

原文

真草①书迹，微须留意。江南谚云："尺牍书疏，千里面目②也。"承晋、宋余俗，相与③事之，故无顿④狼狈⑤者。吾幼承门业⑥，加性爱重，所见法书⑦亦多，而玩习功夫颇至，遂不能佳者，良⑧由无分故也。然而此艺不须过精。夫巧者劳而智者忧，常为人所役使，更觉为累；韦仲将遗戒，深有以也。

译文

楷书、草书的书法，需要稍加用心。江南的谚语说："一尺长短的信函，就是你在千里之外给人看到的面貌。"现在的人沿袭了晋、刘宋流传下来的风气，大家都用功学习书法，所以没有感到为难窘迫的时候。我从小继承家传的学业，加上生性对书法喜爱偏重，所看到的书法范本也多，而且玩味研习的功夫下得颇深，但书法水平最终不高，确实是因为我没有天分吧。但是这门技艺也不需要过于精湛。巧者多劳，智者多忧，因为字写得好就经常被人使唤，反而感觉是一种负担；魏代书法家韦仲将给子孙留下不要学习书法的诫言，是很有道理的。

原文

王逸少风流①才士，萧散②名人，举世惟知其书，翻③以能自蔽也。萧子云每叹曰："吾著《齐书》，勒④成一典，文章弘义，自谓可观；唯以笔迹得名，亦异事也。"王褒地胄清华⑤，才学优敏，后虽入关，亦被礼遇。犹以书工，崎岖⑥碑碣之间，辛苦笔砚之役，尝悔恨曰："假使吾不知书，可不至今日邪？"以此观之，慎勿以书自命。虽然，厮猥⑦之人，以能书拔擢⑧者多矣。故道不同不相为谋也。

译文

王羲之是个风流才士，潇洒而不受约束的名人，世间所有的人都知道他的书法，反而因此掩盖了他的其他才能。萧子云常常感叹说："我撰著《齐书》，编纂成为一部史籍典策，书中的文章大义，自以为很值得一看；却只是以书法得名，也是一件怪事啊。"王褒门第高贵，学识渊博，才思敏捷，后来虽然被迫入关，也仍然受到礼遇。但他还是因为工于书法，只能奔波于碑碣之间，辛辛苦苦地挥毫写字，他曾经悔恨地说："假如我不懂得书法，大概不会弄到今天这个样子吧？"由此看来，千万不要以书法自命。虽是这样，那些地位低下的人，因为会书法而得到提拔的也很多。所以说目标不同的人是讲不到一块的。

①风流：杰出的。

②萧散：犹潇洒，不受拘束。

③翻：反而。

④勒：编写。

⑤地胄（zhòu）清华：门第清高显贵。

⑥崎岖：跋涉，奔波。

⑦厮猥：地位低下。

⑧拔擢（zhuó）：选拔提升。

原文

梁氏秘阁①散逸以来，吾见二王②真草多矣，家中尝得十卷；方知陶隐居、阮交州、萧祭酒诸书，莫不得羲之之体，故是书之渊源。萧晚节所变，乃右军③年少时法也。

译文

梁朝秘阁珍藏的图书散佚以来，我所看到的二王的楷书、草书墨迹还很多，家里就曾经收藏有十卷；由此我才知道陶弘景、阮研、萧子云三人的各种书法，没有不受王羲之书法影响的，所以王羲之的书体是书法的渊源。萧子云晚年书体有所变化，就是学习了王羲之年轻时所写的字。

---

①秘阁：即内府，古代宫中珍藏图书之处。

②二王：指王羲之、王献之父子。

③右军：即王羲之，官至右军将军，故称"王右军"。

原文

晋、宋以来，多能书者，故其时俗，递相染尚，所有部帙，楷正可观，不无俗字，非为大损。至梁天监①之间，斯风未变；大同之末，讹替滋生。萧子云改易字体，邵陵王②颇行伪字③；朝野翕然，以为楷式，画虎不成④，多所伤败。至为一字，唯见数点⑤，或妄斟酌，逐便转移⑥。尔后坟籍，略不可看。北朝丧乱之余，书迹鄙⑦陋，加以专辄造字，猥拙甚于江南。乃以"百念"为"忧"⑧，"言反"为"变"，"不用"为"罢"⑨，"追来"为"归"⑩，"更生"为"苏"⑪，"先人"为"老"⑫，如此非一，遍满经传⑬。唯有姚元标工于楷隶，留心小学，后生师之者众。泊于齐末，秘书缮写，贤于往日多矣。

译文

晋、刘宋以来，多有擅长书法的人，所以当时重视书法的风气，人们互相熏染影响，所写著述都是楷书正体，十分端正美观，纵然其中不无俗字，也无伤大雅。到了梁武帝天监年间，这种风气也未改变；到了大同末年，异体错讹的字体就逐渐产生了。萧子云改换字体，邵陵王萧纶也爱使用不规范的字；朝廷内外习染成风，以他们的字为楷模，结果是画虎不成反类犬，造成许多弊端。以至写一个字，只看见几个点，或者任意摆布笔画，为求方便而改换偏旁的位置。这样一来，以后的文献书籍，就难以阅读了。北朝经历长期的兵荒马乱之后，那里的字写得粗率难看，再加上随心所欲地造字，其拙劣的程度更甚于江南。竟然用"百""念"组成"忧"字，用"言""反"组成"变"字，用"不""用"组成"罢"字，用"追""来"组成"归"字，用"更""生"组成"苏"字，用"先""人"组成"老"字，像这类例子不是一个两个，而是遍于经籍传书之中。只有姚元标擅长楷书隶书，留心文字、音韵、训诂，晚辈师承他的很多。到了齐朝末年，官府里缮写的各类文稿，都比以前好多了。

①天监：梁武帝年号。

②邵陵王：即萧纶，为梁武帝第六子，封邵陵王。

③伪字：指不规范的字。

④画虎不成：比喻好高骛远，无所成，反贻笑柄。

⑤数点：形容所写之字不像样子，只有几个点而已。

⑥转移：摆布笔画。

⑦鄙：粗率。

⑧"百念"为"忧"：用"百""念"组成"忧"字。

⑨"言反"为"变"，"不用"为"罢"：用"言""反"组成"变"字，用"不""用"组成"罢"字。

⑩"追来"为"归"：用"追""来"组成"归"字。

⑪"更生"为"苏"：用"更""生"组成"苏"字。

⑫"先人"为"老"：用"先""人"组成"老"字。

⑬经传：儒家典籍经和传的统称。

原文

江南闾里间有《画书赋》，乃陶隐居①弟子杜道士所为；其人未甚识字，轻为轨则②，托名贵师，世俗传信，后生颇为所误也。

译文

江南地区民间流传有《画书赋》，是陶隐居弟子杜道士所作；这个人认不得多少字，却轻率地为绘画书法制定准则，还假托名师，世人也就轻易传布相信，后生晚辈很多被他所误导。

原文

画绘之工，亦为妙矣；自古名士，多或能之。吾家尝有梁元帝手画蝉雀白团扇及马图，亦难及也。武烈太子①偏能写真，坐上宾客，随宜②点染，即成数人，以问童孺，皆知姓名矣。萧贲③、刘孝先、刘灵，并文学已外，复佳此法。玩阅古今，特可宝爱。若官未通显，每被公私使令，亦为猥役④。吴县顾士端出身湘东王国侍郎，后为镇南府刑狱参军，有子曰庭，西朝中书舍人⑤，父子并有琴书之艺，尤妙丹青⑥，常被元帝所使，每怀羞恨。彭城刘岳，橐之子也，仕为骠骑府管记⑦、平氏县⑧令，才学快士⑨，而画绝伦。后随武陵王⑩入蜀，下牢之败⑪，遂为陆护军⑫画支江寺壁，与诸工巧杂处。向使三贤都不晓画，直运素业⑬，岂见此耻乎？

译文

绘画技艺的工巧，也是十分奇妙的；自古以来的名士，很多都擅长此道。我们家里曾经有梁元帝亲手画的蝉雀白团扇和马图，他的画技也是一般人难以赶上的。武烈太子特别擅长人物写生，座上的宾客，他随手勾画，就成了人像，拿去问小孩，小孩都能知道这人像画的是谁。萧贲、刘孝先、刘灵都是除文学之外，又擅长绘画的人物。鉴别赏玩古今名画，确实让人爱不释手。但习画的人如果官职没有通达显赫，就经常被公家或私人叫去为他们画画，这也是一项苦差事。吴县的顾士端做过湘东王国侍郎，后来担任镇南府刑狱参军，他有个儿子叫顾庭，在梁朝任中书舍人，他们父子俩都会弹琴和书法，尤其绘画技艺很高，所以也经常被梁元帝叫去画画，父子俩常常感到羞愧和愤恨。彭城的刘岳，是刘橐的儿子，任骠骑府管记、平氏县令，是位有才学的豪爽之士，绘画的水平无人可及。后来他随同武陵王萧纪进入蜀地，武陵王的军队在下牢战败以后，他被陆护军遣去画支江寺的壁画，与工匠们混杂在一起。以上三位贤人假如都不懂得绘画，而是专攻儒学，难道会蒙受这种耻辱吗？

---

①武烈太子：梁元帝长子，名方等，字实相。年二十二战死，谥"武烈"。

②随宜：随意。

③萧贲（bì）：字文奂，南齐竟陵王萧子良之孙，有文才，能书善画。

④猥役：杂役。

⑤西朝中书舍人：西朝，指江陵，梁元帝建都于此。中书舍人，中书省属官。

⑥丹青：丹砂和青䕒，为中国画中常用颜色。此泛指绘画艺术。

⑦管记：指记室，掌章表书记文檄。

⑧平氏县：属南阳，故城在今河南桐柏县西。

⑨快士：豪爽之士。

⑩武陵王：即萧纪，字世询。梁武帝第八子，天监十三年封武陵王。

⑪下牢之败：指梁元帝承圣二年（553年）武陵王萧纪的叛军被陆法和击败之事。下牢，梁朝宜州旧治，在今湖北宜昌市西北。

⑫陆护军：即陆法和。

⑬素业：清素之业，指儒业。

原文

弧矢①之利，以威天下，先王所以观德择贤，亦济身之急务也。江南谓世之常射，以为兵射，冠冕儒生，多不习此；别有博射②，弱弓长箭，施于准的③，揖让升降④，以行礼焉。防御寇难，了无所益。乱离之后，此术遂亡。河北文士，率晓兵射，非直⑤葛洪一箭，已解追兵，三九⑥宴集，常廪⑦荣赐。虽然，要轻禽，截狡兽，不愿汝辈为之。

译文

弓箭的锋利，可以威震天下，前代帝王以此观察人的德行，选择贤才，同时操弓射箭也是保全自身的紧要事情。江南地区称社会上的一般习射叫作兵射，仕宦人家和读书人大多不操习它；另有一种博射，用软弓长箭，射在剑靶上，讲究揖让进退，以此表达礼节。这种射箭，对于防御敌寇，却毫无用处。战乱之后，这种射法也不再出现了。黄河以北的文人，大都懂得兵射，不但能像葛洪那样一箭射死追兵，而且在三公九卿出席的宴会上，常靠它分到赏赐。虽然如此，遇到那些拦轻捷的飞禽、截狡猾的野兽的围猎，我还是不愿你们去参加的。

---

①弧矢：弓箭。
②博射：我国古代一种游戏性的习射方式。
③准的：剑靶。
④揖让升降：指"博射"的礼节。

⑤直：只。

⑥三九：三公九卿。

⑦縻（mí）：分得，获得。

原文

卜筮①者，圣人之业也；但近世无复佳师，多不能中。古者，卜以决疑，今人生疑于卜，何者？守道信谋，欲行一事，卜得恶卦，反令怅怅②，此之谓乎！且十中六七，以为上手③，粗知大意，又不委曲④。凡射奇偶，自然半收，何足赖也。世传云："解阴阳者，为鬼所嫉，坎壈贫穷，多不称泰。"吾观近古以来，尤精妙者，唯京房⑤、管辂⑥、郭璞⑦耳，皆无官位，多或罹灾，此言令人益信。倘值世网⑧严密，强负此名，便有诖误，亦祸源也。及星文风气，率不劳为之。吾尝学《六壬式》⑨，亦值世间好匠，聚得《龙首》《金匮》《玉轺变》《玉历》十许种书，讨求无验，寻亦悔罢。凡阴阳之术，与天地俱生，亦吉凶德刑⑩，不可不信；但去圣既远，世传术书，皆出流俗，言辞鄙浅，验少妄多。至如反支⑪不行，竟以遇害；归忌⑫寄宿，不免凶终：拘而多忌，亦无益也。

译文

卜筮，是圣人从事的职业；但近代还没有好的巫师，所以卜筮的结果大多不能应验。古时候，用占卜来解决疑惑，现在的人却因为占卜而产生疑惑，这是什么原因呢？一个人恪守道义，相信自己的谋划，打算去干一件事，却卜得一个不好的卦，反而使他忧惧不安，这就是所说的因占卜而产生疑惑的情况吧！况且今人十次占卜有六七次应验，就被看成占卜高手，实际上对占卜术只是粗知大意，对情况又不详尽了解。但凡对是或否两种结果进行占卜，自然就会有一半应验了，这种占卜术有什么值得信赖的呢？社会上流传说："懂得阴阳之术的人，会被鬼所妒忌，其命运坎坷，穷困潦倒，大多不得平安。"我看近古以来特别精通占卜术的人，只有京房、管辂、郭璞，他们都没有得到官位，又多遭受了灾祸，这句话就使人更加相信了。如果碰到世间法制严密，勉强地背上善于占卜的名声，就会受到牵累祸害，这也是招来祸患的根源。至于观察天文、星相、气象以预测吉凶之事，你们一概不要去做。我曾经学习过《六壬式》，也遇到过社会上的占卜高手，搜集到《龙首》《金匮》《玉帐变》《玉历》等十来种书，对它们进行研究探讨却没有效验，随即就为此感到后悔。凡阴阳占卜之术，与天地一齐产生，这也是上天对人间昭示吉凶、施加恩泽和惩罚的手段，不可不相信；但我们距离圣人的时代已经很远，社会上流传的有关阴阳术数的书，都出自平庸者之手，语言粗鄙肤浅，应验的少，虚妄的多。至于像反支日不宜出行，可有人反而因此遇害；归忌日需寄宿在外，可有人还是不免惨死：说明这类说法死板而多禁忌，也是没有什么好处的。

---

①卜筮：古时预测吉凶，用龟甲称卜，用蓍草称筮，合称卜筮。

②忕（chì）忕：忧惧不安的样子。

③上手：上等手艺。

④委曲：这里是详尽的意思。

⑤京房：西汉人，字君明。善占卜。后被处死。

⑥管辂：三国时魏人，字公明。善占卜。

⑦郭璞：晋朝人，字景纯。好经术，通阴阳历算、卜筮之术。后被王敦所杀。

⑧世网：比喻社会上法律礼教、伦理道德对人的束缚。

⑨《六壬式》：运用阴阳五行之说进行占卜的一种方法。

⑩德刑：恩泽与处罚。

⑪反支：即反支日，古代术数星命之说，以反支日为禁忌之日。

⑫归忌：即归忌日。在阴阳学中，有一些日子不适合在家，称之为归忌。

原文

算术亦是六艺①要事，自古儒士论天道，定律历者，皆学通之。然可以兼明，不可以专业。江南此学殊少，唯范阳祖暅②精之，位至南康③太守。河北多晓此术。

译文

算术也是六艺中很重要的一项，自古以来，学者们谈论天文，制定律历，都要懂得它。但是这门学问可以附带地掌握，不可以专门去学习它。江南地区懂得这门学问的人很少，只有范阳的祖暅精通它，祖暅这人官至南康太守。黄河以北地区的人大多通晓这门学问。

①六艺：古代教育学生的六种科目，谓指礼、乐、射、御、书、数。

②祖暅（xuǎn）：南朝梁人，字景烁。古代著名数学家祖冲之之子。

③南康：郡名，治所赣县（即今江西赣州）。

原文

医方之事，取妙极难，不劝汝曹以自命也。微解药性，小小和合①，居家得以救急，亦为胜事，皇甫谧、殷仲堪则其人也。

译文

看病开药方的事，要想达到精妙的地步是很困难的，我不想劝你们以此作为追求目标。只要稍微懂一点药性，能配一点药方，日常生活中能够以此救急，也就是一桩好事了，皇甫谧、殷仲堪就是这样的人。

①小小和合：小小，稍稍。和合，调合，这里是配药方的意思。

原文

《礼》曰："君子无故不彻①琴瑟。"古来名士，多所爱好。洎于梁初，衣冠子孙，不知琴者，号有所阙；大同以末，斯风顿尽。然而此乐惝惝②雅致，有深味哉！今世曲解③，虽变于古，犹足以畅神情④也。唯不可令有称誉，见役勋贵，处之下坐⑤，以取残杯冷炙⑥之辱。戴安道⑦犹遭之，况尔曹乎！

译文

《礼记》上说："君子无故不把琴瑟撤除。"自古以来的名士，大多爱好它。到了梁朝初年，官宦人家的子孙，不懂得弹琴的，就被称为是一种缺憾；大同末年以后，这种风气就完全消失了。但是这种音乐优美动听文雅，有很深厚的韵味。现在的乐曲，虽然与古代不同，但听了之后仍足以使人心情舒畅。只是不可让自己因此而出名，那样就会被功臣权贵所役使，让你处于下坐，遭受吃残羹冷饭的屈辱。连戴安道都受到这样的对待，何况你们呢！

---

① 彻：撤除，撤去。

② 愔（yīn）愔：优美动听的样子。

③ 曲解：古乐府一节称一解。因以此泛指乐曲。

④ 神情：心情。

⑤ 下坐：坐于下首。

⑥ 残杯冷炙：残羹冷饭的意思。

⑦ 戴安道：即戴逵，字安道，晋朝人。博学能文，善鼓琴。武陵王司马晞使人召之，戴对使者破琴，曰："戴安道不为王门伶人。"事见《晋书·隐逸传》。

原文

《家语》曰："君子不博①，为其兼行恶道故也。"《论语》云："不有博弈②者乎？为之，犹贤乎已。"然则圣人不用博弈为教，但以学者不可常精，有时疲倦，则傥为之，犹胜饱食昏睡，兀然端坐耳。至如吴太子以为无益，命韦昭论之；王肃、葛洪、陶侃③之徒，不许目观手执，此并勤笃之志也。能尔为佳。古为大博则六箸④，小博则二茕⑤，今无晓者。比世所行，一茕十二棋，数术浅短，不足可玩。围棋有手谈、坐隐⑥之目，颇为雅戏；但令人耽愦，废丧实多，不可常也。

译文

《孔子家语》说："君子不玩博戏，是因为博戏也会使人走入邪道。"《论语》说："不是有玩博戏下围棋的游戏吗？玩玩这些，也比什么都不干好。"话虽如此，圣人是不用博戏、围棋作为施教手段的，只是读书人不可能总是一直专注学习，有时疲倦，偶尔玩玩，比吃饱了饭整天昏睡，或呆呆地坐着要好。至于像吴太子认为下围棋无益，叫韦昭写文章论述它的害处；王肃、葛洪、陶侃不许眼观棋盘、手执棋子，这些都是对本职工作勤奋专心的表现。能够这样当然好。古时候玩大博用六根竹棍，小博用两个骰子，现在已经没有懂得这种玩法的人了。现在流行的玩法，是用一个骰子十二个棋子，路数技巧简单乏味，不值得一玩。围棋有手谈、坐隐等名称，是一种颇为高雅的游戏；但使人沉溺其中，从而旷废很多别的事，不可经常下。

---

①博：博戏，又叫局戏，为古代一种游戏，六箸十二棋。

②弈：围棋。

③陶侃：晋人。陶在任荆州刺史时，见佐吏玩博戏、围棋，就将上述器具投之于江。

④箸：博戏时所用竹棍。

⑤茕(qióng)：骰子，古代博戏的一种用具。

⑥手谈、坐隐：均为下围棋的别称。

原文

投壶①之礼，近世愈精。古者，实以小豆，为其矢之跃也。今则唯欲其骁②，益多益喜，乃有倚竿、带剑、狼壶、豹尾、龙首③之名。其尤妙者，有莲花骁④。汝南周瓒，弘正之子，会稽贺徽，贺革之子，并能一箭四十余骁。贺又尝为小障，置壶其外，隔障投之，无所失也。至邺以来，亦见广宁、兰陵诸王，有此校具，举国遂无投得一骁者。弹棋亦近世雅戏，消愁释愤，时可为之。

译文

投壶的讲究，到近代更加精妙。古时候，在壶里装上小豆，这是怕箭弹出壶外。现在则只希望箭投进去又弹出来，弹出来的次数越多就越让人高兴，于是就根据箭弹出的不同情况有了倚竿、带剑、狼壶、豹尾、龙首等名目。其中最妙的，要数莲花骁。汝南的周瓒，是周弘正的儿子，会稽的贺徽，是贺革的儿子，他俩都能用一支箭反弹出来四十余次。贺徽又曾经做了一个小屏障，把壶放在屏障外面，隔着屏障投壶，没有投不中的。而我到邺城以后，也看见广宁王、兰陵王等王公有这种器具，但全国却没有一个人能把箭投进去又反弹出来的。弹棋也是近代的一种雅戏，能够消愁解闷，偶尔可以玩玩。

---

①投壶：古代宴会礼制，也是一种娱乐活动。宾主依次用矢投入壶口，以投中多少决胜负。

②骁：古代一种投壶游戏。用力投箭，使投中的箭从壶中跳出，用手接住再投。

③倚竿、带剑、狼壶、豹尾、龙首：都是骁的各种名目。

④莲花骁：骁的名目之一，具体情况不详。

终制第二十

所谓"终制"，就是送终的礼制。死亡是人间常有的事，不可避免。梁朝动荡不安，作者生于乱世，一生坎坷，历经风雨，颠沛流离，客居他乡，像浮云一样漂泊不定，因而面对死亡显得坦然而从容。若哪一天突然死去，不知道哪方乡土是埋葬之地，只应该断气后便就地埋葬。因而他嘱咐子女不必礼仪周备，只要沐浴遗体便可。不要厚葬，不要搞铺张浪费，应该以传承家业播扬名声为己任，应付世事，实践自己的主张，以自己的前途为重；不要过度悲伤，不可顾恋葬身的墓地，以致埋没了自己，误了大事。

原文

死者，人之常分①，不可免也。吾年十九，值梁家丧乱，其间与白刃为伍者，亦常数辈②；幸承余福，得至于今。古人云："五十不为夭。"吾已六十余，故心坦然，不以残年③为念。先有风气④之疾，常疑奄然⑤，聊书素怀，以为汝诫。

318

译文

死亡是人生注定的事，不可避免。我十九岁的时候，恰好梁朝动荡不安，这期间在刀剑影中奔走，也有很多次，多亏祖上的保佑，我才活到了今天。正如古人所说的："活五十岁就不算短命了。"我已经六十多岁了，所以心里异常平静，也很坦然，不因剩下的年月无多而挂怀。以前我患有风气病，常常会怀疑自己突然死去，因此在这里记下我平时的一些想法，也算是对你们的嘱咐或者告诫吧。

---

①常分：定分。
②辈：次。
③残年：人将尽的岁月。指晚年。
④风气：病名。
⑤奄然：奄忽。此指突然死亡。

原文

先君先夫人皆未还建邺旧山①，旅葬②江陵东郭。承圣末，已启求扬都，欲营迁厝③。蒙诏赐银百两，已于扬州小郊北地烧砖，便值本朝沦没④，流离如此，数十年间，绝于还望。今虽混一⑤，家道罄穷，何由办此奉营⑥资费⑦？且扬都污毁，无复孑遗⑧，还被下湿⑨，未为得计。自咎自责，贯心刻髓。计吾兄弟，不当仕进；但以门衰，骨肉单弱，五服⑩之内，傍无一人，播越⑪他乡，无复资荫⑫；使汝等沉沦厮役⑬，以为先世之耻；故靦冒⑭人间，不敢坠失⑮。兼以北方政教严切，全无隐退者故也。

译文

我去世的父母亲都没有葬回到建业祖坟，他们的灵柩旅葬在江陵的东郊。承圣末年，我已经向朝廷提出请求，想把父母的灵柩迁葬回故土。承蒙朝廷下诏赏赐一百两银子，我已经在扬州郊区北边开始烧制墓砖，却碰上梁朝的覆没，就这样流离失所，几十年间，断绝了我返回故土的希望。现在国家虽然统一了，我们家却是一贫如洗，到哪里去筹迁葬的经费呢？况且扬都已被毁弃，什么也没有留下，将父母的灵柩运回到那潮湿低洼的江南，也不是办法。我内心自罪自责，如利剑穿心，痛到骨髓。想来我们几个兄弟，都不应该走仕途；只因为家族衰败，骨肉至亲都孤单弱小，五服之内的亲属，没有一人可依托，加上流落到他乡，失去了门第的庇护。如果让你们沦落到给人做奴仆的境地，就会成为祖上的耻辱；所以我只能含羞忍耻于世间，不敢随便辞去官职。加上北方的政治教化十分严厉，完全没有退隐的人，这也是我至今仍居官位的一个原因。

---

①旧山：旧茔。

②旅葬：指葬在外地而不曾归葬故乡。

②迁厝：迁葬。

④沦没：覆没。

⑤混一：统一。

⑥奉营：奉祀营迁。

⑦资费：钱财。

⑧孑遗：剩余。

⑨下湿：古人言江南地区地势低而潮湿，故称下湿。

⑩五服：旧时丧服制度，以亲疏为差等，有斩衰、齐衰、大功、小功、缌麻五种名称布料做成。

⑪播越：流离失所。

⑫资荫：依托庇护。

⑬厮役：奴仆。

⑭觍冒：惭愧冒昧。觍，同"觍"。

⑮坠失：废弛。此为辞官退隐。

原文

今年老疾侵，儵然奄忽①，岂求备礼乎？一日放臂，沐浴而已，不劳复魄，殓②以常衣。先夫人弃背之时，属世荒馑③，家涂空迫，兄弟幼弱，棺器率薄，藏④内无砖。吾当松棺二寸，衣帽已外，一不得自随，床上唯施七星板；至如蜡弩牙、玉豚、锡人之属，并须停省，粮罂⑤明器，故不得营，碑志旒旐⑥，弥在言外。载以鳖甲车，衬土而下，平地无坟；若惧拜扫不知兆域⑦，当筑一堵低墙于左右前后，随为私记耳。灵筵勿设枕几，朔望祥禫，唯下白粥清水干枣，不得有酒肉饼果之祭。亲友来馈酹⑧者，一皆拒之。汝曹若违吾心，有加先妣，则陷父不孝，在汝安乎？其内典功德，随力所至，勿剥竭生资，使冻馁也。四时祭祀，周、孔所教，欲人勿死其亲，不忘孝道也。求诸内典，则无益焉。杀生为之，翻增罪累。若报罔极之德，霜露之悲，有时斋供，及七月半盂兰盆，望于汝也。

译文

我现在年纪已老且疾病缠身，倘若突然死去，难道还会要求丧事一定要礼仪周备吗？哪一天我死了，只要为我沐浴遗体就可以了，不劳你们行复魄之礼，给我穿上我日常的衣服装殓。你们的祖母去世的时候，正碰上闹饥荒，家庭境况空乏窘迫，我们几兄弟都还年幼单弱，因此，你们祖母的棺木就很简朴单薄，墓内连砖也没有一块。因此，埋葬我时，也只应当备办二寸厚的松木棺材一口，除了衣服帽子以外，其他东西一概不要随身带去，棺材底部只须放一块七星板；至于像蜡驽牙、玉豚、锡人这类东西，都应该裁撤不用，粮罂之类的明器，本来就不要去料理，更不用提碑志铭旌了。棺材用鳖甲车运送，墓底用土衬垫就可下葬，墓顶跟地面平齐而不要垒坟；如果你们担心拜祭扫墓时不知道墓地的界线，就在墓地的左右前后修筑一堵低墙，顺便在上面作一个标志。灵床上不要设置枕几，每逢朔日、望日、祥日、禫日祭奠，只须用白粥清水干枣等物，不许用酒肉饼果作祭品。亲友们来祭奠的，要一概谢绝。你们如果违反了我的心愿，把我的丧礼规格置于你们祖母之上，那就是把你们的父亲陷于不孝的境地，你们能够心安吗？至于念佛诵经等佛教功德，可量力而行，不要因此而耗尽资财，使你们遭受冻馁之苦。一年四季对先辈行祭祀之礼，这是周公、孔子所教于我们的，目的是希望人们不要忘记他们死去的亲人，不要忘记奉行孝道。如果要到佛经中去寻找根据，就没有什么好处了。靠杀生来进行祭祀活动，反而会增加我们的罪过。如果你们要报答父母的恩德，抒发追思之情，那么除了有时候供奉斋品外，到每年七月十五的盂兰盆节，我也是盼望能得到你们的斋供的。

---

①奄忽：突然死亡。

②殓（liàn）：给死者穿衣入棺。

③荒馑：饥荒。

④藏：墓穴，坟墓。

⑤粮罂：盛粮的陶器，大肚小口，古代墓葬用为明器。

⑥旒旐（liú zhào）：指铭旌。

⑦兆域：墓地四周的疆界，亦称墓地。

⑧酹（lèi）：以酒浇地，表示祭奠。

原文

孔子之葬亲也，云："古者，墓而不坟。丘东西南北之人①也，不可以弗识②也。"于是封③之崇四尺。然则君子应世行道④，亦有不守坟墓之时，况为事际⑤所逼也！吾今羁旅，身若浮云，竟未知何乡是吾葬地；唯当气绝便埋之耳。汝曹宜以传业扬名为务，不可顾恋朽壤⑥，以取埋没⑦也。

译文

孔子在安葬父母亲的时候说："古时候，只筑墓而不垒坟。我孔丘是一个漂泊不定的人，墓上不可以没有标志。"于是就垒了四尺高的坟。这样看来君子应付世事，实践自己的主张，也有不能守着坟墓的时候，何况是为情势所逼迫啊！我现在客居他乡，自己像浮云一样漂泊不定，竟然不知道哪方乡土是我的埋葬之地；只应该在我断气后便就地埋葬。你们应该以传承家业、播扬名声为己任，不可顾恋我葬身的墓地，以致埋没了自己。

①东西南北之人：指到处漂泊、居无定所的人。

②识：标志，记号。

③封：积土为坟。

④应世行道：应世，应付世事。行道，实践自己的主张。

⑤事际：情势。

⑥朽壤：腐土，此指坟墓。

⑦埋（yān）没：埋没。

名著知识要点

作者及年代	朱柏庐（1627—1698），名朱用纯，字致一，自号柏庐，江苏昆山（今昆山市）人。著有《删补易经蒙引》《大学中庸讲义》《劝言》《耻耕堂诗文集》和《愧讷集》。 颜之推（531—约591），字介。南北朝时期著名思想家、教育家、文学家。
地位与影响	《朱子家训》通篇意在劝人要勤俭持家、安分守己。讲述中国几千年形成的道德教育思想，以名言警句的形式表达出来，可以口头传训，也可以写成对联条幅挂在大门、厅堂和居室，作为治理家庭和教育子女的座右铭，因此，很为官宦、士绅和书香门第所重视，自问世以来流传甚广，被历代士大夫尊为"治家之经"，清至民国年间一度成为童蒙必读课本之一。 《颜氏家训》直接开后世"家训"的先河，是中国古代家庭教育理论宝库中的一份珍贵遗产。
作家作品评价	《朱子家训》被尊为"治家之经"。 《颜氏家训》对后世有重要影响，历代学者对其评价很高："六朝颜之推家法最正，相传最远。""北齐黄门颜之推《家训》二十篇，篇篇药石，盲言龟鉴，凡为子弟者，可家置一册，奉为明训，不独颜氏。""此书虽辞质义直，然皆本之孝弟，推以事君上，处朋友乡党之间，其归要不悖六经，而旁贯百氏。至辨析援证，咸有根据；自当启悟来世，不但可训思鲁、愍楚辈（即颜之推之子辈）而已。""乃若书之传，以褆身，以范俗，为今代人文风化之助，则不独颜氏一家之训乎尔！"

文章主旨	《朱子家训》精辟地阐明了修身治家之道，通篇意在劝人要勤俭持家、安分守己。 　　《颜氏家训》的内容涉及许多领域，强调教育体系应以儒学为核心，尤其注重对孩子的早期教育，并在儒学、文学、佛学、历史、文字、民俗、社会、伦理等方面提出了自己独到的见解。
艺术特色	论述精辟，意义丰富。 　　语言朴实，言简意赅。 　　通俗易懂，简单易行。

阅读自我测试

一、阅读下列文章，回答文后题目。

涉务①

士君子之处世，贵能有益于物耳，不徒高谈虚论，左琴右书，以费人君禄位也。

吾见世中文学之士，品藻古今，若指诸掌，及有试用，多无所堪。居承平之世，不知有丧乱之祸；处庙堂之下，不知有战陈之急；保俸禄之资，不知有耕稼之苦；肆吏民之上，不知有劳役之勤，故难可以应世经务也。晋朝南渡，优借士族；故江南冠带有才干者，摧为令仆已下尚书郎中书舍人已上，典掌机要。其余文义之士，多迂诞浮华，不涉世务；纤微过失，又惜行捶楚，所以处于清高，盖护其短也。至于台阁令史，主书监帅，诸王签省，并晓习吏用，济办时须，纵有小人之态，皆可鞭杖肃督，故多见委使，盖用其长也。人每不自量，举世怨梁武帝父子爱小人而疏士大夫，此亦眼不能见其睫耳。

梁世士大夫，皆尚褒衣博带，大冠高履，出则车舆，入则扶侍，郊郭之内，无乘马者。周弘正为宣城王所爱，给一果下马②，常服御之，举朝以为放达。至乃尚书郎乘马，则纠劾之。及侯景之乱，肤脆骨柔，不堪行步，体羸气弱，不耐寒暑，坐死仓猝者，往往而然。

古人欲知稼穑之艰难，斯盖贵谷务本之道也。夫食为民天，民非食不生矣，三日不粒，父子不能相存。耕种之，莜锄之，刈获之，载积之，打拂之，簸扬之，凡几涉手，而入仓廪，安可轻农事而贵末业哉？江南朝士，因晋中兴，南渡江，卒为羁旅，至今八九世，未有力田，悉资俸禄而食耳。假令有者，皆信僮仆为之，未尝目观起一垅土，耘一株苗；不知几月当下，几月当收，安识世间余务乎？故治官则不了，营家则不办，皆优闲之过也。

——选自《颜氏家训》，有删节。

注①涉务：涉及、从事实际事务。②果下马：一种矮小的马，可在果树下行走。

1. 对下列句子中加线的词的解释，不正确的一项是（　　）

A. 不**徒**高谈虚论　　　　徒：只是

B. 及有试用，多无所**堪**　　堪：胜任

C. 至乃尚书郎乘马，则**纠**劾之　纠：纠正

D. 卒为**羁旅**　　　　　　羁旅：寄居

2. 下列各组句子中，分别表明当时士大夫"崇尚空谈"和"养尊处优"的不良习气的一组是（　　）

A. 品藻古今，若指诸掌　　出则车舆，入则扶持

B. 肤脆骨柔，不堪行步　　至今八九世，未有力田

C. 治官则不了，营家则不办　晋朝南渡，优借士族

D. 体羸气弱，不耐寒暑　　多迂诞浮华，不涉世务

3. 下列对原文有关内容的分析和概括，不正确的一项是（　　）

A．作者主张士大夫要应世经务，不要白白浪费君王的俸禄。

B．这些士大夫缺乏自知之明，都怨恨梁武帝父子偏爱中下层官吏。

C．作者以周弘正骑果下马受到朝廷官员的称赞为例来批评时风。

D．重视农耕是立国的根本，士大夫只有了解农民的辛劳，才能做好其他事务。

4．把下面的句子翻译成现代汉语。

（1）处庙堂之下，不知有战陈之急；促俸禄之资，不知有耕稼之苦。

_____

_____

（2）纤微过失，又惜行捶楚，所以处于清高，盖护其短也。

_____

_____

（3）夫食为民天，民非食不生矣，三日不粒，父子不能相存。

_____

_____

二、阅读《颜氏家训》选文，回答下面的问题。

齐武成帝子琅邪王，太子母弟也，生而聪慧，帝及后并笃爱之，衣服饮食，与东宫相准。帝每面称之曰："此黠儿也，当有所成。"及太子即位，王居别宫，礼数优僭，不与诸王等。太后犹谓不足，常以为言。年十许岁，骄恣无节，器服玩好，必拟乘舆；

尝朝南殿，见典御进新冰，钩盾献早李，还索不得，遂大怒，询曰："至尊已有，我何意无？"不知分齐，率皆如此。识者多有叔段、州吁之讥。后嫌宰相，遂矫诏斩之，又惧有救，乃勒麾下军士，防守殿门。既无反心，受劳而罢，后竟坐此幽薨。人之爱子，罕亦能均；自古及今，此弊多矣。贤俊者自可赏爱，顽鲁者亦当矜怜。有偏宠者，虽欲以厚之，更所以祸之。

1. 文中"东宫"是谁的代称？（　　　）

A. 齐武成帝　　　　B. 太子　　　　C. 太后　　　　D. 琅邪王

2. 选择下列各句中加点词语的正确意思。

（1）年十许岁，骄恣无节（　　　）

A. 骄傲专横　　　　B. 放荡不拘

C. 骄傲放纵　　　　D. 骄傲自满

（2）顽鲁者亦当矜怜（　　　）

A. 愚笨而鲁莽　　　　B. 固执而粗鲁

C. 顽劣而无知　　　　D. 愚昧而蠢笨

3. 下列句子中的"意"同"我何意无"中的"意"用法相同的一组是（　　　）

①臣战河南，然不自意能先入关破秦。

②视之，形若土狗，梅花翅，方首，长胫，意似良。

③日以尽矣，荆卿岂无意哉？

④意北亦尚可以口舌动也。

⑤君臣惊愕，卒起不意，尽失其度。

⑥久之，目似瞑，意暇甚。

A. ①④⑤　　　　B. ①④⑥　　　　C. ②③⑥　　　　D. ②③⑤

参考答案

一、

1.C

2.A

3.C

4.（1）他们身在朝堂之上，不知道战争激斗的危急；他们有可靠的俸禄供给，不知道百姓耕种庄稼的艰辛。

（2）即使他们犯有一些小过失，也不好施以杖责刑罚，所以只好把他们安置在名高职轻的位置上，以此来掩盖他们的短处。

（3）吃饭是老百姓最大的事，老百姓没有吃的就无法生存了，如果三天不吃饭，就连父子之间也没有力气互相照顾。

二、

1. B

2.（1）C　　　（2）A

3. A